아버지가 들려주는
손자병법

전명용 저

다산출판사

서문
Preface

　인간은 싸움을 즐기는 동물이다. 태초에는 사람들이 황하 유역에서 옹기종기 모여 살았다. 집성촌을 이루며 한 마을 두 마을 생기더니 어느덧 사람들의 수가 늘어나 서로 간의 갈등이 시작되었다. 먹을 수 있는 양식은 한정되어 있는데 먹으려는 사람은 너무 많아졌고, 한 끼를 배불리 먹은 사람도 다음 끼니를 위해 음식을 저장하는 바람에 같은 마을 내에서도 가진 자와 가지지 못한 자, 지배층과 피지배층이 생겼고, 이들 간에는 나름대로 질서가 형성되기 시작했다. 그런데 어느 날 갑자기 옆 마을에서 쳐들어 왔다. 이 두 마을 간에 싸움이 시작되었고, 정복한 자들은 정복당한 자들을 노예로 삼았다. 이렇게 사람들이 모여 서로 싸우며 작은 마을이 큰 마을로, 또 큰 마을이 더 큰 마을로 발전하다가, 결국에는 나라를 형성하게 되었다.

　싸움이란 인류가 생긴 이래 지금까지 끊임없이 벌어지고 있고 현재에도 세계 곳곳에서 진행되고 있다. 싸움은 종류와 방법이 다양하다. 나라 간의 전쟁, 조직 간의 전쟁, 개인 간의 다툼이 있고, 방법도 무기를 사용하는 무투(武鬪)와 사용하지 않는 문투(文鬪)가 있다. 현실을 살아가는 우리는 바로 이런 싸움판에서 생명을 다하는 날까지 투쟁하는 수밖에 없는 것이다.

지혜로운 나라는 세계 열강들 속에서 싸우지 않고 발전을 거듭해 선진국이 된 나라이다. 지혜(智慧)로운 자는 싸우지 않고 슬기롭게 자신의 목적을 이룰 수 있는 자이다. 따라서 지혜로워지기 위해서는 싸움을 몰라서는 안 된다. 싸움의 속성과 원리를 모르는 자는 싸움을 피할 수도 없고, 싸워서 이길 수도 없다.

과거 덩샤오핑 재임 시절 홍해에서 중국 상선이 미국 군함의 검문 검색을 받게 되자, 중국 전역에서 여론이 들끓었다. 공해상에서 자국 상선이 타국 군함에 의해 검문을 당한 것은 주권침해라는 것이었다. 중국 전역에서는 미국을 규탄하는 시위가 일어났고, 이렇듯 반미의 운동이 확산되자, 덩샤오핑은 '도광양회(韜光養晦)'라는 한마디로 전 국민의 불만을 잠재웠다.

도광양회(韜光養晦)란 "자신의 재능을 밖으로 드러내지 않고 인내하면서 기다린다."는 뜻의 고사성어이다. 한자를 그대로 풀이하면 "칼날의 빛을 칼집에 감추고 어둠 속에서 힘을 기른다."는 뜻이다. 원래는 「삼국지연의」에서 유비가 조조의 식객으로 있으면서 자신의 재능을 숨기고 은밀히 힘을 기른 것을 뜻하는 말이었으나, 덩샤오핑 시절 중국의 대외정책을 가리키는 표현으로 자주 인용했다. 덩샤오핑은 대외적으로 불필요한 마찰을 줄이고 내부적으로 국력을 강화하는 것을 외교정책의 기본으로 삼았는데, 이를 '도광양회'라고 표현했다.

이런 정책은 당시 서구 열강들에 대항할 만한 국력을 갖추지 못한 중국의 처지에서 매우 현실적인 방법론이었으며, 오늘날과 같은 위상을 갖추는 데 중요한 구실을 했다. 개혁개방 후 30년 동안 중국은 연평균 10% 이상 성장해 지금은 G2의 대국으로 변모했다. 달나라에 우주선 착륙을 성공시켰으며, 세계 500대 기업이 모두 중국에 투자를 하고 있어 '세계의 공장'이란 호칭 또한 생겼다. 외환보유고도 3조 2000억 달러를 넘어 유럽이 금융위기를 맞게 되자, 선진국들이 앞다투어 중국으로 달려와 원조를 요청하고 있다. 이제 중국은 국제사회에서 자신의 위상에 걸맞은 역할을 하기 위해 "평화를 지키며 세계의 열강으로!"란 '화평굴기(和平屈起)'를 새로운 대외 정책 방향으로 정했다.

이렇게 시기적절하게 국민들을 규합하고 국가정책의 미래와 방향을 설정하는 힘은 어디서 오는 것일까?

바로 '전략적인 사고'에서 오는 것이다.

대국이면서도 원하는 상황이 아니면 엎드릴 줄 아는 중국은 바로 이 '전략적인 사고'에서 큰 차이를 발견할 수 있다. 이 '전략적인 사고'는 미래의 원대한 포부를 실현시켜 줄 수 있는 굴신(屈伸)의 묘이자, 성공을 원하는 자가 반드시 갖추어야 할 덕목이기도 하다.

손자병법은 바로 이런 전략적 사고를 훈련할 수 있는 배움의 공간이기도 하고, 과거의 역사로 이를 증명해 주는 실전의 장이기도 하다. 손자병법을 읽고 우리가 배울 수 있는 지혜는 싸우지 않고 목적을 달성하기, 싸우게 되더라도 웃으며 이기기, 쉽게 이기기, 상호 피해 없이 이기기, 모두 이기기, 최후에 웃기에 관한 방법이다.

손자병법을 통해 험난한 인생 역정에서 항상 웃으며 여유 있게,

주동적으로 느긋하게, 난관을 헤쳐 나갈 수 있는 지혜를 터득할 수 있기를 기대해 보면서 이 책을 자녀들에게 권한다!

2013년 3월 3일

서울 청담동에서
저자 靜山 전명용

*차례
Contents

아버지가 들려주는 손자병법 10계명

1. 꿈을 키운다 3
2. 인화가 제일이다 5
3. 인격수양은 평생의 과제이다 7
4. 나의 능력을 남과 차별화시킨다 9
5. 항상 나보다 훌륭한 친구를 사귄다 11
6. 남과의 경쟁은 하되, 적은 만들지 않는다 12
7. 사람을 효율적으로 부릴 수 있는 용병술을 터득한다 14
8. 남과의 경쟁에서 이길 수 있는 나의 장점을 강화한다 16
9. 늦더라도 최후의 승자가 될 수 있는 우직지계를 터득한다 17
10. 집착과 고정관념에 매이지 않고, 열린 마음과 임기응변에 능통한다 19

서 론

* 손자의 발자취를 따라 테마기행 25
* 기존 서적에 대한 일견 59
* 이 책의 구성 – 손자병법 13편에는 논리가 없다 63

* 손자병법은 어떤 책인가? 69
* 왜 손자병법을 읽어야 하나? 79
* 손자병법을 어떻게 읽어야 하나? – 숲을 보고 나무를 본다 81

 내 편

1. 전쟁의 원칙 87
* 國之大事(국지대사) - 전쟁은 제로섬 게임 88
* 五事經之(오사경지) - "붙어 봐야 알지!"는 미련한 짓 93
* 速戰速決(속전속결) - 한국은 '빨리빨리' 만이 살길이다 96
* 上兵伐謀(상병벌모) - 제일 미련한 방법은 성벽을 개미처럼 기어오르기 100
* 全國爲上(전국위상) - 상호 피해 없는 승리가 최고 103
* 先勝求戰(선승구전) - 전쟁은 먼저 이겨 놓고 하는 것이다 106
* 合於利動(합어리동) - 우리에게 '통일' 이란? 110

2. 인 재 115
* 與上同意(여상동의) - 리더의 첫발은 조직의 화합 116
* 亂軍引勝(난군인승) - 리더가 해서는 안 될 세 가지 120
* 輔周國强(보주국강) - CEO와 CIO의 관계 125
* 民之司命(민지사명) - 사자 한 마리가 이끄는 양떼는 양 한 마리가 이끄는 사자 떼를 제압한다 127
* 將之五德(장지오덕) - 리더의 덕목 131
* 將有五危(장유오위) - 중국 유일한 여황제 측천무후와 박근혜 대통령 138
* 不勝其忿(불승기분) - 울분을 참지 못하면 진다 147
* 先知者勝(선지자승) - 정보는 리더의 생명이다 150

3. 조직과 용병술 155
* 修道保法(수도보법) - 법제 정비 156
* 形圓不敗(형원불패) - 유기적인 협력체계는 승리의 필수요건 160

* 動而不迷(동이불미) - 목표가 분명하면 미혹되지 않는다 164
* 與衆相得(여중상득) - 솔선수범하지 않으면 따르지 않는다 168
* 視卒如子(시졸여자) - 사랑받고 복수하는 법은 없다 171
* 取敵之利(취적지리) - 상 받으면 고래도 춤춘다 173
* 驕子無用(교자무용) - 너무 잘해 주면 습관된다 176
* 令之以文(영지이문) - 명령도 예의 없으면 기분 나쁘다 179
* 深入則拘(심입즉구) - '나가수' 는 손자병법 183
* 無法之賞(무법지상) - 상식을 깨는 파격도 필요하다 189
* 殺敵者怒(살적자노) - 상만 가지고는 적을 죽일 수 없다 191

외 편

1. 전략 197

* 兵者詭道(병자궤도) - 국정원 여직원 사건 200
* 知彼知己(지피지기) - 계란으로 계란을 치면 둘 다 깨진다 205
* 多算者勝(다산자승) - 대책이 많을수록 승산이 크다 208
* 形極無形(형극무형) - 위장의 극치는 무형이다 211
* 求之於勢(구지어세) - 세(勢)는 손자병법의 핵심 215
* 不致於人(불치어인) - 주도권은 승리의 전제조건 217
* 攻其無備(공기무비) - 급소치기 221
* 開闔亟入(개합극입) - 기회가 왔을 때 머뭇거리면 진다 224
* 因利制權(인리제권) - 약점만 보완하다 보면 영원한 2등 226
* 正合奇勝(정합기승) - 결정적 승리는 기습에 의해서 228
* 利而誘之(이이유지) - 싸움에서 떡밥은 필수 231
* 近而示遠(근이시원) - 성동격서(聲東擊西) 233
* 因糧於敵(인량어적) - 빼앗아 먹는 게 더 맛있다 236
* 迂直之計(우직지계) - 빨리 간다고 먼저 도착하진 않는다 238
* 樹動者來(수동자래) - 외형은 실상의 반영이다 242
* 小堅大擒(소견대금) - 퇴각의 미덕 245

* 圍師必闕(위사필궐) - 대북정책 248
* 先不可勝(선불가승) - 불패의 위치를 확보하고 적의 약점을 노린다 252
* 以鎰稱銖(이일칭수) - 승리의 군대는 해머로 주먹을 255
* 順詳敵意(순양적의) - 속아주는 척도 최고의 전략 258
* 進不求名(진불구명) - 진퇴는 자유롭게 261
* 獸駭者覆(수해자복) - 이유 없는 현상은 없다 265

2. 임기응변 269
* 戰勝不復(전승불복) - 전술에는 재탕이 없다 270
* 必雜利害(필잡이해) - 이로움이 있으면 항상 해로움도 있다 274
* 踐墨隨敵(천묵수적) - 민주통합당의 활로 277
* 屈伸之利(굴신지리) - 굴신(屈伸)의 묘(妙) 282
* 治氣治心(치기치심) - 사기와 심리를 이용하라 285
* 以佚待勞(이일대로) - 성질 급하면 손해 본다 289
* 無邀正旗(무요정기) - 삼국지는 치변(治變)의 연속 291
* 通於九變(통어구변) - 머리가 둔하면 팔다리는 마비된다 295

3. 승리요결 299
* 上下同欲(상하동욕) - 상하가 뜻을 같이하면 승리한다 300
* 知戰時勝(지전시승) - 싸울 때를 알면 승리한다 304
* 知天地全(지천지전) - 천시지리를 알면 승리가 완전하다 307
* 勝敵益强(승적익강) - 승리를 통해 더욱 강해진다 310
* 不修費留(불수비류) - 승리보다 수성이 더 어렵다 312

부 록

우리말 손자병법 319

아버지가 들려주는
손자병법 10계명

아버지가 들려주는 손자병법 10계명

1. 꿈을 키운다.
2. 인화가 제일이다.
3. 인격수양은 평생의 과제이다.
4. 나의 능력을 남과 차별화시킨다.
5. 항상 나보다 훌륭한 친구를 사귄다.
6. 남과의 경쟁은 하되, 적은 만들지 않는다.
7. 사람을 효율적으로 부릴 수 있는 용병술을 터득한다.
8. 남과의 경쟁에서 이길 수 있는 나의 장점을 강화한다.
9. 늦더라도 최후의 승자가 될 수 있는 우직지계를 터득한다.
10. 집착과 고정관념에 매이지 않고, 열린 마음과 임기응변에 능통한다.

1. 꿈을 키운다

인간이 동물과 다른 점은 나름대로 꿈을 꿀 수 있다는 점이다. 동물들은 매끼 식사만 해결되면 포만감에 만족하지만 인간은 미래를 걱정하고 더 나은 삶에 대한 희망을 버리지 않는다. 골이 깊으면 봉우리도 높듯이 인생에서 역경이 많으면 성공도 클 수 있다. 고난을 헤쳐 나가면 크고 작은 성취감으로 자신을 얻게 되어 더욱 큰 성공을 꿈꾸기 때문이다. 그러나 요즈음처럼 생계의 걱정이 별로 없는 유복한 가정에서 자라고 있는 자녀들에게는 인생의 꿈을 키우거나 뚜렷한 목표를 설정하기가 쉽지 않을 수도 있다. 별로 부족한 것이 없기 때문이다.

전쟁에서는 목표가 분명하다. 바로 승리가 그 목표다. 싸움에 승리하기 위해 피아의 전력을 비교하고, 적의 허점을 찾고, 지치게 하고, 혼란에 빠뜨리고, 불시에 기습하는 등의 모든 방법을 다 동원한다. 이기면 살고 지면 죽는 생사의 갈림길에 놓이게 되면, 누구나 생존하기 위해, 기를 쓰고 이기려고 한다.

그림을 그릴 때 스케치를 하고 건물을 지을 때 설계도를 그리듯이, 내가 앞으로 인생을 어떻게 살아가야 하는지에 대해 미리 청사진을 그려야 한다. 풍요롭고 여유 있는 행복한 삶, 가난하고 굶주린 이들을 위한 봉사의 삶, 민족의 분단을 치유하고 통일 대업을 이루어 한민족의 역사에 길이 남을 영웅적인 삶 등등 생을 마감하는 날까지 어떻게 후회 없는 인생을 살 것인지에 대한 꿈을 가져야 한다. 만약 꿈이 없다면 억지로라도 만들어야 한다. 나의 삶은 나 홀로의 인생이 아니기 때문이다. 나로 인해 행복해질 수 있는 사람들, 나로 인해 불행해질 수 있는 많은 사람들을 위해, 반드시 나름대로의 꿈을 만들고 이 꿈이 실현될 수 있는 준비를 설계해 나아가야 한다.

성공에 있어서 제일 중요한 것은 바로 꿈과 목표를 분명히 세우는 것이다. 목표가 분명하면 목표를 달성하고자 하는 의지도 강해져서 일에 대한 열정도 높아질 수 있게 된다. 하버드 대학 MBA 과정의 학생들에게 설문조사를 해보니, 분명한 계획을 세우고 그것을 달성하기 위한 구체적인 계획을 글로 쓴 학생이 전체의 3%였고, 목표는 있지만 설문지에 기록하지 않은 사람이 13%, 나머지는 졸업 후 별다른 계획이 없었다. 10년 후 질문에 답했던 학생들을 상대로 인터뷰한 결과 분명한 목표를 설문지에 기록한 3%의 학생이 그 나머지 학생들보다 10배의 수입을 올리고 있었다고 한다. 이렇듯 목표를 분명히 하는 것이 성공으로 가는 지름길임을 잘 알 수 있다.

"성공이란 꿈을 실현하는 것이다."라는 정의에 동의한다면, "꿈이 없으면 성공도 없다."는 논리에도 긍정해야 할 것이다.

2. 인화가 제일이다

손자는 전쟁을 승리로 이끌기 위해서는 제일 중요한 것이 도(道)라고 했다. 도란 "백성이 군주와 일심동체가 되어, 생사고락을 함께 하며, 전쟁의 위험을 두려워하지 않는 것이다." 즉 도는 군주와 백성이 한마음 한뜻으로 굳게 단결하는 인화(人和)를 의미한다. 그리고 전쟁의 결과도 "상하가 뜻을 같이하면 승리한다."고 단정했다. 중국 지도자들이 제일 많이 인용하는 맹자의 "천시(天時)는 지리(地利)만 못하고, 지리는 인화(人和)만 못하다."[1]란 말이 있다. 이 말의 뜻은 무슨 일을 하든지 시기와 주변 여건 그리고 조직원의 단결을 우선 고려해야 하는데, 이 3가지 중 제일 중요한 것이 바로 인화란 뜻이다.

세상에는 잘난 사람이 너무 많다. 그러나 아무리 잘났어도 남이 알아주지 않으면 아무 소용이 없다. 아이러니한 것은 내가 우선 남을 알아주지 않으면 남이 나를 알아주지 않는다는 것이다. 내가 남을 인정해 줄 때 비로소 남의 인정을 받을 수 있다는 사실은 공자시대부터 지금까지 일관된 진리이다. 가정, 학교, 직장 등 우리의 생활 범주 어디에서든 독불장군이 되면 남에게 인정받지 못하거나, 따돌

---

1) "天時不如地利, 地利不如人和."

림을 받거나, 많은 적을 만들 수 있다. 그러나 남이 나를 얼마나 알아주느냐는 나의 문제가 아니다. 집착한다고 더 좋아지지도 않는다. 따라서 남의 인정을 받기 위해서는 우선 남을 인정하는 자세를 취하면서 스스로의 본분을 다하는 수밖에 없다. 구체적으로 어떻게 하면 인화를 이룰 수 있을까? 그 것은 바로 대의(大義)를 접지 않는 수준에서, 작은 이익〔小利〕은 양보하는 자세가 필요하다. 공자는 "군자는 남과 화합을 이루되 남과 동일하지 않고, 소인은 남과 동일하되 화합을 이루지 못한다."고 했다. 군자는 화합을 위해 남과 의견이 달라도, 자신의 뜻을 굽힐 줄 알고, 소인은 자신의 주관은 없으면서 다소의 손해가 예상되면 화합할 줄 모르고 다투게 된다는 의미이다.

 학교나 직장에서 흔히들 '왕따'를 당하는 사람들의 공통점은 바로 자신밖에 모르는, 이기적이거나 개인주의적인 성향이 강한 사람이 많다. 인화란 남을 포용하는 데서 시작된다. 포용하기 위해서는, 다소 손해를 보더라도 남의 의견을 적극 수용하고, 자신의 궁극적인 큰 뜻을 관철시킬 수 있도록 노력해야 한다. 그러기 위해서는 남의 의견을 경청하고, 좋은 의견은 적극 수용하고, 의견이 다르면 합리적으로 설득하려는 노력이 필요하다. 화합을 이루지 못하는 요인으로는 개인의 자존심, 이권, 파벌 등을 들 수 있다. 이런 장애요인을 극복하기 위해서는 정의(正義)라는 대의명분을 분명히 하고, 이 명분을 실현시킬 수 있는 합리적인 실천이론이 뒷받침되어야 한다. 정의로운 대의명분이란 모두가 옳다고 느끼고 수용할 수 있는 객관적이고 합리적인 기준을 말한다. 이성적인 노력이 아닌 감정적인 대립이야말로 화합을 이루지 못하게 하고, 개인은 물론 조직의 파멸을 자초하는 결정적인 요인인 것이다.

3. 인격수양은 평생의 과제이다

손자는 장수(將帥)의 오덕으로 지모〔지(智)〕, 신의〔신(信)〕, 인자〔인(仁)〕, 용기〔용(勇)〕, 엄격함〔엄(嚴)〕을 들고 있다. 그리고 "병사들에게 합리적으로 예의를 갖추어 명하고 위엄으로 다스리면, 가히 필승의 군대라고 할 수 있다."고 한 것으로 미루어 인(仁)의 덕목에 예의〔예(禮)〕를 포함시킬 수 있다. 과거 우리의 입시 시험은 아는 것에 중점을 두고 있었다. 그래서 암기 위주의 시험으로 성적을 결정했다. 그러나 지금은 암기가 필요없는 세상이 되었다. 컴퓨터 하나만 있으면 모든 지식을 검색할 수 있다. 주변에 널려 있는 지식을 용도에 맞게 입체적으로 구성할 수 있는 능력이 바로 지혜인 것이다. 따라서 지혜롭다는 것은 창의적이고 상황에 따라 최적의 답을 찾을 수 있는 변환의 능력을 말한다. 공자는 "배우고 사고하지 않으면 쓸모가 없고, 사고만 하고 배우지 않으면 위험하다."고 했다. 암기만 해서는 아무짝에도 쓸모없다는 의미이다. 지혜를 터득하는 방법은 바로 배우면서 항상 사고하는 훈련을 해야 한다. 공부한 것을 현실에 맞추어 자기 생활에 어떻게 적용할 수 있는지를 생각하는 노력을 기울여야 지혜를 키울 수 있다.

신의(信)는 바로 믿음을 의미한다. 상호 간의 신뢰이다. 부모와 자식 간, 친구 사이, 회사 상하 직원과 동료 간에, 거래하는 회사 간에 모두 신의가 없으면 성공할 수 없다. 조조의 회유를 뿌리치고 형수를 보호하고 손권의 회유에도 불구하고 죽음을 택한 관우는 중국인들 가슴속에 영원히 신의의 대명사로 자리 잡고 있다. 관우는 유비, 장비와 맺은 '도원결의(桃園結義)'를 끝까지 지켰다. 죽어서는 후세 사람들에 의해 황제로 추대되어 '관제묘(關帝廟)'가 관우의 마지막 성지인 형주성 안에 세워졌다. 중국인들은 모두 관우를 재신(財神)으로 섬기고 있는데, 중국인들이 제일 좋아하는 재물의 신인 것이다. 그 이유는 바로 사업에 성공하려면 관우처럼 신의를 지켜야 큰돈을 벌 수 있다는 의미에서이다.

인자함(仁)이란 바로 '극기복례(克己復禮)'를 의미한다. 남에게 사랑을 베풀기 위해서는 자신을 이기고 예를 갖추는 인내가 우선되어야 한다. 다혈질인 사람은 항상 자신의 성질을 이기지 못해 사후처리로 애를 먹곤 한다. 중국인이 우리와 다른 점은 좀처럼 화를 내지 않는다는 것이다. 화를 참으면 많은 번뇌가 사라진다. 또 한 가지 방법은 상대방의 입장에 서서 생각해 보는 '역지사지(易地思之)'이다. 항상 자신의 입장을 고수하기보다는 상대방의 입장에 서서 상대방을 이해하려고 노력하는 과정에서 인자함이란 덕을 갖출 수 있게 된다.

용기(勇)란 저돌적인 용맹하고는 거리가 멀다. 진정한 용기란 항상 정의(正義)에 입각해, 심사숙고한 후 결론을 내리고, 주저하지 않고 실행에 옮기는 것을 말한다. 따라서 감정적인 대응이 아니라, 이성적인 냉철한 판단으로 최선의 방안을 찾아 과감하게 행동으로 옮기는 것이다. 상대방이 도전해 오고 아군의 구성원들이 모두 응전을 촉구하더라도, 불리하다고 판단될 경우 싸우지 않는 것도 용기이고, 득보다 해가 크다고 예상될 경우 비겁하다는 비난을 무릅쓰고 후퇴를 결정하는 것도 용기이다.

엄격함(嚴)에는 자신에 대한 엄격함과 구성원에 대한 엄격함, 이 두 가지가 있다. 자신에게 엄격하지 못한 리더는 구성원들에게도 엄격할 수 없다. 남송(南宋)시대 악비(岳飛)는 자신은 물론 군대의 장수였던 아들에게도 엄격한 군율을 적용해 필승의 군대를 양성할 수 있었다. 유일한 여황제 무측천은 자신의 측근들이나 황친들이 비리에 연루되었을 때, 가차 없이 엄벌을 가함으로써 남성 위주의 고대 사회였지만, 여성으로서 정권을 완전하게 장악하여 황제가 될 수 있었다. 리더로서의 엄격함이란 항상 스스로에게 엄격할 때 그 효과가 있다는 점을 명심해야 한다.

4. 나의 능력을 남과 차별화시킨다

인생의 성공을 위해서는 매사에 주도권을 장악하려는 노력을 소홀히 해서는 안 된다. 전쟁에서의 주도권은 승리를 위해 보다 유리한 여건 속에서 자신에게 유리한 방식대로 전쟁을 치르기 위한 상황 연출이듯이 인생에 있어서의 주도권은 바로 하고자 하는 일을 자신이 원하는 목표와 방식대로 할 수 있는 힘을 말한다. 이 주도권을 쥐기 위해서는 현실적으로 남들과 차별화하는 방법이 있다. 이 차별화를 위해서는 남보다 뛰어난 기술력이 필수이다. 사회진출을 눈앞에 두고 있는 젊은이들이 주도권을 잡기 위해 필요한 준비는, 진출하고자 하는 영역에서 필요로 하는 전공에 대한 실력, 컴퓨터 운용력, 외국어 실력이라고 할 수 있다. 전공 실력은 주도권의 핵심요소이고, 컴퓨터와 외국어 실력은 전공 실력을 보좌해 주는 무기가 된다. 손자가 "무릇 전쟁이란 정공법(正 : 정면전, 정규군)으로 대치하고, 기공법(奇 : 측면전, 게릴라 부대)으로써 승리하는 것이다."라고 했듯이, 전공은 바로 손자가 말한 정(正)이고, 컴퓨터 운용력과 외국어 능력, 기획력 등등의 보조적인 것들은 바로 기(奇)라고 할 수 있다. 전공영역에 우수한 인재들이 많으면, 남다른 무기를 활용해 차별화하는 노력이 절실한 시대이다.

사회에 진출한 초년생은 자신의 기술력을 바탕으로 권력과 자금력을 확충해 나가야 한다. 직장에서의 지위가 높아짐에 따라 권력과 자금 운용력이 향상될 수 있고, 항상 새롭게 변하는 현실에 맞는 공부를 계속해 나가야 기술력을 유지할 수 있다. 사회생활을 해 나갈수록 새로운 공부와 정보력이 정(正)이 되고, 권력·자금력·인맥관계·전략 등이 기(奇)가 되어 새로운 프로젝트에 도전해 볼 수 있다. 항상 이 정(正)과 기(奇)를 어떻게 조화롭게 운용할 수 있을지를 연구하고 고심해야 한다. 무엇보다 중요한 것은 정(正)의 능력인 기술력을 남보다 높은 수준으로 유지하는 것이 조직에서 주도권을 확보하는 방법이란 사실을 잊어서는 안 된다는 점이다. 조직 내에서 "'회계' 하면 누구!, 중국 전문가는 누구!, 마케팅은 누구!" 등 특화된 호칭 속에 자신의 이름이 거명되도록 노력을 기울여야 한다.

만약 학업에는 관심이 없는 사람이 다른 방면에서 남들과 차별화를 이루기 위해서 손자가 말한 "천리를 행군하고도 피로하지 않은 까닭은 적이 없는 곳으로 진군하기 때문이요, 공격하면 반드시 성공하는 것은 적의 방비가 허술한 곳을 치기 때문이며, 수비하면 반드시 지킬 수 있는 것은 적이 공격하기 힘든 곳을 지키기 때문이다."는 방식을 활용해야 한다. 남들이 하기 싫어하고 관심이 없는 분야에 눈독을 들이고, 그 분야에서 1등이 되는 길을 선택해야 한다. 예를 들면 퓨전음식, 특용작물, 인터넷 마켓, 홈쇼핑, 레저산업, 쓰레기 재활용 등 자신의 개성과 창의성을 최대한 잘 살릴 수 있는 업종을 선택해서 도전해 볼 것을 권하고 싶다.

남과의 차별화 전략은 바로 손자가 언급한 기정(奇正)과 허실(虛實)의 전략을 최대한 활용하는 방안으로, 평생 이 두 가지는 절대 손에서 놓아서는 안 될 중요한 지침인 셈이다.

5. 항상 나보다 훌륭한 친구를 사귄다

손자는 "장군이란 군주를 보좌하는 사람이다. 보좌역인 장군과 군주의 관계가 친밀하면 나라는 강해지고, 반대로 양자의 관계에 틈이 생기면 나라는 약해지게 마련이다."라고 했다. 과거 군신 관계에서 한 말이다. 현대에서는 친구가 바로 나의 '장군'이 되는 셈이다. 나보다 유능한 친구가 많으면, 나는 그만큼 훌륭한 장군을 많이 거느릴 수 있게 된다. 여기서 '친구'의 개념은 협의적인 해석으로는 동년배의 친구를, 광의적으로는 연령의 국한 없이 인생을 살아가면서 만나는 동반자들을 모두 포괄한다.

그러면 어떻게 훌륭한 친구를 가려낼 수 있을까? 그것은 바로 손자가 말한 장수(將帥)의 오덕을 가지고 판단하면 된다. 바로 지모〔智〕, 신의〔信〕, 인자〔仁〕, 용기〔勇〕, 엄격함〔嚴〕이다. 누가 지혜롭고, 덕이 많고, 신의가 있으며, 용기와 엄격함을 갖추고 있는지 판단하는 습관을 길러야 한다. 사람을 알아보는 능력도 인생을 살아가는 데 상당한 힘이 된다. 좋은 친구를 만나면 군주가 유능한 장군을 만나듯, 천군만마보다도 더 많은 도움이 된다. 반대로 나쁜 친구를 만나면 신세를 망친다. 충신과 간신의 차이는 극명하다. 충신은 나라가 불안해질까 걱정하고, 간신은 나라가 평온해질까를 걱정한다. 간신이 평온을 걱정하는 이유는 천하가 태평하면 개인의 욕심을 채울 수 있는 기회가 줄어들기 때문이다. 지혜로운 자는 충신을 가까이 하지만 어리석은 자는 간신을 좋아한다. 오나라의 왕 부차는 충신인 오자서를 멀리하고 간신인 백비를 가까이해서, 결국 자신은 자살하고 나라는 망했으며, 반대로 월나라 왕 구천은 전쟁에 져서 노예로 전락했지만 충신인 범려와 문종의 도움으로 오나라를 물리치고 복수를 할 수 있었던 것이다.

손자는 장군의 중요성에 대해 "이런 전쟁의 내막을 잘 이해하는 장수야말로 백성들의 생사와 운명을 책임지는 자요, 국가의 안위를 두 어깨에 걸머진 인물이다."라고 정의했다. 친구의 중요성은 바로 이와 같다고 할 수 있다. 훌륭한 친구는 나와 내 가족의 미래에 안위를 보좌할 수 있는 인물이다. 좋은 친구를 만나면 위험한 상황에서도 구사일생으로 살아날 수 있지만, 나쁜 친구는 잘 나가던 사업도 망치게 할 수 있다.

6. 남과의 경쟁은 하되, 적은 만들지 않는다

노자는 "도(道)에 따라 군주를 보필하는 사람은 군대의 위용으로 천하에 그 강함을 드러내지 않는다. 싸움은 반드시 보복을 부른다. 군대가 주둔하고 있는 곳의 농지에는 가시덤불이 무성해지고, 전쟁을 치른 후에는 흉년이 들게 마련이다. 전쟁 수행의 올바른 방법은 소기의 목적만 달성하게 되면 바로 멈추는 것이지, 결코 병력이 막강하다고 마음껏 휘두르지 않는 것이다. 기본적인 목적만 성취되면 자만하거나 과시하거나 교만하지 않는다. 단지 부득이한 상황하에 전쟁을 해서 승리를 거둔 것에 불과하다고 생각하기 때문에, 목적을 이루고도 강하다고 생각하지 않는 것이다. 사물은 강성함의 극점에 이르면 쇠락의 길로 접어들게 마련이니, 강함을 계속 추구하는 것은 도(道)에 부합하지 않고, 도에 부합하지 않으면 더욱 빨리 쇠망할 수밖에 없다."[2]고 했다. 노자가 전쟁을 반대하는 이유는 '도에 부합하지 않는다', '보복을 부른다', '흉년이 든다', '영원한 승자는 없다' 등이다. 도(道)란 항상 생(生)과 사(死), 부(富)와 귀(貴), 강(强)과 약(弱)이란 상반된 현상을 향해 움직이는 속성이 있어, 지금 한 순간의 승리는 언젠가는 패배의 아픔으로 이어질 수밖에 없다. 따라서 부득이 전쟁을 할 경우 '전쟁의 기본적인 목적만 이루는' 정도로 그쳐야지 무고한 백성을 살해하거나 패왕을 자처하지 않는다는 것이다.

    손자의 전쟁관은 "전쟁을 하면 반드시 이겨야 한다."이다. 따라서 전쟁을 시작하기 전에 충분한 준비와 검토, 적과의 전력 비교 등 철저한 대비를 강조했다. 그리고 전쟁이 시작되면 가급적 빨리 끝을 내고, 무력보다 지략으로써 하고, 가급적 상호 피해를 최대한 줄인다. 승리한 후에도 유종의 미를 거두기 위해 논공행상을 확실히 하며, 적에게 복수의 원한을 심어주지 않도록 최선의 배려를 한다. 전쟁에 승리하여 적국을 멸하여도 적의 모든 백성들을 적으로 만들면 그 승리는 오래가지 못한다. 그 예로 진시황은 통일 후 가혹한 법으로 온 백성을 적으로 만들어 전국 각지에서 반란이 일어났다. 그들 중 항우는 진(秦)나라의 수도였던 함양을 정복한 뒤 진나라 황제 자영을 죽이고, 아방궁을 불질러 그 불길이 3개월이나 계속되는 등의

---

[2] "以道佐人主者, 不以兵强天下. 其事好還. 師之所處, 荊棘生焉; 大軍之後, 必有凶年. 善者果而已, 不敢以取强, 果而勿矜, 果而勿伐, 果而勿驕, 果而不得已, 果而勿强. 物壯則老, 是謂不道, 不道早已."(노자「도덕경」30장)

온갖 만행을 자행한 반면, 항우보다 먼저 함양에 입성한 유방은 약법삼장(約法三章)을 시행하며 백성들을 위무했기 때문에 민심을 얻어 최후의 승자가 될 수 있었던 것이다.

일상생활 속에서 경쟁자를 어떻게 이길 것인지에 대해 생각해 보면, 과거에는 정적은 무조건 죽이고 삼족 혹은 구족을 멸하는 방법을 택했다. 후환을 없애기 위해서였다. 그러나 지금은 이런 방법을 쓰지 못할 것이다. 경쟁에 이기고도 후환을 남기지 않는 방법을 찾아야 한다. 그 방법은 모든 경쟁은 감정적으로 해서는 안 된다는 것이다. 이성적인 경쟁, 실력으로 승부, 비겁한 방법을 쓰지 않고 정정당당하게, 승리 후에도 상대를 절망의 절벽으로 몰아세우지 않기 등일 것이다. 공정한 심판이 진행하는 스포츠에서 패한 자는 경기 후에도 그 결과에 승복하지만, 불공정한 심판에 의한 패배는 인정하기 싫어하는 것이 인지상정이다. 즉 실력으로 정정당당하게 이기고, 승리 후에도 오만하지 않고 감정적인 대립을 피하는 것이 방법이다.

7. 사람을 효율적으로 부릴 수 있는 용병술을 터득한다

손자는 용병술에 대해 다음과 같이 분명하게 정의를 내렸다. "전쟁에 능한 자는, 승리를 전세(勢)에 의존하지 남 탓을 하지 않는다. 따라서 재능 있는 인재를 잘 선택해서 세(勢)를 맡길 줄 알아야 한다. 세를 맡기면 이 임무를 맡은 자는 전투 시 마치 높은 곳에서 통나무나 돌을 굴리듯 한다. 통나무나 돌의 속성은 평평한 곳에서는 멈춰 서 있지만, 경사진 곳에서는 움직이게 되어 있고, 네모진 것은 멈추어 서 있지만 원형인 것은 구른다. 따라서 병사의 세를 잘 이용할 줄 아는 사람은 마치 원석을 천 길 높은 산 위에서 굴리듯 하는데, 이것이 바로 세(勢)인 것이다." 즉, 인재를 적재적소에 활용하여 조직의 '힘〔勢〕'을 강화하면 마치 바위를 천 길 낭떠러지 위에서 밑으로 굴리는 엄청난 힘을 낼 수 있다는 것이다. 또한 손자 자신이 오나라 군사 5만 명으로 초나라 군사 20만 명을 물리쳤듯이 병력이 많고 적고는 이 세를 형성하는 데 절대적이지 않다고 했다.

손자는 이 '세'를 만드는 용병술의 기본 개념으로 다음과 같은 논리를 전개했다. 우선 조직의 법제를 정비하고, 조직 간에 유기적인 협력체계가 이루어지도록 한다. 리더는 목표를 분명히 제시하고 솔선수범한다. 조직원의 능력을 철저히 파악하여 적임자에게 세를 맡긴다(보직 혹은 권한을 부여한다). 신상필벌을 분명히 한다. 조직원을 대할 때는 항상 중용의 태도를 견지하되, 때에 따라서는 파격도 필요하다.

개인의 능력이 아무리 출중하다고 하더라도 조직의 직제가 비효율적이거나 신상필벌이 분명치 않으면, 조직을 위해 개인의 역량을 충분히 발휘하도록 할 수 없다. 이런 경우는 능력이 없어 발휘하지 못하는 것보다 더욱 안타깝다. 조직원의 능력을 파악하기 위해서는 개개인의 이력을 충분히 검토하고, 매일 세심한 주의를 기울여 장단점 파악에 힘써야 한다. 장단점의 파악도 막연한 직감에 의한 것이 아니라, 업무평가를 통한 세부적인 리스트가 필요하다. 예를 들자면 기획력, 업무추진력, 친화력, 영업능력, 지도력 등등 세부적인 분석을 통해 적합한 업무를 부여해야 한다. 그리고 업무의 성과를 평가하고, 조직에 공이 있을 때는 상을, 피해가 있을 경우에는 벌을 주는 것을 정례화하는 매뉴얼을 만들 필요가 있다. 또한 누구든지 일에 대한 집중력과 긴장감은 어느 순간 느슨해지게 마련이다. 따라서 이런 매너리즘을 방지하기 위해 조직원들을 긴장시킬 수 있는 인사, 상벌 시스템과 교육 프로그램을 개발해야 한다.

8. 남과의 경쟁에서 이길 수 있는 나의 장점을 강화한다

인간은 만능일 수 없다. 만약 만능하다면 만능하기 때문에 모든 일에서 남보다 뒤질 수 있다. 팔방미인 치고 제대로 하는 일이 하나 없다. 나의 약점을 보완하는 것도 중요하지만 더욱 중요한 것은 나의 강점을 극대화해야 한다는 것이다. 약점만 보완하다 보면 영원히 2인자의 자리에 남는다. 남과의 차별화를 통해 조직원 사이에서 어떤 한 분야에 있어서는 바로 그를 연상하도록 만들어야 한다. 남들과 다르지 않고 평범하며 아무 특징이 없는 사람은 도태된다. 현실은 전문가를 원한다. 중국 전문가, 금융 전문가, 마케팅 전문가 등등 살아남으려면 그 분야의 1등이 되어야 한다. 조직 내의 업무도 자신의 능력에 맞도록 선택해야 한다. 일등이 되기 위해서는 대학 공부로는 어림도 없다. 끊임없이 그 분야에 관한 서적을 섭렵하고 서점과 도서관 가는 것을 커피숍이나 식당에 가는 것처럼 일상화해야 한다. 그리고 여행, 취미생활, 독서, TV, 대인관계 등 모든 여가활동도 이 영역에 포커스를 맞출 필요가 있다.

중국여행을 수백 번 다녔지만 지금도 여행을 생각하면 으레 주저 없이 중국을 선택한다. 물론 중국여행은 힘들고 고달프다. 지저분하고 냄새가 난다. 특별한 기회가 주어지지 않은 상황에서 굳이 비싼 돈 들여 멋있는 도시와 깨끗한 분위기를 맛보고 싶지도 않고, 흥미도 없는데 잘 통하지 않는 언어를 사용하며 인종적인 차별을 감내하면서, 가이드 뒤를 졸졸 따라다니고 싶지 않기 때문이다. 자유와 주도권이 없는 여행은 동물원의 호랑이와 같다. 그래서 금강산 같은 데는 절대 따라가지 않는다. 철조망 사이를 두고 감시를 받으며 체력단련하고 싶지는 않기 때문이다. 이렇듯 여행도 나를 특화시킬 수 있는 수단이 될 수 있으며 독서도 마찬가지이다. 시간이 많아 어떤 책이라도 다 읽을 수 있는 상황이 아니면, 가급적 자신의 전공 영역이나 자신을 특화시킬 수 있는 영역의 책을 골라 읽는 것이 바람직하다. 친구 또한 전공영역의 좋은 친구를 많이 확보하는 것이 나의 강점을 더욱 배가시키는 방법이 될 수 있을 것이다.

9. 늦더라도 최후의 승자가 될 수 있는 우직지계를 터득한다

'우직지계(迂直之計)'의 원문 해석은 "돌아가더라도 더 빨리 도착할 방도를 강구한다."이다. 광의의 해석은 "최후의 승리를 위해서는 비록 느리게 가더라도 승리의 기반을 확실히 다지면서 간다."이다. 이 우직지계를 사용하는 방법은 "아군이 싸우기를 원하면, 적이 비록 성벽을 높이 쌓고 도랑을 깊이 파고 지킨다 하더라도, 성 밖으로 나와 싸울 수밖에 없게 되는데, 그 까닭은 그들이 반드시 구원해야 할 요지를 공격하기 때문이다. 반대로 아군이 싸우기를 원하지 않는다면, 비록 땅 위에 금을 긋고 지키더라도 적이 우리와 싸울 수 없게 되는 이유는 싸움의 방향을 다른 데로 바꾸어 놓았기 때문이다."이다. 적과 정면으로 붙어서 승부를 보는 것이 제일 빠른 방법이지만, 목표를 보다 완벽하게 달성하기 위해서는 '적이 구원해야 할 요지를 공격한다', '싸움의 방향을 다른 곳으로 바꾸어 놓는다' 와 같은 선결 작전을 실시하여 적을 지치게 하고, 나는 적을 이길 수 있는 준비할 시간을 벌며, 능력을 키워야 한다는 것이다. 다시 말해 보다 확실한 승리를 위해 목표를 향해 직진하지 않고, 천천히 실력을 갖추어 나가는 우회적인 방법을 말한다.

지금까지 제일 후회되는 일은 중학교 때의 일이다. 중학시절 야구선수 생활을 했다. 운동시합을 위해 합숙을 하고 돌아와 수업을 들으면, 다른 과목은 그런대로 따라갈 수 있는데, 수학 과목은 좀처럼 이해하기 힘들었다. 기초가 없었기 때문이다. 인수분해를 하지 못하는데 미분과 적분을 이해할 수 없었던 것은 아마도 당연한 이치일 것이다. 운좋게 고등학교 입시에서는 합격했다. 그때 만약 해방된 기분으로 들떠서 돌아다니지 않고, 중학시절 못 배웠던 수학과목의 1학년부터 3학년 과정을 다시 복습했더라면 고등학교에 가서 그렇게 수학 때문에 애를 먹지 않았을 것이다.

우리는 대학시험 한 번으로 자녀들의 모든 능력을 평가하는 시스템 속에 살고 있다. 과거에는 중학교, 고등학교, 대학교 세 번의 경쟁 기회가 있었지만, 요즈음은 한 번으로 끝난다. 입시경쟁의 지옥으로부터 해방되었다고 좋아들 하지만, 실제 조삼모사(朝三暮四)와 같은 방법으로, 더욱 잔인하게 변했다. 한 번 시험으로 학벌이 결정되니 말이다. 사회에서는 학력을 불문에 붙인다고들 하지만, 실제로는 어떠한가? 이 학력은 평생 따라다닌다. 대학입시 하나가 자녀들의 사회 등용문인 셈이다. 기초가 부족하면 시간이 걸리더라도 처음부터 다시 해야 한다. 대학에 들어와서도 전공이 자신의 적성에 맞지 않고, 평생의 일로 삼기에 적당하지 않으면, 다시 선택해야 한다.

전과를 하거나 복수 전공을 해서라도 하고 싶은 분야를 전공으로 선택해야 한다. 미국의 로스쿨에 재학하고 있는 학생들 중 상당수가 대학시절 전공이 법학이 아니고, 유명한 변호사들 중 상당수도 대학시절 법학을 전공하지 않았음을 볼 때, 전공의 선택이란 대학입시 한 번으로 결정해서는 안 된다는 점을 상기시켜 준다.

10. 집착과 고정관념에 매이지 않고, 열린 마음과 임기응변에 능통한다

학생들을 지도할 때 항상 느끼는 점은 부모가 자녀에 대해 너무도 모른다는 점이다. 아니면 사랑하는 자녀의 단점을 남에게 드러내고 싶지 않아서일지도 모르겠다. 그러나 '내 아이'의 '내' 자가 아이를 망칠 수 있다. '내' 자는 집착을 가져온다. 일반적인 친구보다 애인 사이에 싸움이 더 잦은 법이다. 집착하기 때문이다. 집착은 욕심을 수반하고, 욕심은 애인에게 남다른 요구를 하게 된다. 그래서 노자는 "집착하면 그것을 잃는다."고 했다. 집착과는 상반된 '관조(觀照)'라는 말이 있다. '관조(觀照)'란 집착하지 않고 냉정히 바라본다는 뜻이다. 산에 올라 내가 사는 집의 모습을 보면, 정말 보잘것없는 닭장과 같다. 그 안에서 왜 그렇게 울고불고 싸웠는지 좀처럼 이해되지 않는다. 관조란 이런 것이다. 집착하지 말고 떨어져서 사물을 바라보는 시각을 의미한다. 관조하는 방법으로는 남이 나에게 들려주는 조언을 경청하는 것이 있다. 남의 비평을 두려워하거나 피하지 말고, 겸허한 마음으로 수용하는 노력이 필요하다.

손자는 장수가 빠지기 쉬운 위험으로 다음과 같은 다섯 가지를 들었다.

1. 지나치게 용맹하여 죽기를 다해 싸우면 죽을 수 있다.
2. 죽음을 두려워해 살려고 하면, 적의 포로가 된다.
3. 성을 잘 내고 조급하면, 적의 계략에 말려 수모를 당하게 된다.
4. 너무 청렴결백하면, 오히려 모욕을 당하게 된다.
5. 지나치게 백성을 아끼면, 번거로움에 빠지게 된다.

이 5가지는 모두 명예나 승부욕에 대한 집착으로 인해 비롯된 것이다. 손자는 이 5가지를 "장수가 범하기 쉬운 위험이자 용병의 재앙이다. 군을 멸하고 장수를 죽음으로 몰아넣는 것이 이 5가지 위험이니, 충분히 고려하지 않으면 안 된다."고 했다. 승리의 길은 현실 상황을 냉정하고 정확하게 바라보는 관조의 능력에서 비롯된다는 사실을 상기시켜 주는 내용이다.

어떤 일을 하든 상황의 변화에 주의를 기울여 그때그때 전략을 수정해 나가야 한다. 영리한 토끼는 항상 3개 이상의 굴을 파 놓듯이, 사전에 변화될 상황에 대한 대책을 미리 3개 이상 준비를 해야 한다. 손자는 이런 방법을 '치변(治變)'이란 단어로 표현했다. "적의 깃발이 질서 정연하면 이를 맞이하여 싸우지 말며, 적의 진영이 당당하면 공격하지 말아야 하는데, 항상 적의 변화에 따라 나의 행동을 결정하는 바로 이것이 변화의 다스림〔치변(治變)〕이다."라고 했다. 매사에 대책이 많을수록 운신의 폭이 넓고, 실패의 가능성이 그만큼 줄어든다고 할 수 있다. 손자는 이에 대해 "많은 대책을 강구하면 이기고, 대책이 적으면 진다. 하물며 대책이 없으면 어떻겠는가? 나는 이런 관점에서 승부는 사전에 알 수 있다고 하는 것이다."라고 했다.

여러 사람이 함께 움직여야 하는 조직에서의 사업계획은 적어도 상황의 변화에 따른 2~3개의 방안을 만들어야 한다. 하급자가 상급자에게 보고하는 사업계획을 쓸 때는 현실상황과 상황의 변화에 대해 상급자보다 분명한 예측을 하기가 어려운 경우가 많다. 따라서 사업계획은 제1안, 제2안, 제3안 등과 같은 복수방안을 준비할 필요가 있다. 대학입시전형도 다양해졌다. 모집구분은 수시모집과 정시모집으로 분류되고, 수시모집은 입학사정관전형과 특별전형이 있고, 정시모집에는 가·나·다 군이 있어 전형방법이 복잡해졌다. 이렇게 복잡 다양한 방법으로 전형을 할 경우는 한 대학에 집착하지 말고, 수능성적과 내신성적에 따라 전형전략을 민첩하게 바꾸어 나갈 필요가 있다. 또한 요즘처럼 취업문이 좁을 경우는 자신이 평소에 가고 싶은 기업에 목매지 말고, 눈높이를 낮추어 우선 취업이 가능한 여러 곳에 지원원서를 내고, 우선 입사한 후 추후에 기회가 왔을 때 본인이 원하는 기업을 지원하는 것도 한 방법이다. 한곳에 집착하지 말고 여러 곳으로 분산 지원해, 합격되는 곳에 우선 적(籍)을 두고, 실력을 쌓아 후일을 도모하는 방법이다.

서 론

손자의 발자취를 따라 테마기행

기존 서적에 대한 일견

이 책의 구성 – 손자병법 13편에는 논리가 없다

손자병법은 어떤 책인가?

왜 손자병법을 읽어야 하나?

손자병법을 어떻게 읽어야 하나? – 숲을 보고 나무를 본다

손자의 발자취를 따라
테마기행

손자병법을 공부하면 할수록 손자를 보고 싶은 열정이 솟아오른다. 책으로만 손자를 만나는 것보다 손자의 발자취를 따라가 보고 느끼는 것이 손자병법을 보다 더 정확하게 이해하는 데 도움이 되겠다는 생각에서 테마기행을 기획하게 되었다. 손자는 지금의 산동성(山東省) 혜민현(惠民縣)에서 태어나서, 당시 오나라의 수도였던 지금의 강소성(江蘇省) 소주(蘇州)에서 오나라의 장군으로서 평생을 보냈다. 오나라 장군 손자가 이끄는 5만의 군사는 강력한 초나라의 20만 대군을 물리쳐 제후들을 깜짝 놀라게 했다. 당시 초나라의 수도는 '영도(郢都)'로서 그 위치에 대해서는 여러 학설이 있었지만, 이번 여행을 통해 정확한 위치를 확인할 수 있었고, 초나라의 풍수와 문화를 배우는 데 도움이 되었다. 2500년이란 세월이 흐른 지금에 격전지와 전쟁에 사용되었던 전술에 대한 정확한 기록과 과거 지명에 대한 고증이 분명치 않아, 격전지에 대한 답사는 추후로 미룰 수밖에 없어 아쉬움이 남았다. 따라서 이번 여행은 손자의 발자취를 따라 돌아본 초보적인 답사여행이라고 할 수 있다. 노선은 북경(北京) → 혜민(惠民) → 제남(齊南) → 소주(蘇州) → 무한(武漢) → 형주(荊州) → 낙양(洛陽) → 숭산(崇山) → 북경(北京)으로서 총장 4,000km에 이른다. 낙양과 숭산은 테마기행을 마치고 돌아오는 길에 잠시 들러본 곳으로 관심 있는 독자를 위해 소개한다.

손자의 고향 혜민으로

손무(孫武, 자는 長卿)는 지금의 산동성(山東省) 혜민현(惠民縣)에서 태어났다. 2500년 전 손자를 만나러 그의 고향인 산동성(山東省) 혜민(惠民)으로 가기 위해 북경에서 덕주(德州)행 기차에 몸을 실었다. 중국이 자랑하는 고속철이다. 내부시설도 쾌적하고 시속 300km 이상을 달리는 기차이다. 덕주까지는 2시간밖에 걸리지 않았다.

조화라는 뜻의 고속철 허세하오(和諧號)

덕주에서 혜민(惠民)현까지 시외버스를 타고 2시간 반을 이동했다. 시골버스가 늘 그렇듯 중간 중간에 승객이 소변보고 싶다고 하면 세우고, 승객들을 태우고 내리는 통에 여러 차례 선잠을 깼다. 혜민에 도착해 보니 손자가 태어난 고향이 너무나 보잘것없는 시골 마을이란 사실에 적잖이 놀랐다. 중국의 행정구역에서 '현'이란 우리나라의 군에 해당되는 작은 구역이다.

고속철 기차역 전경

고속철 내부 모습

혜민현은 손자의 가치를 인식하고 있는 듯 손자를 이용해 여행수입을 올리려는 움직임이 곳곳에서 감지되었다. 손자가 태어난 곳에 동상을 세워 '손자고리(孫子故里)'라고 명명하고, 손자를 기념하여 세워진 '손자병법성(孫子兵法城)'도 있었다. 또한 거리 곳곳에 손자의 이름을 딴 간판과 거리명 등이 눈에 띈다. 혜민현에서 제일 고급여관을 찾아 여장을 풀었다. 여관비는 우리 돈으로 1만 4천 원이었는데 밤새도록 추위에 떨었다. 화장실의 마통은 물통 뚜껑이 없을 정도로 허름했지만 다행히 더운 물이 나와 샤워를 하고 잠을 청했다. 그러나 마침 음력 대보름(원소절) 저녁이라 밤새도록 폭죽소리에 잠을 제대로 잘 수 없었다. 서너 차례 잠을 자다 깨다 설치면서 아침 7시에 일어나 세면을 하고 식사도 거른 채 '손자병법성'을 찾았다.

'손자병법성'은 시내에서 6km 정도 떨어져 있었다. 어마어마한 면적에 웅장한 크기로 그 규모를 자랑했지만 기대에는 전혀 미치지 못했다. 학생들의 학습과 수학여행용으로 만들어졌다는 느낌이 들었다. 총 13개의 전시관으로 되어 있는데 손자병법 13편에서 비롯된 것이다. 매 전시관마다 손자병법의 한 편이 소개되고 좌우측 별

혜민현에서 손자를 기념하기 위해 세운 손자병법성 정문

손자병법성 내에 전시된 청동으로 제작된 전차의 모형

관은 관마다 36계의 2, 3계를 전시했는데 삼십육계의 내용과 그 특징적인 소재가 모형으로 제작되어 있었다. 입장료는 50위안(우리 돈 9,000원)으로 먼 곳을 찾아온 사람에게 다소 실망감과 허전함을 안겨 주었다.

다음은 손자의 옛 집터인 '손자고리(孫子故里)'를 찾았다. 주변에는 시장이 들어서 있고, 집터 옆으로는 작은 사찰이 보인다.

동상 하단부에는 병성손무 (兵聖孫武)라고 적혀 있다.

손자가 태어나고 성장한 집터에 손자의 동상이 세워져 있다.

서 론 **29**

역사

손자의 이름은 무(武)이다. 손자(孫子)의 자(子)는 존칭으로 '선생님' 이란 뜻이다. 손자는 중국 고대의 군사전문가이자 군사이론가로서, '병성(兵聖)' 혹은 '군사학의 시조(兵學鼻祖)' 라고 불린다. 그는 춘추시대 제(齊)나라 사람으로 기원전 559년에 태어났고, 언제 죽었는지에 대해서는 기록이 없다. 공자(孔子, 기원전 551년~기원전 479년)와 동시대에 살았다. 그의 선조는 진(陳)나라의 왕위 계승자였던 공자(公子)로서 성(姓)은 진(陳)씨, 이름은 완(完)이었다. 그는 진나라에 내란이 일어나자 기원전 672년에 제(齊)나라로 피신하여 세인들의 이목을 피하기 위해 성(姓)을 진(陳)과 발음이 비슷한 전(田)으로 고치고 생활했다. 제환공(齊桓公 : 제나라의 15대 군주)이 전완이 현명하고 덕이 많다는 소문을 듣고 그를 객경(客卿)에 봉하려고 했으나, 전완은 지위가 높아지는 것을 원치 않아, 적극 사양하고 공정(工正)이란 하급관리로 제나라에서 뿌리를 내리기 시작했다.

전씨(田氏) 가족은 제나라에서 자리를 잡게 되자, 새로운 가족의 역사를 쓰기 시작했다. 전씨는 원래 진(陳)나라 귀족 출신으로 훌륭한 교육을 받아서 문무를 겸비했으며, 제나라에서도 서서히 능력을 발휘하여 명문세가로 성장하였다. 제나라 장공에 이르러서는 셋째 손자인 전문자(田文子)와 젊은 명신인 안영이 함께 조정의 대부를 맡았다. 정견이 서로 일치했던 두 사람은 의형제를 맺고, 가족끼리도 역시 자연스럽게 가까워져서 정치적 동맹세력을 형성하게 되었다. 전완의 4대손 전무우(田無宇)는 군대를 통솔하고 정치적 정책도 펼 수 있는 상대부(上大夫)에 올라, 전씨 일가의 지위는 하늘 높은 줄 모르고 치솟았으며, 영지도 계속 확장되었다. 연(燕)나라와 진(晉)나라가 연합해 제나라로 쳐들어 왔을 때, 손무의 숙부인 전양저(田穰苴)는 안영의 천거로 대장군이 되었다. 전양저는 연·진 연합군을 물리치고 잃었던 땅을 되찾았다. 그 공로로 전양저는 대사마에 올라, 그 후로는 사마양저로 불리게 되었는데, 후에 그의 군사사상을 정리한 것이 바로 「사마병법」이다.

전완의 6대손이자 손무의 조부인 전서(田書)는 제나라의 대부(大夫)로서 군대를 이끌고 거(莒)나라를 정벌한 공로로 제경공(齊景公 : 제나라의 26대 군주)으로부터 봉읍과 손(孫)이라는 새로운 성을 하사받았다. 당시 사회에서는 새로운 성을 하사하는 것이 제일 명예로운 종법(宗法)적인 예우였다. 그 후부터 전서(田書)의 가족은 모두 손(孫)으로 성을 바꾸어, 손무의 부친 전빙(田凭)은 손빙(孫凭)이 되었다.

오나라의 수도였던 강소성(江蘇省) 소주(蘇州)로

손자의 고향은 이방인의 부푼 기대에는 다소 미치지 못했지만, 그래도 손자의 고향에서 하룻밤을 지새우며 손자와 호흡을 같이했다는 데 위안을 느끼면서, 손자의 주 활동 무대인 오나라의 수도(지금의 강소성(江蘇省) 소주(蘇州))로 가기 위해 혜민현의 시외버스 터미널로 갔다. 시골버스는 좌석이 다 차야 출발하므로 한참을 기다려서야 시동이 걸렸다.

혜민현의 시외버스 터미널

혜민에서 제남까지 도로는 제법 잘 정비되어 있어 2시간 20분 만에 도착했다. 제남역에서 소주행 고속열차표를 산 뒤 시간이 남아 커피숍에 들어가 간단히 요기를 하고, 그동안 찍은 사진을 컴퓨터에 입력했다.

제남역의 야경

1시간여를 이렇게 보내고 제남역으로 가보니, 역 입구에서 들어가지 못하게 제지를 하는 것이었다. 고속철은 제남서역에서 타야 된다는 것이다. 제남역에서 표를 샀으니 제남역에서 출발하겠지 했던 것이 불찰이었다. 기차표를 확인해 보지 않고, 으레 그러려니 했던 것이 화근이었다. 제남서역은 제법 멀리 떨어져 있었다. 기차 출발시간까지 남은 시간은 1시간도 채 안 되었다. 제남역부터 무거운 배낭을 메고 뛰기 시작했다. 빨리 택시를 잡지 못하면 기차를 놓치게 되고, 기차를 놓치면 그 후에 야기될 여러 가지 불편한 일들이 머리 속에서 꼬리를 물었다. 한참을 달리다 빈 택시가 길가에 서 있는 걸 발견하고, 운전사에게 제남서역까지 갈 수 있느냐고 물으니 100위안을 내라는 것이었다. 내 판단으로는 역이 아무리 멀어도 제남 지역의 크기로 볼 때 30위안이면 족할 것 같았다. 과거 여러 차례 이런 경험을 했었기 때문에, 불쾌한 심정을 억누르고 다시 큰 대로를 향해 뛰었다. 역에서 멀리 떨어질수록 택시를 잡을 수 있는 확률이 많아, 한참을 달려 택시를 잡을 수 있었다. 그런데 이번에는 역이 멀어 다른 사람과 합승을 해야 한다는 것이었다. 그래서 "50위안을 줄 테니 갑시다!"라고 하자, 운전사는 대뜸 "하오!(好)"하고 나를 태운 뒤 속력을 내었다. 기차출발시간 10분 전에 가까스로 제남서역에 도착했다.

　제남서역도 으리으리하고 웅장한 자태를 뽐냈다. 미국 오바마 대통령이 중국의 고속철은 미국보다 10년을 앞섰다고 했을 정도이니, 그럴만하다고 생각이 되었다. 북경에서 상해까지 1,300km를 5시간 만에 주파하며, 제남서역에서 소주북역까지 3시간 20분 만에 내달렸다. 이 먼 길을 2500년 전의 손자는 가족을 데리고 제나라 관리의 추격을 피해 마차를 달려 피난길에 올랐다고 생각하니 감회가 새로웠다. 당시의 도로 사정을 감안하면 꽤 긴 날의 여정이었을 것이다.

　소주북역에서 시내까지는 택시로 56위안이 나왔다. 제법 먼 거리

전국적인 체인망을 갖춘 여관의 하나

였다. 중국을 여행할 때 주로 이용하는 전국적인 체인망을 가지고 있는 여관에 여장을 풀었다.

 소주는 과거 두 차례 방문한 적이 있어 지리에 제법 밝았지만, 그때와는 달리 이번의 여행 목적이 손자의 발자취를 더듬어 보는 것이어서, 여러 가지 어려움이 예상되었다. 2500년 전의 것이 제대로 보존되었을 리가 없기 때문이다. 우선 과거의 성터와 오왕 합려의 무덤을 찾아보기로 했다. 도시개발로 인해 과거의 성터는 그 흔적을 전혀 찾아볼 수가 없었고, 성벽만이 여기저기 조금씩 남아 있었는데 그것도 훗날 보수를 한 흔적이 뚜렷했다. 하지만 2500년이 지난 지금도 과거의 찬란했던 춘추오패의 영광이 남아 있는 듯했다. 도로명과 지명에서 오왕 합려(闔閭)의 '려(閭)'자와 오자서(伍子胥)의 '서

(胥)' 자가 수없이 발견되었다. 그리고 시내의 '손무공원(孫武公園)'도 눈에 띄었다.

성문 중에도 오자서의 이름 끝자를 딴 '서문(胥門)'이 있었다. 합려의 아들 부차는 월왕 구천의 미인계에 빠져 서시의 품에서 벗어나지 못하고 술로 흥청거리다가, 결국 패왕이 되기 위해 제나라 정벌을 공포했다. 전쟁 출정을 앞두고 오자서는 부차의 면전에서 먼저 월나라를 정벌하지 않고 제나라를 치기 위해 출정하면 나라가 망한다고 직언을 했다. 화가 난 부차가 오자서에게 자결하라고 명하자 "내가 죽거든 내 두 눈을 뽑아 성벽에 걸어 두어, 적이 쳐들어와 나라가 망하는 꼴을 보게 해주시오!"라고 했는데 바로 그 성문이 아닌가 하는 생각이 들었다. 훗날 부차는 월왕 구천에게 나라를 잃고 멸망할 때, 자결하면서 "죽어서 오자서를 볼 면목이 없다."고 하면서 수건으로 얼굴을 가리고 죽었다고 한다.

오자서(吳子胥)의 이름 끝자를 딴 서문(胥門 : 성문 위쪽에 희미하게 쓰여 있음)

역사

사서에 기록된 손무의 행적은 모두 오(吳)나라에서 공적을 세운 것으로 국한된다. 그가 왜 제나라를 떠나 오나라에 오게 되었는지에 대해서는 다음과 같은 역사가 있다. 제경공 시절의 제나라는 정치가 부패하였고, 형벌이 가혹했으며, 조세가 막중하여 백성들의 생활이 빈곤했다. 대사마 전양저와 상대부 전서가 각기 진·연·거 나라와의 전쟁에서 승리하고 돌아오게 되자 병권을 장악하고 군대를 통솔함으로써 전씨 일가의 지위는 끝없이 치솟았다. 한편 전씨 일가의 적대세력, 즉 제나라 귀족인 고씨, 국씨, 포씨 등의 정치 세력들은 심각한 압력을 받기 시작했다. 결국 이 세 씨족이 연합하여 전씨를 공격한 '사성지란(四姓之亂)'에 전(田)씨가 당하자, 손무는 난을 피해 오나라로 오게 되었다.

당시의 오나라는 동부 연해안 장강(長江) 하류 일대에 자리를 잡고, 동으로는 대해에, 남으로는 월(越)나라, 서로는 강국인 초(楚), 북으로는 제(齊), 진(晋)과 인접해 있었다. 오나라는 지역이 넓고 물산이 풍부하여 춘추말기 남방에서 일어난 신흥강국이었다. 오나라 수몽(壽夢 : 기원전 585년~기원전 516년)의 재위시절에는 진(晋)나라와 연합하여 초나라를 공격한 바 있고, 국력이 강성하고 정치도 안정적이어서 뜻있는 인사들이 자신의 꿈을 펼칠 수 있는 좋은 기반을 조성하고 있었다.

기원전 545년 손자는 내란을 피하여 가족들과 함께 오(吳)나라로 건너가 십여 년간 은거하면서, 춘추시대 2백여 년 동안 계속된 전쟁의 역사와 교훈을 연구하고 그에 기초하여 「손자병법」(孫子兵法) 13편을 저술하였다. 손자가 오나라로 건너와 어디에 은거했는지에 대해서 명(明)나라 풍몽룡(馮夢龍)이 쓴 「동주열국지(東周列國志)」에 "손주는 라부산(뤄부산 : 羅浮山)에 은거했었다."는 기록이 있다. 그리고 「강소오현지방지(江蘇吳縣地方志)」를 참고해 현재 지명을 고증한 결과, 소주시(蘇州市) 서쪽 끝자락 태호(太湖) 동쪽에 위치한 궁륭산(충링산 : 窮窿山)임이 밝혀졌다.

궁륭산(충링산 : 窮窿山)은 소주 시내에서 서쪽으로 15km 정도 떨어진 태호(太湖) 옆에 위치. 2010년부터 손자의 은신처, 두 궁녀의 무덤, 군사를 조련하던 연병장 등을 조성했다.

서 론 **35**

그 당시 오자서(伍子胥)가 초나라에서 오나라로 망명해 와 있었다. 오자서의 이름은 원(員)으로 아버지와 형이 초평왕(楚平王 : 초나라의 28대 군주)에게 살해되자, 오(吳)나라로 도주해 오왕 요(僚)에게 초나라를 치도록 권유하였다. 하지만 공자 광(光)의 반대로 실패하였다. 공자 광은 자신이 왕위를 계승해야 하는 서열이었음에도 불구하고, 사촌형 요가 왕위에 오른 것에 대해 불만을 품고, 호시탐탐 왕위를 찬탈할 기회를 엿보고 있었다. 오자서는 공자 광이 다른 마음을 품고 있다는 것을 알고, 곧 전제(專諸)라는 용사를 광에게 추천하였다. 초평왕이 세상을 떠나자 오왕 요(僚)는 초나라가 상을 치르는 틈을 타서, 초나라를 공격하였다. 이때 공자 광은 자신의 저택으로 오왕 요를 식사에 초대해 놓고, 손자병법에도 나오는 자객 전제가 생선의 뱃속에 칼을 숨겨 들어가 요를 죽였다. 그 후 공자 광이 왕위에 등극하니, 그가 바로 오왕 합려(闔閭)이다. 합려는 오자서를 행인(行人)으로 임명해 국가 대사에 참여시켰다.

합려는 왕위에 등극한 후로 패왕이 되겠다는 웅대한 뜻을 품고 국정에 진력했다. 정사에 최선을 다하며 농업과 잠업을 장려하고, 현명한 신하들을 존중하고 백성들을 사랑했다. 그리고 과거 원한이 많은 초나라를 정벌하기 위해 군사력을 증강했다. 또한 적의 침공에 대비해서 과거의 성곽을 보수하고, 성 주위에 수로를 파서 수성(水城)을 만들어 방위를 강화했다.

오자서는 손자가 보여준 손자병법을 읽고 감탄하며, 손자의 재능에

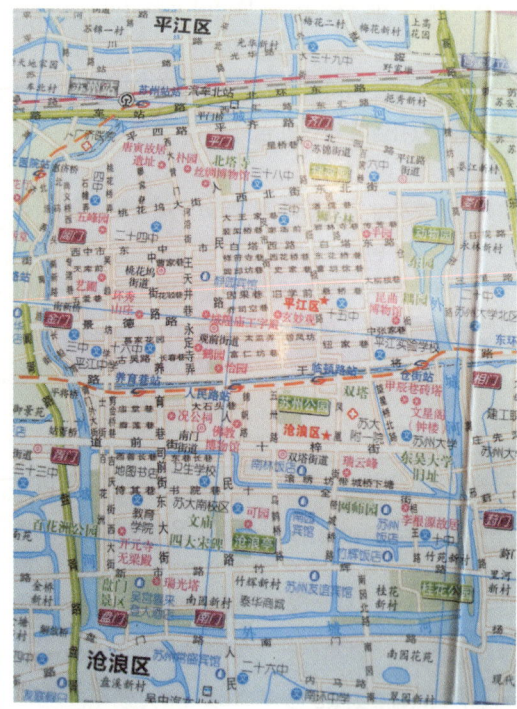

이 지도는 당시 오나라 수도의 성곽이 있었던 소주시(蘇州市) 평강구(平江區)와 창랑구(滄浪區)의 모습. 성 외곽으로 외성하(外城河)가 사방으로 연결되어 있고 10개의 성문이 보인다.

소주 고성의 외곽 주위로 흐르는 외성하(外城河). 배들이 다닐 수 있는 깊은 수심과 넓은 강폭으로 이루어져 있다.

대해 확신을 갖게 되었다. 오왕 합려(闔閭)가 즉위한 뒤 초나라 정벌을 모의하고 있을 때, 오자서(伍子胥)는 손자를 합려에게 천거했다. 그때 손자가 자신이 저술한 병서(兵書)를 오왕에게 바치자, 이 병서를 읽어본 합려는 손자의 재능을 실험하기 위해, 궁녀를 병법대로 조련해 볼 것을 요구했다. 궁에서 화장만 하던 궁녀들이 손자의 명령을 제대로 따를 리가 없었다. 하는 수 없이 궁녀들 중, 대장으로 임명된 합려의 두 총희를 칼로 베자, 궁녀들의 동작은 일사불란해졌다. 결국 손무는 오나라의 상장군이 되었다. 손자의 훈련을 받은 오나라의 군대는 눈에 띄게 실력이 향상되었다. 기원전 512년 오나라는 초나라의 속국인 증오(種吾)와 서(徐)를 멸망시켰다. 합려는 이 기세를 몰아 초나라까지 치고 들어가려고 했으나, 손무의 건의를 받아들여 우선 초나라를 지치게 하는 전법을 구사했다. 즉, 오나라 군대는 3개 부대로 공격조를 편성하여 초나라를 치고 빠지는 전법으로 수년간 초나라의 국경을 넘나들었다.

오왕 합려의 무덤을 검지(劍池)라고 하는데, 앞의 호구(虎丘)란 명칭은 합려가 죽고 장사를 지낸 지 3일 만에 무덤 위에 호랑이가 나타났다는 설에서 기인한다.

오왕 합려가 수장되었다는 검지(劍池). 수천 자루의 검(劍)이 순장되었다고 하여 '검지(劍池)' 라는 이름이 붙었다.

'호구(虎丘)'를 찾아갔다. 호구는 오왕 합려의 무덤이 있는 곳으로, 시 중심으로부터 그다지 멀지 않은 곳에 위치해 있었다. '호구'라는 명칭은 합려가 죽고 장사지낸 지 3일 만에 그 자리에 호랑이가 나타났다고 해서 생긴 이름이다. 호구에는 합려의 아들 부차가 아버지 합려가 왕위를 쟁취할 때 전제(專諸)가 칼을 생선 내장에 감추어 들어가 오왕 요를 죽임으로써 칼로 왕위를 찬탈했음을 기리기 위해,

검지 위에 세워진 소주 운암사 탑. 옆으로 기울어져 마치 피사의 사탑을 보는 것 같다.

무덤에 수많은 칼을 합장한 데서 '검지(劍池)'란 이름도 붙여졌다. 훗날 이 검지를 발굴하고자 여러 차례 논의가 있었지만, 검지 위쪽으로 세워진 탑이 검지의 발굴로 인해 무너질 위험이 있어 포기하고 말았다.

호구 안에 손자의 정자가 보인다. 그 옆은 손자가 병사들을 훈련했다는 장소로 소개되고 있지만 신빙성이 없다. 합려가 죽은 후에

호구공원 안에 조성된
손무의 정자

정자의 현판

조성된 무덤에 와서 손자가 병사들을 조련했다는 것이 이치에 맞지 않고 그 연병장의 크기로 봐서도 전혀 타당성이 없었다. 아마 이것은 관광 수입을 위한 상술에 지나지 않을 것이다.

> **역사**
>
> 초나라 정벌을 마치고 귀국한 후, 기원전 496년 월(越)나라 왕 윤상(允常)이 죽고 구천(句踐)이 왕위를 계승하여 정세가 불안했다. 오왕 합려는 오자서의 반대에도 불구하고, 이 기회를 놓치지 않고 서둘러 출병해 월나라를 단숨에 점령하고자 했으나, 그 결과는 참담했다. 오나라는 월나라에게 패하였고, 합려도 부상을 당해 결국 죽고 말았다.
>
> 합려의 뒤를 이은 아들 부차(夫差)는 손무와 오자서의 도움을 받으며 군대를 새롭게 정비하고 훈련을 강화했다. 기원전 494년 오나라는 마침내 월나라를 격파했고 월왕 구천은 오나라와 굴욕적인 서약을 해야 했다. 그 후 오나라는 계속 중원 북쪽으로 진격해 제나라를 제압했고 황지(黃池)에서 제후들과 회합을 가지고 맹주가 되었다.
>
> 이렇듯 부차는 손무와 오자서의 도움으로 차츰 패업을 이루어 나갔는데, 월나라를 징벌하고 나서, 오자서는 월왕 구천의 강화요청에 극구 반대하며 월왕 구천을 죽일 것을 적극 주장하였으나, 부차는 이 말을 듣지 않았다. 구천의 미인계에 빠진 것이다. 그 후 오자서는 부차와 의견이 맞지 않아, 점점 두 사람의 관계가 소원해지기 시작했다. 제나라 정벌에도 병을 핑계로 참전하지 않게 되었고, 결국 오자서는 스스로 목숨을 끊었다. 상황이 이렇게 전개되자 오자서의 추천을 받아 장군이 된 손무는 입장이 난처해질 수밖에 없었다. 사서에 그 후 손무의 자취에 관한 기록은 없다.

초나라의 수도 영도(郢都)로

손자가 정벌한 초나라의 수도 '영(郢)'의 위치에 대해 많은 설왕설래가 있었지만, 고증을 통해 호북성(湖北省)에 있는 형주시(荊州市)[1] 기남진(紀南鎭)임이 밝혀졌다. 사서에 의하면 초문왕 원년(기원전 689년) 단양(丹陽)으로부터 영(郢)으로 천도했다가, 기원전 278년 초항양왕(楚項襄王)이 진(陳 : 지금의 하남성 회양(淮陽))으로 천도하기까지 411년 동안 20명의 왕이 이곳을 도읍으로 사용했다.

---

[1] 과거의 지명은 강릉(江陵)이었다.

초나라의 옛 고도 영(郢)으로 가기 위해 소주에서 뚱처(動車 : 고속철보다 속도가 조금 느린 기차)를 타고 5시간 30분을 달려 호북성의 성회(省會 : 한국의 도청소재지에 해당)소재지 무한(武漢)의 한구(漢口)역에 도착했다. 이 구간은 기차가 속도를 시속 200km밖에 내질 못했다. 아마도 민가들이 많고 인구가 밀집된 지역이며 국철과 철로를 같이 사용하기 때문인 것 같았다. 무한 한구역에 내리니 정말 인산인해(人山人海)가 어떤 것인지 실감할 수 있었다.

무한 한구역의 인파

점심을 먹고 바로 형주행 버스에 올랐다. 형주행 버스표를 달라고 하니까 사시(沙市)까지의 표를 주었다. 그래서 그 이유를 물어보니 형주시에 형주시 구역과 사시 구역 두 관할 구역이 있는데, 버스의 종점이 사시에 있다는 것이었다. 형주까지는 3시간 정도 걸렸다. 고속도로가 연결되어 있지만 기차편은 없었다. 기차는 아직 개통이 되지 않은 것이다. 형주에 도착하여 여관에 들어가 여권을 내밀자 매우 놀라며 반갑게 맞이하는 걸 보니, 아마 외국인은 그 여관에 잘 들지 않는 듯했다. 과거에는 외국인이 중국을 여행할 때 3성급 이상의 호텔에 묵도록 하는 규정이 있었지만, 지금은 이런 여관에도 숙박할 수 있도록 규정이 바뀌었다. 이곳의 여관비는 150위안(우리 돈 25,000원 정도)이었다. 여장을 풀고 샤워와 식사를 한 후 10여 시간의 여독을 풀었다.

> **역사**
>
> 기원전 506년에 초나라가 채(蔡)나라를 공격하자, 채나라는 오나라에게 구원을 요청했다. 오왕 합려는 모든 병력을 총동원하여 손자의 전략에 따라 초나라를 공격했다. 그 결과 초나라는 사상자가 10만에 달했고 초의 소왕(照王)은 운몽(雲夢)으로 도망쳤다. 오군은 초나라 도읍 영도(郢都)에 입성하여 초나라 정벌이라는 대업을 이루었다. 그러자 초나라 대부(大夫) 신포서는 진(秦)나라에 가서 7일 밤낮을 울며 초나라를 구원해 줄 것을 호소하였다. 결국 진나라는 구원병을 파견하여, 초나라의 잔여 병력과 사진에 보이는 기남성에 주둔하고 있었던 오나라 군대를 공격했고, 설상가상으로 오나라 본국에 내란이 일어나 오왕 합려는 어쩔 수 없이 초나라에서 군대를 철수해야 했다.

손무가 초나라를 정벌하고 주둔했던 기남성(紀南城)이 있던 자리. 삼국지 관우가 죽기 전에 지켰던 형주성(荊州城)으로부터 10km 거리에 있는 기남진(紀南鎭)에 위치한다.

초나라 성은 오간 데 없고 무명석(武名石)만 덩그러니 옛 격전의 장면을 전한다.

이튿날 아침 초나라 고도 영도를 보기 위해 택시를 탔다. 여관에서 20분 거리(약 10㎞)에 불과했다. 옛 성터는 얼마전까지 주택들이 있었지만 지금은 모두 철거하고 문화복원 사업을 위해 준비하고 있었다. 드넓은 공터만 덩그라니 있었고 안내 표지판과 무명석만 눈에 띄었다. 초나라 고도 영도(郢都)를 보고 형주 시내로 들어왔다. 형주 시내는 바로 삼국지의 주 무대였던 형주성(荊州城) 안에 있었다. 나관중의 「삼국지연의(三國志演義)」 120회(回) 중 72회가 형주를 무대로 전개되는 내용이다. 지금까지 남아 있는 중국의 고성 중 제일 완벽한 상태로 유지되고 있는데, 형주성 안에는 관우의 사당, 옛 궁궐터, 형주박물관 등이 있었다.

관우(關羽)는 이 성을 지키다가 오나라 군에 의해 죽게 되는데, 그의 사후 후세 사람들은 그를 황제로 추대하고 '관제묘(關帝廟)'를 형주성 안에 세웠다. 중국인들은 모두 관우를 재신(財神)으로 섬기고 있다. 중국인들이 제일 좋아하는 재물의 신인 것이다. 그 이유는 바

초나라 고성으로부터 얼마 떨어지지 않은 곳에 위치한 삼국지에 나오는 격전장 형주성(荊州城).

형주성 안에 세워진 관우의 사당

사당 안의 모습

관우의 옆에 선 장비의 모습

형주박물관 전경

로 사업에 성공하려면 관우처럼 신의를 지켜야 큰돈을 벌 수 있다는 의미에서이다.

관제묘(關帝廟)를 보고 다음은 형주박물관을 찾았다. 작년부터 지역에 따라 박물관의 입장료를 받지 않는 곳이 생겨 여행자의 부담을 덜어준다. 박물관 안에서도 사진을 찍을 수 있도록 허락하고 있는데 플래시를 사용하지 않는 조건이었다. 박물관에는 과거 초나라의 유물들이 많았는데 그중 제일 관심을 끄는 것이 월왕 구천의 청동검이었다. 유물의 가치를 인식해서인지 실물은 전시하지 않고 실물을 촬영한 비디오를 틀어 놓고 있었다.

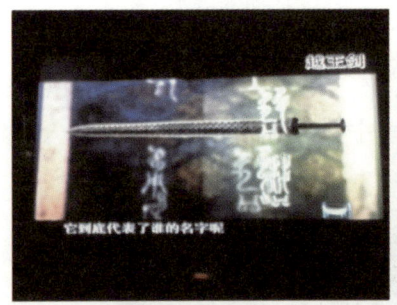 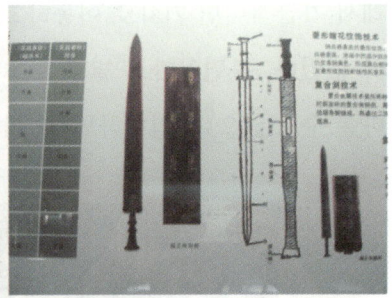

월왕 구천의 청동검

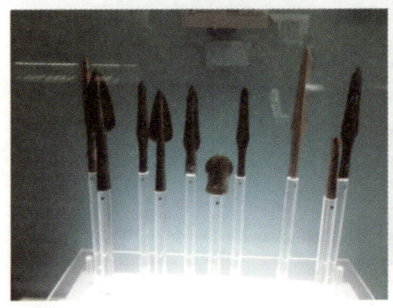 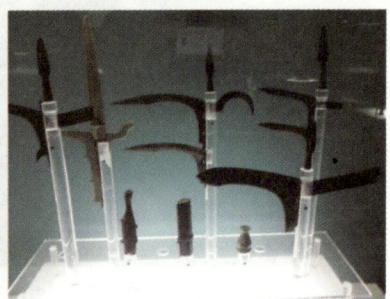

고대 병기

손자병법기행을 마치고 귀로에 낙양과 소림사[2]를……

형주에서 북경으로 돌아오는 여정을, 낙양과 소림사를 보고 정주에서 기차로 북경으로 가는 루트를 잡았다. 형주에서 낙양까지는 기차가 없어 버스로 이동했다. 버스로 10시간을 달려야 하니 일반 버스가 아니라 침대버스였다. 버스 안에 세 줄로 이층침대를 놓았는데, 침대의 폭이 매우 좁고 길이도 짧아 누우면 무릎을 접어야 하고, 똑바로 누우면 어깨가 끼여 여간 불편한 것이 아니었다. 여러 번 이용해 보아 으레 이럴 줄 잘 알고 있었던 터라 놀랄 것도 없었다. 그

---

[2] 낙양은 본서의 예화를 인용한 부분이 있어 여기서 소개하도록 한다.

래서 가급적이면 기차로 이동하고 싶었지만, 기차가 없으니 별 방도가 없었다. 불편하다고 별로 보고 싶지도 않은 다른 곳으로 여정을 바꿀 수도 없으니, 인내하면서 가는 수밖에……

장거리 이동을 위한 이층 침대버스

과거 20년 동안 중국을 수없이 여행해 보았지만, 그래도 이제는 나이도 있고, 너무 힘들면 다른 여정을 소화하지 못할 것 같아, 조금은 걱정도 되었다. 침대버스를 기피하는 이유는 버스 안에서 움직일 공간이 없다는 것이다. 10시간을 가면서 닭장에 갇힌 닭처럼 꼼짝도 못하고 누워 있어야 하니, 그 고통은 어떠하겠는가? 버스 안은 온통 노린내로 진동한다. 어렸을 때 개집에 들어가 청소를 해줄 때 맡았던 그 냄새라고나 할까? 점심을 먹고 오후 1시에 버스에 타서 도중에 저녁 먹은 시간을 제외하고 밤 11시까지 줄곧 누워 있어야 했다.

여행을 혼자 다니는 이유는 바로 이런 불편 때문이다. 이런 고통과 불편을 함께하기에는 동행자들이 모두 너무 힘들어 하고, 내가 보고 싶은 것과 동행자들이 보고 싶은 것들이 너무 달라 나는 재미

있고 신나는데, 다른 사람들은 모두 시큰둥해서 입이 삐죽 나오기 때문이다. 만약 앞에서 보았던 초나라의 성지를 동행자들과 함께 봤더라면 모두들 "아무 것도 없는데 뭘 보러 왔어?"라고 했을 것이다. 게다가 이런 불만 외에도 가는 곳마다 통역을 해주어야 하니 그 성가심이란 이루 상상하기도 힘든 지경이다. 혼자 다녀도 하루 대여섯 번은 화장실을 가야 하는데, 친구들 세 명과 동행한다고 가정을 하면 몇 번을 가야 하는지 상상을 해보자. 혼자 여행을 한다면 친구들이 농담으로 새끼손가락을 치켜세우면서 "같이 가는 거 아냐?" 하곤 묻는데, 그럴 때마다 "식당 가는 놈이 도시락 싸들고 가는 거 봤어?"라고 받아 넘기곤 한다. 이 도시락 싸들고 여행하는 것만큼 불편한 것도 세상 천지에 없을 것이다. 바로 이런 참기 힘든 상황이 수없이 전개되기 때문이다. 나는 무언가 알고 싶은 열정에서 가는 곳마다 저절로 탄성이 나오지만, 동행자들에게는 정말 따분한 순간의 연속이다.

다시 여행 속으로 들어가 보자. 버스를 타보니 과거 여러 번 느꼈던 상황이 다시 재현되는 것이다. 중국에서 여행하다 보면 승객들 중 버스 정거장에서 표를 사는 사람과 운전사에게 돈을 주는 사람 두 부류를 발견할 수 있다. 버스 정거장에서 표를 사는 사람은 제값을 다 주고 사고, 운전사에게 돈을 주는 사람은 버스터미널 밖에서 승차하고 할인된 가격을 지불한다. 이 운전사에게 돈을 주는 사람은 거의 대부분 정규 루트가 아닌 중간에 내리거나, 다른 곳을 가는데 직접 가는 버스가 없어 중간지점에서 다른 버스로 환승하고자 하는 사람들이다. 운전사는 이런 고객을 더 좋아한다. 이런 고객이 지불한 돈은 바로 자신의 주머니로 들어가기 때문이다. 따라서 이들의 요구는 적극 수용하고, 자고 있으면 친절히 깨워서 중간에 내리게도 한다. 장거리 여행에는 보통 운전사 두 명이 번갈아 가면서 운전을 한다. 운전대를 잡고 있지 않은 사람은 바로 이들을 깨워주고 짐을 내려주고 다른 버스 운전사와 통화를 하면서 중간지점에서 승객을 바꾸어 태우는 등 운전대를 잡고 있는 사람보다 더 바쁘다.

저녁 먹을 시간이 되자 아무 말도 없이 한 주유소 옆 작은 식당 앞에 차를 세우더니 "저녁 먹고 갑시다!" 한다. 승객 대부분 아무런 반박도 못하고 차에서 내려, 식당 안으로 들어간다. 식당이 하나밖에 없는 것이다. 싫으면 굶는 수밖에 없다. 하는 수 없이 식당 안으로 들어가 줄을 섰다. 식사비용은 15위안(우리 돈 3,000원)이었는데, 먹을 만한 것이라고는 하나도 없었다. 그러나 옆 식탁을 보니 운전사 두 명과 조수 한 명이 식당에서 제공하는 공짜 밥상을 한상 떡 부러지게 차려 놓고 먹고 있다.

저녁을 먹고 고속도로로 들어섰다. 또 한참을 달리다 환승승객이 있어 고속도로를 나와 도킹을 하면서 승객을 교환하는 것이다. 이렇게 왔다갔다 하는 통에 9시간이면 충분히 갈 거리를 11시간이나 걸리니, 자리는 좁고 발은 저려오고, 참을 대로 참았지만 서너 번 이런 행위가 계속 반복되자 더 이상 참지 못하고 한마디 뱉고야 말았다.

"여보게! 운전사 양반! 고속버스가 고속도로를 달리지 않고 마음대로 호객행위를 하는 것은 위법적인 행위 아닌가?"

"위법은 무슨 얼어 죽을!" 하는 것이다. 승객들 모두 한마디도 거드는 사람이 없다. 전에 들었던 "여행하다 수틀리면 두들겨 패고 산에 묻고 간다"는 말이 떠올랐다. 다소 걱정은 되었지만, 나도 인상이 만만치 않은지라 "빨리 갈 테니 걱정 마시오!" 정도로 끝을 낸다.

낙양에 밤 12시가 다 되어 도착했다. 중국을 여행하면서 황하를 따라 서안, 정주, 개봉은 보았지만 낙양과 소림사는 아직 보지 못해 이번에 작정을 하고 들른 것이다.

> **역사**
>
> 낙양은 중국의 7대고도 중의 하나로서 동주부터 오대에 이르기까지 주(周)·한(漢)·위(魏)·진(晉)·북위(北魏)·수(隋)·당(唐)·무주(武周)·후량(后梁)·후당(后唐)·후진(后晉)의 11개 조대에 달하는 880년 동안의 도읍지였다. 그러나 통일정권의 수도로는 한·진·수·당의 왕조 250년 동안이다. 낙양은 역사적으로 서안과 북경에는 미치지 못하지만, 서주시대부터 수당에 이르기까지 서안(당시의 장안)과 낙양은 서도(西都)와 동도(東都)로서 제왕들의 동서 양택(兩宅)으로 사용되었기 때문에, 수도는 아니었지만 실제적인 중요성은 수도에 버금갔다고 할 수 있다.

낙양의 유명한 관광지로는 커다란 불상이 있는 용문석굴, 한나라 명제 때 불교가 중국으로 전해져 최초로 세운 사찰인 백마사, 현장법사가 설파했던 현장사, 당나라 유명시인 두보의 묘 등이 있다. 당나라 때 국교를 불교로 정한 이유 때문인지 사찰이 유난히도 많았다. 그러나 이들 중 보고 싶은 것은 하나도 없었다. 오로지 중국의 유일한 여황제 측천무후가 당

수당성유지(隋唐城遺址) 식물원 정문. 측천무후가 거처했던 궁궐터.

서 론 51

궁궐터 안에 덩그러니 홀로 역사를 지키는 돌덩이

낙양박물관 정문

낙양박물관에 소장된 오왕 부차의 청동검

낙양박물관에 소장된 월왕 구천의 청동창

나라의 국호를 주(周)로 고치고 집정을 했던 궁궐터와 낙양박물관을 보고 싶었다. 우리의 자존심 고구려를 무너뜨린 인물이자, 여자로서 당태종과 더불어 최고의 황제였던 측천무후의 생활 터전을 보고자 궁터를 찾았다.

　낙양에서 수당의 궁궐터와 박물관을 보고 오후에 소림사로 가는 버스에 올랐다. 소림사는 중국 불교의 여러 종파 중 선종(禪宗)의 본산이다. 인도승 달마가 이곳에 와서 수도를 했던 곳이다. 낙양에서 시외버스를 타고 소림사로 가는 길에 백마사와 현장사를 지나쳤다. 백마사는 중국에서 제일 오래된 사찰로서 한나라 명제 때 세워진 것

차창 밖으로 보이는 중국 최고의 고찰 백마사 앞 전경

이고, 현장사는 당나라 현장법사가 인도에서 불경을 가지고 와서 불법을 설파했던 사찰이다. 마음 같아서는 차에서 내려 둘러보고 다음 차로 갈까도 생각했지만, 타고 있는 차가 만원이라서 이곳에서 내리면 다음 차도 태워주질 않을 것 같아 내리지 못하고, 지나치는 차창 밖으로 열심히 카메라 셔터를 눌러댔다.

낙양에서 소림사까지는 버스로 2시간 정도 걸렸다. 거리는 60여㎞에 불과했지만 길이 좁고 산길을 넘어서 가야 하기에 속도를 낼 수 없었다. 소림사 입구에 도착하니 오후 4시 30분이었다. 소림사는 6시에 문을 닫아 하는 수 없이 근처에서 민박을 찾았다. 민박집은 우리나라의 민박처럼 꼭 필요한 기본적인 시설을 갖추고 있었는데, 난

방용 에어컨을 쓰면 80위안, 쓰지 않을 시는 60위안만 내라는 것이었다. 산 밑이라 난방이 안 되면 추워서 고생할 것 같아, 80위안을 냈다. 소림사 주변은 그야말로 시골 마을 그대로의 모습이었다. 변변한 호텔도 하나 없었고, 민박이 고작이었다. 관광객들이 대부분 정주나 낙양에서 당일치기로 왔다가기 때문인 것 같았다.

새벽 2시에 전기를 끊어 추워서 벌벌 떨었다. 이불을 둘둘 말아 선잠을 자고 일어나, 아침을 먹고 소림사로 걸어갔다. 입장료는 100위안이었다. 배낭을 정문 옆 서비스센터에 맡기고 홀가분하게 소림사까지 걸어 들어갔다. 입구에서 소림사까지 대략 2km의 거리였다. 입구에서 보니 중국 최대의 사찰인 소림사를 남쪽으로는 큰 산이 가로

소림사 입구의 동상

소림사 입구에서

막고 있고, 사찰에서 나오는 길이 북향으로 되어 있어, 다소 의구심이 생겼다. 명당자리가 아닌 것 같았다. 그러나 소림사에 도착해서 보니 사찰은 큰 숭산을 바라보며 정남향으로 자리를 잡고 있었고, 그 옆에는 수많은 고승들의 사리탑이 숲을 이루며 '탑림(塔林)'을 형성하고 있었다.

소림사

소림사의 탑림

소림사 안의 달마 조각상

유명인사의 소림사 방문 기념비. 수많은 기념비 중 사람들이 제일 많이 모여 있는 곳을 가보니, 중국 무협소설의 대가인 김용(金庸)의 방문 기념비였다. 김용의 이름을 하도 만져서 진한 색을 띄고 있다.

서 론 **57**

역사

소림사는 하남성 등봉현 숭산에 위치해 있다. 숭산은 태실산(太室山)과 소실산(少室山)으로 되어 있으며, 두 산은 각각 36개의 봉우리를 가지고 있다. 최고봉인 연천봉(連天峰)은 해발 1512m이며, 숭산의 총 면적은 450㎢이다. 숭산은 오악(五岳) 중 제일 가운데 있는 산으로 중악(中岳)이라고 부른다. 오악이란 과거 한족들이 살던 터전을 경계하는 산으로, 동악은 산동의 태산(泰山), 서악은 섬서(陝西)의 화산(華山), 남악은 호남의 형산(衡山), 북악은 산서의 항산(恒山), 중악은 하남의 숭산(嵩山)이다. 우리가 흔히 말하는 중원지역이란 바로 이 오악을 경계로 그 안의 지역을 말한다. 이 오악 밖에 살았던 사람들을 한족들은 모두 오랑캐라고 칭했다.

소림사는 상주원, 탑림, 초조암, 달마동 등으로 구성되어 있다. 중국 불교가 성행하던 북위태화 17년(서기 493년)에 효문제(孝文帝 : 중국 북위의 7대 황제)가 인도승 발타를 위해 건립하였으며, 송말에 마하가섭(석가모니의 제자)의 28대 전인인 보리달마가 인도에서 건너와서, 선종을 전수한 후 창성하였다. 달마의 선종 이후, "땅 안에 하늘이 있으며, 입을 열면 법이 어긋나니 마음으로 법을 전한다."는 이심전심의 도가 유행했다.

선종의 수도 방법은 벽을 마주 보고 좌선하는(면벽〈面壁〉) 것이어서 건강을 해치기 쉽다. 그래서 소림사의 수도승들은 건강을 위해 무술을 단련했다. 선종으로 유명했던 소림사가 무술로 이름이 난 것은 당나라 초기(서기 618년)에 일어난 왕세충의 난 때, 진왕 이세민을 소림사의 승들이 구한 후부터였다. 그 후 이세민이 당태종이 되자, 친필 비석과 많은 전답을 하사하고, 술과 고기를 먹을 수 있는 권리를 부여하였으며 승병의 제도를 두었다. 그 후 소림사는 달마를 시작으로 혜가, 승찬, 홍인, 혜능 등으로 법통이 이어졌으며, "마음이 청정하면 곧 불토이며, 마음이 바로 부처"라는 선(禪) 사상을 한국과 일본에 전했다.

지도를 보면 과거 중원지역이 얼마나 작았는지 확인할 수 있다.

기존 서적에 대한 일견

국내에서 발표된 손자병법에 관한 석·박사 논문은 16편에 불과하지만, 손자병법에 관한 출판 서적은 500권이 넘는다. 그만큼 전문적인 학문영역에서보다 일반적인 독자층으로부터의 수요가 많다고 할 수 있다. 손자병법이 일반 독자에게 관심을 끄는 이유는 현대의 기업과 개인들의 경쟁이 마치 손자시대의 전쟁 양상과 비슷하며, 현실 사회 속에서 개인 간의 경쟁도 전쟁을 방불케 하는 치열함이 있기 때문일 것이다. 그러나 이 서적들의 유형은 천편일률적으로 손자병법 13편의 원전 순서에 따라 해석하고, 주를 달고, 해설을 붙이고, 관계된 예화를 드는 형식을 취하고 있다. 어떤 책은 원전 해석에 중점을 두고, 어떤 책은 독자의 흥미를 끌기 위해 재미있는 예화에 치중했다.

심지어 흥미 있는 예화에 중점을 둔 나머지, 원전에 대해 상당한 곡해를 하거나, 원전 해석에도 상당한 오역이 있고, 또 원전에는 없는 파격적인 이슈를 만들어 독자들의 판단을 흐리게 하는 책도 발견할 수 있다. 예를 들자면 '비겁의 철학', '생존의 기술에 가깝다'는 등의 허무맹랑한 말로 원서와는 거리가 먼 재해석을 한 것도 있다. 2, 30대도 아닌 불혹의 나이에 쓰면서도 책임감이라고는 전혀 찾아볼 수 없었다. 손자병법은 세계에서 저명한 인물들도 극찬을 아끼지 않았다는 점을 묵과해서는 안 된다. 극찬하는 이유는 바로 상대를 제압할 수 있는 힘과 방법이 있고, 상대를 이기는 해법을 발견할 수 있기 때문이다. 다시 말해 손자병법은 피해 없이 쉽게 상대를 제압할 수 있는 지혜를 제공한다는 점에서 그 가치를 인정받고 있다. 따라서 손자병법을 책으로 쓸 경우에는 우선 원전에 대한 충분한 연구를 통해 정확한 이해를 토대로 자신의 인생 경험을 기저로 재해석하는 노력을 기울여야 한다.

이런 이치를 손자병법으로 설명하면, 제5편 '병세편(兵勢篇)'에

전쟁이란 정(正)으로 대치하고 기(奇)로써 승리를 도모한다. 전세는 기정(奇正)의 변화에 불과하지만 이 기정(奇正)의 변화란 무궁무진한 것이다.
(凡戰者, 以正合, 以奇勝. 戰勢不過奇正, 奇正之變, 不可勝窮也.)

여기서 정(正)이란 정면전, 정규군을 의미하고 기(奇)란 측면전, 비정규군을 의미한다. 즉, 정규군과 비정규군의 운용에 의해 승패가 결정된다는 것이다. 정은 기에 의존하고 기는 정이 갖추어져야 그 힘을 발휘할 수 있는 상호의존의 관계를 형성한다. 현실 사회 속에서 이 정(正)과 기(奇)의 운용을 생각해 보면, '정'은 기초적인 실력이고, '기'는 기술적인 능력이라고 할 수 있다. 예를 들어 학교에서 교과서를 위주로 수업하는 것은 바로 기초를 튼튼하게 하기 위한 '정'의 학습이고, 학원에서의 시험을 대비하기 위한 교육은 기술적인 면의 '기'의 학습이라고 할 수 있다. 그러나 이 '정'과 '기'의 관계는 상호보완적으로 밀접하게 연결되어 만약 '정'이 제대로 갖추어지지 않으면 '기'를 아무리 연마한다고 해도 실력 향상은 기대하기 어렵고, 역으로 '정'만 가지고는 원하는 성적을 빋을 수 없게 된다. 제품을 만들어 시장에 내놓는 예로 설명하면 정은 '품질'이고 기는 '마케팅'이다. 마케팅이 아무리 좋아도 품질이 떨어지면 언젠가는 소비자의 지탄을 면할 수 없게 된다. 화장품을 예로 들면 제품의 용기와 광고는 뛰어나 소비자의 주목을 끌게 되었는데, 어느 날 이 제품을 사용한 소비자의 얼굴에 부작용이 생겨 붉은 반점이 생기

고 물집이 잡힌다면, 이 화장품은 바로 철시될 것이고 심하게는 소송에 시달리게 될 것이다.

　책은 예외일까? 전혀 그렇지 않다. 화장품처럼 부작용이 바로 생기지는 않지만 오랫동안 잘못된 인식이 잠재해 치명적인 피해를 볼 수 있게 된다. 예를 들어 중국인들이 애독하는 손자병법이 '비겁의 철학'이라고 인식하게 되면, 우리들 잠재의식 속에 중국인들을 비겁자로 인식할 위험이 있고, 결국은 중국인 자체를 깔보는 부작용이 확산될 소지가 있게 된다. 지금까지 중국에 진출한 한국 기업 중 80% 이상이 실패했는데, 그 실패한 요인 중 제일 큰 것이 바로 중국을 만만하게 보고 준비를 소홀히 했기 때문이다.

　따라서 손자병법의 연구는 원전에 대한 심도 있는 정(正)의 학습을 통해 정확한 이해와 연구가 우선 이루어져야 하고, 그 후에 저자의 인생관을 기저로 재해석〔奇〕해야, 보다 정확하고 깊이 있게 독자들에게 다가갈 수 있다고 생각한다.

이 책의 구성
– 손자병법 13편에는 논리가 없다

논리에 대해 문장과 내용 두 측면에서 살펴보도록 한다. 우선 손자병법 13편의 문장의 논리에 대해 말해 보자. 손자병법은 2500년 전 춘추시대에 기록된 것이다. 따라서 중국 고대의 언어 특성을 따른다. 중국 고대 언어는 한 단어가 한 자로 되어 있는 1음절 어 위주로 되어 있고, 어미 변화(inflection)가 없다. 어미 변화가 없다는 것은 바로 우리말에서 동사의 어미 변화처럼 '~하니', '~하고', '~해서', '~하면' 등처럼 앞 문장과 뒤 문장을 자연스럽게 연결할 수 있는 연결고리를 만들 수 없다는 의미이다. 그리고 글자마다 품사의 구분이 없이 문장 속에서 그 위치에 따라 품사가 결정되는 특징을 지니고 있기 때문에 논리적인 서술에 있어 매우 불편하다. 따라서 고대 중국어는 운문(韻文), 즉 시가(詩歌)에 적합한 언어라고 할 수 있다. 결국 중국의 논리학은 서양의 경우처럼 언어에 대한 반성에서부터 사고의 법칙으로 발전한 것이 아니라, 주로 논증의 방법을 취하는 방향으로 발전할 수밖에 없었다.

예를 들면 손자병법 제4편 '군형편(軍形篇)'에

"승리에 대한 예견이 일반인이 예견할 수 있었던 정도에 지나지 않는다면 최선이라고 볼 수 없고, 힘들게 싸워 천하 사람들이 모두 잘했다고 칭찬하는 것도 최선은 아니다. 터럭을 들어올렸다고 해서 힘이 세다고 하지 않고, 해와 달을 본다고 해서 눈이 밝다고 하지 않고, 우레 소리를 들었다고 하여 귀가 좋다고 하지 않듯이, 옛날부터 전쟁을 잘했던 사람은 쉽게 이길 수 있는 적을 이겼다."는 문장은 우선 결론부터 말하고 뒤에 그를 뒷받침해 주는 논증을 다는 형식을 취했다.

이 문장을 현대적인 논리로 다시 쓴다면

"터럭을 들어올렸다고 해서 힘이 세다고 하지 않고, 해와 달을 본다고 해서 눈이 밝다고 하지 않으며, 우레 소리를 들었다고 하여 귀가 좋다고 하지 않듯이, 옛날부터 전쟁을 잘했던 사람은 쉽게 이길 수 있는 적을 이겼다. 따라서 승리에 대한 예견이 일반인이 예견할 수 있었던 정도에 지나지 않는다면 최선이라고 볼 수 없고 힘들게 싸워 천하 사람들이 모두 잘했다고 칭찬하는 것도 최선은 아니다." 로 재구성할 수 있을 것이다. 내용은 이미 적을 이겨 놓고 쉽게 이기는 것이 최선이라는 것인데, 손자의 논리는 이미 결론을 말하고 뒤에 예시를 들어 논증하는 방법을 사용했다. 이런 유의 문장들이 손자병법 전편에 수없이 발견되고 있다.

내용으로 보면 손자병법 13편이 논리에 정연한 것일까?

전쟁에 대한 일반적인 내용을 전쟁 진행순서로 논리를 세운다면 준비, 실전, 승리의 단계로, 전쟁의 승리요인으로 말한다면 국력, 전투력, 필승전략으로 정리할 수 있을 것이다. 그리고 전쟁을 승리로 이끌기 위한 손자가 말한 세(勢)를 만들어 가는 과정으로 논리를 세우면 가치관, 인재, 용병술, 전략과 전술, 임기응변, 승리요결로 정리할 수 있을 것이다. 그러나 손자병법 13편은 이런 논리로 구성된 것이 아니라 전쟁을 승리로 이끄는 데 꼭 필요한 항목을 13편으로 나누어 논하고 있다. 따라서 편마다 중복되는 내용도 상당히 많고, 심지어 해당 편과 어울리지 않는 내용도 수록되어 있다. 예를 들어 제7편 '군쟁편(軍爭篇)'부터 제11편 '구지편(九地篇)'까지는 각 편의 주요 내용 외에도 용병술에 관한 내용이 상당 부분 섞여 있다.

따라서 손자병법 전편을 다 읽어도, 무엇을 읽었는지 개념이 잘 파악되지 않는 이유는 바로 우리들에게 익숙한 논리로 정리되지 않은 구성이기 때문이다. 또한 제9편 '행군편(行軍篇)', 제10편 '지형편(地形篇)', 제11편 '구지편(九地篇)' 중 지형에 따른 작전 요령은 전문 군사학에서, 그것도 육군 보병에서나 필요한 내용이고 일반인에게는 그다지 실용성이 없다고 할 수 있다.

이 책에서는 우리들이 현실 생활을 하는 데 꼭 유용한 내용만 골라 다음과 같은 논리에 입각해서 재구성했다. 손자병법 전편의 내용을 현대적인 논리로 재구성해 보면 다음과 같다.

1. 전쟁 전 아군의 준비 내용(內)
2. 아군 외의 고려 상황(外)
3. 실전에서의 전략(內外)

이 세 가지로 손자병법의 모든 내용을 정리할 수 있다. 이를 도표로 그려보면 다음과 같다.

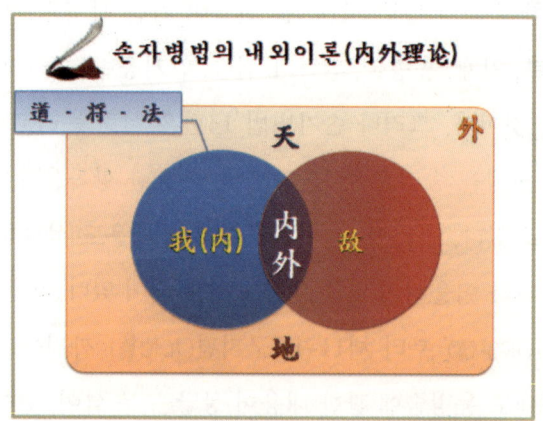

이 도표는 손자가 말한 전쟁의 필수 고려 상황인 오사(五事)를 중심으로 도식화한 것이다. 아(我(內))는 전쟁 전 아군의 준비 사항으로 도(道)·장(將)·법(法)이고, 외(外)는 천(天)과 지(地) 그리고 적(敵)군의 상황을, 내외(內外)는 아군과 적군이 맞붙었을 시 필요한 전략과 임기응변 그리고 승리요결의 내용을 담고 있다.

이 책에서는 이런 논리에 입각하여 편의상 서론, 내(內)편, 외(外)편으로 나누고, 서론에서는 손자와 손자병법에 관한 기본적인 사항, 내편에서는 전쟁 전 아군의 준비 내용[內]을, 외편에서는 아군 외의 고려 상황[外]과 실전에서의 전략[內外]을 다루도록 한다.

서론, 내편, 외편을 보다 구체적으로 설명하면 다음과 같다.

서론 :

- 손자병법은 어떤 책인가?
- 왜 손자병법을 읽어야 하나?
- 손자병법을 어떻게 읽어야 하나?

내편 :

- 전쟁의 원칙 : 전쟁관과 전쟁의 원론적인 내용 – 손자병법의 숲
- 인재 : 군주와 장군의 자질, 역할, 상호관계
- 조직과 용병술 : 장군이 부하를 지휘하고 나루는 법

외편 :

- 전략
- 임기응변
- 승리요결

로 구성되어 있다. 그리고 부록에는 손자병법 전체를 우리말로 쉽게 풀어쓴 내용을 담고 있어, 본문을 읽으면서 이 부록을 참조하면 보다 쉽게 이해하는 데 도움이 될 것이다.

손자병법은
어떤 책인가?

「손자병법(孫子兵法)」은 춘추시대(BC 770년~BC 403년)에 오나라 장군으로 활약한 손무에 의해 쓰여진 것으로, 단순한 병법 이론서가 아니라 풍부한 실전 사례가 바탕이 된 책이다.「사기」에 "선생의 병법 13편을 제가 탐독했는데"라는 오왕 합려의 말이 기록되어 있는 것으로 보아, 한(漢)나라 사마천 때에 「손자병법(孫子兵法)」이 13편이었다는 것을 알 수 있다. 그러나 그 후 오랜 세월을 거치는 동안 손자병법의 저자와 편수에 대해 많은 논쟁이 있었다.「손자병법(孫子兵法)」 내에 '손자가 말하길'(孫子曰)이란 용어가 많아 사람들이 손자의 저작에 많은 회의를 가지게 되었고, 손자병법의 저자가 손무가 아니라 손빈(孫臏)이라는 설, 손자병법의 편수도 13편이 아니라 82편이라는 설도 있었다.[3] 그러나 1972년 중국 산동성 임기현(臨沂縣) 은작산(銀雀山)에서 서한(西漢) 초기(BC 134년)의 죽간본 「손자병법(孫子兵法)」과 「손빈병법(孫臏兵法)」이 동시에 출토되어 손자병법의 저자가 손빈이 아니라 손무라는 사실과 현존하는 「손자병법(孫子兵法)」이 전부임이 확인되었다.

「손자병법(孫子兵法)」총 13편을 편별로 그 내용을 간략하게 정리하면 다음과 같다.

제1편 시계편(始計篇)

시계편(始計篇)은 손자병법의 총론에 해당된다. 주로 전쟁 전에 어

---

3) 한나라 반고(班固)의 「한서(漢書)」'예문지(藝文志)'에는 "손자병법 82편, 도(圖) 9권"이라고 기록되어 있고, 그 후 당(唐)나라 장수절(張守節)이「사기정의주(史記正義注)」에서 "손자병법은 3권으로 되어 있는데, 13편은 상권이고 또 중권과 하권이 있다."고「한서(漢書)」'예문지(藝文志)'의 기록을 부연 설명했다. 그리고 당나라 두목(杜牧)은 "손무가 수십만 자의 글을 썼지만 위무(魏武 : 조조)가 번잡한 부분을 빼 버리고 핵심적인 부분만 13편으로 정리해 한 권의 책을 만들었다."고 하였다.

산동성 임기현(臨沂縣) 은작산(銀雀山)

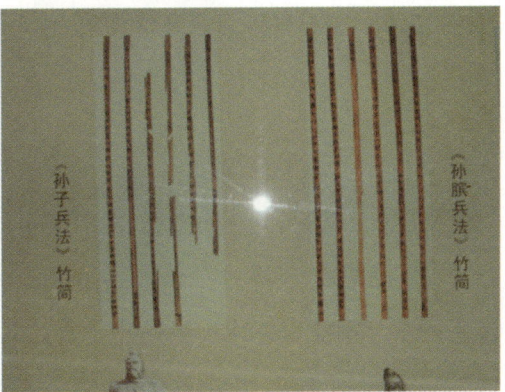
죽간본 손자병법과 손빈병법

죽간본 손자병법과 손빈병법이 출토된 은작산 분묘

떻게 전쟁에 대비하며, 전쟁 중에 어떻게 전체의 판국을 읽어 승리로 이끌어 나갈지를 개괄했다. 주요 내용으로는 손자의 전쟁관, 오사(五事), 칠계(七計), 세(勢) 만들기, 궤도(詭道)이다. 손자의 전쟁관은 전쟁은 국가의 중대사로서 백성들의 생사가 달려 있고 국가존폐의 기로에 있어 함부로 해서는 안 된다는 신중론이다. 오사(五事)란 도(道), 천(天), 지(地), 장(將), 법(法)으로 전쟁을 치르기 전 반드시 갖추어야 할 기본 사항이고, 칠계(七計)는 피아의 전력 비교를 위한 일곱 가지 사항이다. 세(勢) 만들기는 아군의 전력을 강화하는 방안이고, 궤도는 아군전력을 극대화할 수 있는 속임수 14가지이다.

제 2 편 작전편(作戰篇)

작전편에서 손자는 인력(人力), 물력(物力), 재력(財力) 등 물질적인 관계에서 출발한 전쟁 수행의 기본 원칙을 주로 다루고 있다. 당시 많은 제후국들이 병존하고 있었던 관계로 두 나라가 전쟁을 치를 때 다른 나라가 이 틈을 이용해 상대적인 이득을 볼 수 있었다. 따라서 전쟁은 가급적 속전속결로 끝을 내고, 인력과 경제적인 손실을 줄이기 위해 징집은 두 번 다시 하지 않고 양식은 현지에서 조달할 것을 강조하고 있다.

제 3 편 모공편(謀攻篇)

모공편에서는 손자의 전승(全勝)사상을 엿볼 수 있다. 손자는 싸우지 않고 이기기 방법으로 전략으로 이기기, 외교로 이기기를 무엇보다 높이 샀다. 손자가 추구하는 최고의 전쟁 방법, 군주의 행동강령,

승리 5결 그리고 우리들에게 너무도 잘 알려진 "적을 알고 나를 알면 백번 싸워도 위태롭지 않다."[4]라는 명언이 나온다.

제4편 군형편(軍形篇)

군형편은 기본적인 전쟁 수행 방법에 대한 원론적인 내용이 주를 이룬다. 싸움은 상대적이라 상대에 따라 승패가 갈린다. 따라서 우선 패하지 않도록 우군의 준비를 갖추고 적의 허점이 노출될 때까지 기다려 승기를 잡는다, 이길 수 있으면 공격하고, 승산이 없으면 방어하라, 쉽게 이기는 것이 최선의 승리 방식이다, 우선 이겨 놓고 싸움을 해라 등과 같은 아군의 피해를 최소화하고 쉽게 적을 굴복시키는 방법을 강조했다. 또한 용병병법으로 전장에 투입될 병력의 수를 가름하고 피아의 전력을 비교하여 승리를 저울질하는 순으로 진행된다는 "도(度), 량(量), 수(數), 칭(稱), 승(勝)"의 순서를 제기했다.

제5편 병세편(兵勢篇)

병세편은 아군전력의 극대화〔勢〕를 위한 방안이 주요 내용이다. 이 방법으로 분수(分數), 형명(刑名), 기정(奇正), 허실(虛實), 형원(形圓)이란 개념이 나온다. 분수는 조직을, 형명은 지휘를, 기정은 기습을, 형원은 부대 간 유기적인 상호연계를 말한다. 군대가 한 사람이 움직이는 것처럼 일사불란한 행동을 하는 것은 조직〔分數〕에 의해 가능하고, 실전에서 장군의 명령은 지휘〔刑名〕에 의해 전달되는데, 이 지휘전달 수단은 깃발과 북 그리고 징과 같은 도구를 사용한다.

---

[4] "知彼知己者, 百戰不殆 ; 不知彼而知己, 一勝一負 ; 不知彼, 不知己, 每戰必殆."

승패는 기습의 운용으로 결정된다. 손자는 전쟁은 정(正)으로 싸움을 시작하여 기(奇)로 승리한다는 기습의 중요성을 강조했다. 허실(虛實)은 아군의 실(實)로써 적의 허(虛)를 공격해야 최대의 효과를 볼 수 있다는 내용이고, 형원(形圓)은 아군의 상급부대와 하급부대, 전과 후, 좌와 우가 상호 유기적인 협력체계를 이룰 때 막강한 힘을 낼 수 있다는 것이다.

이런 조건이 갖추어지면 힘(勢)이 형성되며, 이 "힘(勢)을 쓰는 방법은 노도(怒濤)처럼 강하게, 번개처럼(節)순식간에" 한다. 즉 아군 내에 형성된 힘은 짧은 순간에 강하게 표출될 때 막강한 힘이 나온다. 그리고 어떻게 힘을 극대화시킬 수 있는지에 대해 궤도(詭道 : 속임수)를 강조했는데 "세는 형(形)으로부터 비롯되니 우선 형(形 : 가형(假形)을 의미함)을 만들어 적을 유인해 세(勢)로 섬멸한다."고 했다.

제6편 허실편(虛實篇)

허실편의 요점은 나의 실(實)로써 적의 허(虛)를 공격하는 데 있다. 그 방법은 첫 번째, 주도권을 장악하여 적을 나의 의지대로 움직이도록 하여 적의 허점을 만드는 방법이다. 두 번째, 적의 취약한 점(공간적인 개념)과 지치고 불안할 때(시간적인 개념)를 공략하는 방법이다. 세 번째, 나의 병력을 집중하고 적의 병력을 분산시켜 공격하는 지점의 적과 아군 병력의 균형을 깨는 방법이 있다. 적의 허실을 알아내는 방법으로 책지(策之), 작지(作之), 형지(形之), 각지(角之)의 방법이 있고, 이런 방법을 통해 적을 드러내고 나는 드러내지 않는 무형(無形)의 상태가 될 때 싸움을 주동적으로 이끌 수 있어 손쉽게 승리할 수 있다. 또한 전력의 운용에 있어 다소(多少), 강약(强弱), 공수(攻守), 진퇴(進退) 등의 변화는 적의 형세의 변화에 따라 임기응변해야 승산이 있다.

제7편 군쟁편(軍爭篇)

군쟁편은 어떻게 하면 승리를 위해 유리한 조건을 쟁취하고 전쟁의 주도권을 쥘 수 있는지에 대한 문제를 다루고 있다. 손자는 이를 위해 다음 세 단계의 과정을 중시했다. 첫 번째, 각국의 정치 상황과 지형을 숙지하고 이동할 때 향도를 사용하는 등의 분명한 정황분석과 행동을 한다. 두 번째는 명령에 따른 병사들의 행동통일을 이루어, "용감한 자라고 제멋대로 전진하지 못하며, 비겁한 자도 홀로 후퇴하지는 못한다."는 일사불란한 지휘체계를 형성한다. 세 번째는 기만술과 적의 상황에 따른 임기응변을 들고 있다. 즉 "길을 멀리 돌아가는 것처럼 보여 적을 기만하고, 적에게 이로운 것을 미끼로 유인한다."는 기만술과 치기(治氣), 치심(治心), 치력(治力), 치변(治變)이란 사치(四治)의 임기응변을 예로 들고 있다.

이 세 단계를 거치면 "상대방보다 늦게 출발하고서 먼저 도달하여 요지를 선점힐 수 있는, 돌아가면서도 똑바로 가는 효과가 있는 '우직지계(迂直之計)'를 아는 사람"이 될 수 있다.

제8편 구변편(九變篇)

구변(九變)의 구(九)는 고대에는 제일 높은 수였다. 따라서 '구변'은 9가지 변화가 아니라 "융통성의 극치"로 해석해야 한다. 따라서

'구변편'은 최고의 융통성을 발휘하는 기동작전에 대한 연구이다. 장수의 작전지휘는 고정관념에 사로잡히지 말고 항상 상황에 따라 상응하는 변화를 추구할 것을 강조하고 있다. 이런 작전을 구사하기 위해 우선 유리한 점과 불리한 점을 함께 고려해 유리한 상황일 때는 불리한 요소를 찾아내고, 불리한 상황일 때는 유리한 점을 생각해 낸다. 그리고 상황에 따른 적합한 수단을 강구한다. 다음 단계는 적에게 절대 당하지 않을 충분한 준비를 갖춘 다음 '붙어봐야 알지' 식의 요행을 바라지 않는다. 마지막으로 편협되고 주관적인 판단을 버리고 전면적이고 신중하며 냉정하게 변화에 대응한다.

제9편 행군편(行軍篇)

행군편은 행군 도중 군사작전에 대한 내용이다. 산, 물가, 늪지대, 평지에서의 행군 요령과 주둔 요령, 33가지의 형상에 대한 적정판단 요령이 주를 이룬다. 이 33가지의 적정판단 요령과 본 것, 들은 것, 정찰한 정보 등을 모두 종합 분석해, 정확한 적의 정황을 판단하여 이를 기저로 작전을 수립한다면 승리의 발판을 마련할 수 있다.

제10편 지형편(地形篇)

지형편은 지형의 모양별 분류로서, 손자는 지형을 크게 통(通), 괘(挂), 지(支), 애(隘), 험(險), 원(遠)의 6종류로 나눈 뒤 이들 지형에 따른 전술을 설명하고, 장수는 지형에 따른 적절한 전략을 수립해 승리를 쟁취해야 한다고 했다. 전장에서 패배하는 군대의 형태를 주군(走軍), 이군(弛軍), 함군(陷軍), 붕군(崩軍), 난군(亂軍), 배군(北軍)의

6가지로 나누고 그 책임은 모두 장수의 잘못에서 비롯된다고 했다. 또한 지형은 승리의 보조 조건으로서 장수는 반드시 지형에 따른 작전의 변화를 강구해 "적을 알고 나를 알면 승리는 위태롭지 않고, 천시(天時)와 지리(地利)까지를 알면 승리는 완전하게 된다."고 해, 완벽한 승리를 위해서 지형의 중요성을 강조했다.

제11편 구지편(九地篇)

구지편은 지형의 위치별 특징에 따른 분류이다. 그리고 이에 따른 대응법과 장수의 용병술이 주요 내용이다. 손자는 지형의 위치별 특징에 따라 산지(散地), 경지(輕地), 쟁지(爭地), 교지(交地), 구지(衢地), 중지(重地), 비지(圮地), 위지(圍地), 사지(死地)의 9가지로 분류했다. 그리고 이 지역에 따른 피아 군사들의 심리를 이용해 전략을 세운다면 승리할 수 있다고 했다. 본편의 "용병은 신속함이 으뜸이니, 적국이 대비하지 못할 빈틈을 타서 예기치 못한 길을 통해 경계가 소홀한 지점을 공격한다."와 "사지에서는 살 수 없다는 것을 인식하게 해 필사적으로 싸우게 한다." 그리고 "강을 건넌 후 타고 갔던 배를 불살라 버리고 밥을 먹은 후 솥을 깨 버리듯 결연한 의지를 보인다." 등의 전략은 모두 훗날 한신(韓信), 항우(項羽)가 실전에 사용한 전법이다.

제12편 화공편(火攻篇)

화공편에서는 화공의 대상을 적의 병사와 말, 쌓아 둔 식량, 적의 보급물자, 적의 창고, 적의 운수장비 등 5가지로 나누고, 이에 따른 준비와 요령에 대해 설명하고 있다. 화공의 중점은 적의 인력, 물자, 운수장비에 있다.

제13편 용간편(用間篇)

용간편은 적정파악을 위한 첩자의 활용법을 다루고 있다. 첩자의 활용은 최고의 인재를 선발하여 운용하며 이들에 대한 투자를 아끼지 말아야 한다. 첩자는 크게 인간(因間 혹은 향간(鄕間)), 내간(內間), 반간(反間), 사간(死間), 생간(生間)으로 분류된다. 인간은 적국의 일반인을 내간은 적국의 관리를, 반간은 적의 간첩을 매수하여, 사간은 아군 내에 침투한 간첩에게 허위 사실을 유포하여 잘못된 정보를 적에게 알리는 방법으로, 생간은 적국으로 들어가 적황을 정탐한 후 돌아와 보고하는 방법으로 활용된다.

왜 손자병법을
읽어야 하나?

「손자병법」은 「논어」, 「노자」, 「주역」과 함께 중국 4대 고전 중 하나이며 중국 고대 군사학의 명저이자, 동양 최고의 병법서로 용병의 경전이라고 할 수 있다. 춘추시대는 수백 개의 약소국이 난립했던 상황이라 어떻게 하면 자국의 안전을 도모하고 적국과의 경쟁 속에서 국가의 안위와 이익을 추구할 수 있는지가 매우 중요한 사안이었다. 따라서 전쟁의 양상도 적을 굴복시키는 데 의미를 둘 뿐, 적을 완전히 섬멸하거나 적국을 초토화하려는 데 목적이 있지 않았다. 또한 두 나라의 전쟁으로 인해 주변 국가에게 상대적인 이득을 주지 않기 위해 전쟁에 드는 비용과 피해를 최소화하는 방안도 고려했다. 따라서 손자가 추구했던 용병술의 이상적인 목적은 큰 피해 없는 '온전한 승리〔全勝〕'이고, 최상의 방법은 '싸우지 않고도 적을 굴복시키는 것', 이에 수반되는 구체적인 방법론으로 '전략으로 이기는 방법'이 중시되었다. 전략의 요점은 심리전을 동반한 주동적인 공격과 방어에 있고, 군사력·심리전·외교 등을 모두 포함하며, 물리적인 접촉을 통한 싸움보다 양측 모두 큰 손실이 없는 모략의 운용을 첫째로 꼽았다.

이런 「손자병법」의 용병술과 전략은 인류의 오랜 역사 속에서 그 시대의 상황에 맞도록 새롭게 재해석되었고, 특히 현대에 들어와서는 군대의 용병과 전략서라는 관점에서 벗어나, 개인의 인생을 위한 지혜의 지침서로서, 기업경영에 응용되는 실용서로도 그 가치를 인정받고 있다. 현실을 살아가는 우리에게는 피할 수 없는 경쟁 속에서 어떻게 살아남을 수 있을지가 중요한 과제로 떠오르고 있다. 따라서 손자가 제시한 큰 피해 없이 이기는 방법, 싸우지 않고 이기는 방법, 전략으로 이기는 방법은 우리에게 삶의 유용한 지침서 역할을 할 것이다.

손자병법을
어떻게 읽어야 하나?
- 숲을 보고 나무를 본다

중국 고전은 앞에서 언급한 대로 지금 우리들이 사용하는 논리로 구성된 것이 아니다. 따라서 고전을 읽을 때는 전체의 내용을 여러 번 읽고 현재의 논리로 정리를 하는 연습을 해야 한다. 그리고 고서의 전체 내용을 요약해서 전반적인 개념을 우선 파악하고 핵심적인 요점을 정리해야 한다. 예를 들어 설명하면 「손자병법」 내에는 비겁한 말들이 산재해 있다. 그러나 이러한 단편적인 단어를 보고 섣불리 전체를 단정하는 우를 범해서는 안 된다. 제일 비겁하다고 느낄 수 있는 대표적인 말로는 "전쟁은 속임수이다(兵者, 詭道也)"일 것이다. 그러나 우리들이 현재 즐겨 보는 스포츠나 모든 경쟁에 있어서 이 '속임수〔詭道〕'는 가장 기본이 되는 요소이다. 영어로 '페인트'라고 하는 것이 바로 손자가 말한 '속임수〔詭道〕'이다. 스포츠에서도 이 '속임수'가 필요한 상황인데, 백성의 생명과 국가의 흥망이 걸려 있는 전쟁에 이 '속임수〔詭道〕'가 필요한 것은 당연한 이치가 아닐까?

고전을 읽을 때는 숲을 볼 수 있는 시안을 가져야 한다.

문장의 구절에 집착하여 전체의 뜻을 그르치는 오류는 범하지 말아야 한다.

손자병법의 숲은 다음과 같다.

1. 전쟁관 : 국가의 중대사로서 신중하게 결정해야 하고 부득이한 상황에서만 한다.
2. 전쟁 상대 : 적국
3. 전쟁 원칙 : 피아의 희생을 최소로 하는 방법을 택한다.
4. 전쟁의 목적 : 최종적인 승리. 국민과 국가 보위. 궁극적인 평화
5. 전쟁의 수단 : 적의 상황에 따라 모든 방법을 다 동원한다.

6. 승리 후 처리 방안 : 전쟁의 목적만 달성하고 만행을 저질러서
는 안 된다.

앞에서도 말했듯이 손자병법은 2500년 전 중국 춘추시대에 나온 책이다. 이 당시의 시대적 배경은 바로 800여 개의 소국들이 서로 합병하는 과정 중, 살아남은 150~200개의 나라들이 서로 치열한 전투와 외교를 통해 합병해 가는 상황이었다. 요즈음 손자병법에 대해 기업에서 관심을 기울이는 이유도 이런 과거의 상황과 현재의 기업 경쟁 상황이 유사하기 때문이다. 전쟁에서 지면 국가가 멸망하고 백성들은 노예가 되거나 목숨을 잃게 되기 때문에 전쟁의 수단은 모든 가능한 방법을 모색할 수밖에 없었다. 독자들이 손자병법을 읽으면서 '치사하다', '비겁하다'라고 느낄 수 있는 부분은 바로 위의 "5. 전쟁의 수단 : 적의 상황에 따라 모든 방법을 다 동원한다."이다. 그러나 위의 1~6 전체를 보면 손자는 절대 '비겁'이나 '치사'를 논하지 않았음을 주지할 필요가 있다.

따라서 고전을 읽을 때 숲을 보지 못하면 "장님이 코끼리 만지는" 식으로 해석할 위험이 항상 도사리고 있다.

내 편

1. 전쟁의 원칙
2. 인 재
3. 조직과 용병술

一. 전쟁의 원칙

손자의 전쟁관은 전쟁이란 국가의 중대사로서 이기면 살고, 지면 죽는 결과가 초래되기 때문에, 전쟁을 결정하기 전에 신중에 신중을 거듭해야 한다는 것이다. 주동적이 되었든 수동적이 되었든 일단 전쟁이 결정되면, 적과의 전력을 비교해서 철저한 준비를 갖추고, 피아의 희생과 손실을 최대한 줄이는 방법을 선택한다. 피해를 줄이는 방법으로 전투를 하지 않고 모략과 외교로써 온전하게 이기는 방법을 최상으로 여겼다. 그리고 전투를 통해 승리를 도모할 경우 속전속결, 우선 적을 이겨 놓고 싸우기, 이해득실을 철저히 따져 이로울 때 싸우기 등의 방법론을 제기했다.

國之大事 국지대사 - 전쟁은 제로섬 게임

전쟁은 국가의 중대사로서 생사의 갈림길로 국가 존망이 달려 있어, 사전에 충분히 이해와 득실을 검토하고 시작하지 않으면 안 된다.

孫子曰 손자왈 : 兵[1]者 병자, 國之大事 국지대사, 死生之地[2] 사생지지, 存亡之道[3] 존망지도, 不可不察[4]也 불가불찰야.(제1편 始計篇)

1. 兵 : 전쟁, 군대
2. 死生之地 : 생과 사의 갈림길
3. 存亡之道 : 국가 존망의 문제
4. 察 : 살피다. 不可不察 : 살피지 않으면 안 된다.

전쟁을 겪어보지 않은 세대는 전쟁에 대해 막연한 환상을 가질 수 있다. 전자오락이나 병정놀이 같은 유희로 여기거나, 처절한 전투에서 승리를 거두는 영화 속 영웅의 모습을 보면서 전쟁의 참상보다 낭만적인 환상에 빠질 위험이 있다. 임진왜란 당시 수도를 버리고 피난길에 올랐던 선조가 명나라 원군의 도움으로 수도로 돌아올 때, 대사헌 김응남은 서울의 참상을 다음과 같이 증언했다.

신이 처음 경성에 도착해 보니, 종묘사직과 궁궐은 모두 불타 허물어졌습니다. 큰 집과 일반 민가들도 거의 무너져 연기만 자욱하고 백골이 흩어져 있었습니다. 죽은 시체가 길에 가득하고 썩은 살점이 냇물을 막고 있었습니다. 살아남은 사람들도 모두 도깨비 같은 몰골입니다. 노인을 부축하고 어린이는 끌고서 줄지어 도성을 빠져나가고 있었습니다. 도성 백성들은 모두 마치 어린아이가 어머니를 기다리는 것처럼 주상께서 돌아오기를 기다리고 있었습니다(「선조실록」 1593년 9월 2일).

「징비록」에는 다음과 같은 기록이 있다.

성안에 남아 있는 백성들을 보니 살아남은 자들은 백 명에 한 명 꼴이었다. 살아 있는 사람도 다 굶주려 야위고 병들고 피곤했다. 낯빛이 귀신같았다. 날씨가 몹시 무더워 죽은 사람과 죽은 말들의 썩는 냄새가 성안을 가득 메웠다. 길을 지나는 사람들은 모두 코를 막고 지나야 했다.

전쟁에서의 패배는 이처럼 참혹한 것이다. 전쟁에서 지면 나라가 망하고 백성들은 모두 도살되거나 노예가 된다. 따라서 전쟁이 일어나서도 안 되지만, 전쟁이 벌어지면 반드시 승리해야 한다. 따라서 승리를 위해서는 어떤 방법을 동원하더라도 '치사하다', '비겁하다', '치졸하다'는 수식어가 붙을 수 없는 것이다.

전쟁은 어떤 상황에서 하는가? 손자는 이에 대해 "전쟁에 승리하여 적의 영토를 빼앗아도 본래 목적에 부합하지 않으면 흉한데, 이를 '비류(費留 : 헛수고)'라고 한다. 현명한 군주는 이 점을 신중하게 생각하고 훌륭한 장수는 신중하게 대처하여, 국가에 이롭지 않으면 군사행동을 취해서는 안 되고, 승리에 확신이 없으면 섣불리 군대를 출병하면 안 되며, 긴박한 상황에 이르지 않으면 싸우지 말아야 한다."[1]고 했다. 즉, 전쟁은 위험에 처했거나 부득이한 절박한 상황 속에서 하는 최후수단이라는 것이다. 일단 전쟁을 하게 되면 승리를 목적으로 하되, 승리를 거둔 후에는 우군 내에서는 신상필벌을 확실히 하고, 전쟁 본래의 목적에서 벗어나 약탈과 노획으로 이어지면 오히려 큰 화를 부를 수 있다고 했다.

현실적인 운용을 생각해 보면, 공자(孔子)는 인간이 살아가는 데 무엇보다 중요한 것은 남들과 잘 화합하는 것이라고 했다. 따라서 "군자는 비록 남들과 다른 견해를 가지고 있더라도 남과 더불어 잘 조화를 이룰 수 있는 인물이다."[2]라고 함으로써, 사회에서 인정받는 지도자가 되기 위해서는 자신의 주장을 굽힐 줄도 알고 남의 의견을 존중할 줄도 알아야 한다고 하였다. 노자(老子)도 "최고의 선은 마치 물과 같다. 물은 만물을 이롭게 하면서도 더불어 다투지 않고 모든 사람이 제일 싫어하는 비천한 곳에 머무는 모습이 마치 도에 제일 가까운 것 같다."[3]고 해, 인간으로서 최고의 선은 바로 물처럼 모든 사람을 이롭게 하면서도 자신의 존재를 드러내지 않고 항상 겸손하게 낮은 곳에 머물 줄 알아야 한다고 하였다. 이 중국의 대표적인 두

---
1) 「손자병법」 제12편 火攻篇.
2) 「논어」 "君子和而不同."
3) "上善若水, 水善利萬物而不爭, 處衆人之所惡, 故幾于道." (노자 「도덕경」 8장)

사상가는 모두 인간이 사회에서 인정받기 위해서는 자신을 낮추고 남을 인정할 줄 아는 겸허한 마음을 지녀야 한다고 했다. 쉽게 말해 남을 배려하고 포용하고 더불어 싸우지 말아야 한다는 것이다.

그러나 복잡한 현실을 살아가는 인간으로서 남과 다투지 않는다는 것이 그리 쉽지만은 않을 것이다. 전국시대 조나라에 무장으로 유명한 염파(廉頗)와 문신으로 유명한 인상여(藺相如)가 있었다. 인상여는 문신(文臣)임에도 불구하고 용기와 배짱이 뛰어났다. 당시 무력이 막강했던 진나라가 여러 차례 조나라를 위협했을 때 인상여의 용기와 배짱으로 조나라는 위기를 슬기롭게 넘길 수 있었다. 인상여는 진(秦)나라의 위협으로부터 화씨벽을 지켜 냈다고 '완벽(完璧)'이라는 성어를 만들어 낸 인물이고, 염파는 무기력한 조나라를 열강 속에서 굳건히 지켜낸 당대의 명장이었다.

인상여는 애초 신분이 높지 않았으나 진나라와 '완벽(完璧)'한 외교를 이끈 공적으로 재상에 임명되었다. 그에 비하면 염파는 노년에 가깝도록 조국을 지키기 위해 분골쇄신하였으나 자신보다 나이도 훨씬 어린 인상여가 더 높은 지위에 오른 데 불만이 없을 수 없었다. 그래서 언제든 걸리기만 하면 인상여를 호되게 망신 줄 생각이었다. 이런 염파의 계획이 인상여의 귀에 들어가 인상여는 일부러 염파를 피해 다녔다. 결국 사람들은 인상여가 염파를 두려워한다고 생각했고, 염파는 이 소식을 듣고 기고만장했다. 인상여가 줄곧 염파를 피해 다니자 이를 지켜보고 있던 문객들이 보다 못해 찾아가서

"염파가 줄곧 당신을 비난하고 다니는데 왜 가만히 보고만 있습니까?"라고 따지자, 인상여는

"자네들은 염 장군과 진나라 왕 중에 누가 더 무서운가?"

문객들은 이구동성으로, "물론 진나라 왕입니다!"라고 대답했다.

"그렇다네! 진나라 왕이 그렇게 무서운데도 나는 과거에 그의 신하들 앞에서 소리치며 모욕을 주었네. 그런데 지금 염 장군 하나가 무서워 이렇게 피하겠나? 지금 진나라가 강성해졌는데도 조나라를 감히 치지 못하는 것은 염파 장군과 내가 있기 때문이지! 그런 우리 둘이 만약 싸움을 한다면 한 사람이 사라지기 전까지 싸움이 끝나지 않을 텐데, 그럼 이득보는 쪽은 어디겠나? 바로 진나라일세! 내가 지금껏 염 장군을 피해 다닌 것도 나라의 이익을 가장 중요하게 생각했기 때문이야!"라고 말했다.

인상여의 진심을 알게 된 염파는 잘못을 크게 뉘우치고 '웃통을 벗고 가시나무를 등에 지고' 인상여를 찾아가서는 "비천한 놈이 당신의 넓은 마음을 헤아리지 못하였으니 벌을 주시오."라고 사죄해, '부형청죄(負荊請罪)'라는 사자성어가 생겼다. 염파의 사과를 받아들인 인상여가 그 자리에서 조국을 위해 생사를 같이하자며 맺은 친교가 '문경지교(刎頸之交)'인데, 이 '문경지교(刎頸之交)'의 뜻은 바로 "죽음을 함께해도 변하지 않는 친교 또는 우정"을 뜻하는 것이다.

이 고사에서 싸움이란 감정으로 하는 것이 아니라 대의적인 명분이 있을 때 몸담고 있는 조직의 발전과 이익을 위해서 하는 것이라는 사실과, 같은 조직 내에서는 피하는 것이 좋고 대외적인 경쟁자와도 부득이한 상황에서 하는 것이라는 점을 알 수 있다.

五事經之 오사경지 – "붙어 봐야 알지!"는 미련한 짓

오사(五事)란 도(道), 천(天), 지(地), 장(將), 법(法)이다.

經之以五事경지이오사, 一曰道[1]일왈도, 二曰天[2]이왈천, 三曰地[3]삼왈지, 四曰將[4]사왈장, 五曰法[5]오왈법.(제1편 始計篇)

1. 經 : 분석하다. 道 : 정치, 전쟁의 정당성, 필승의 신념
2. 天 : 계절, 날씨, 전쟁을 치르기에 적절한 시기
3. 地 : 지형, 전쟁터까지의 거리, 전투 시에는 지형에 따라 작전이 달라짐
4. 將 : 장군과 장수, 전쟁을 주도하고 지휘하는 역할을 하는 사람
5. 法 : 군대의 법령, 군수물자의 보급체계, 신상필벌(상과 벌의 신뢰도)

손자는 "전쟁이란 이미 결정된 승패를 확인하는 과정에 불과하다."고 했다. 전쟁 전에 승패는 이미 결정되어 있다는 뜻이다. 그만큼 전쟁 전에 충분한 준비가 필요하다. 전쟁하기 전에 적과 비교하여 승패의 가능성을 우선 점검해야 한다. 질게 뻔한 상황에서 싸우는 우를 범하지 않기 위해서 더더욱 필요한 내용이다. 손자는 이를 오사로 정의하고, 도(道), 천(天), 지(地), 장(將), 법(法)으로 설명하고 있다. 이 오사를 통해 승리의 가능성을 진단하는데, 이 오사는 현실의 모든 경쟁에 있어서도 우선적으로 고려해야 할 사안이다.

도(道)는 치도(治道)를 말한다. 즉, 정치를 의미하며 군주와 백성이 얼마나 한마음 한뜻으로 뭉쳐 있는지를 가늠한다. 전쟁은 정의로운 전쟁이라는 명분이 분명해야 한다. 명분이 분명해야 백성들은 목숨을 다해 군주와 뜻을 함께한다. 현대적 의의로는 인화(人和)이다. 어떤 조직이든 제일 우선시되어야 하는 점은 바로 단합이다. 조직의 효율을 극대화하는 데 인화가 되지 않으면 안 되기 때문이다. 이 인

화를 이루기 위해서는 조직이 추구하는 목적이 분명해야 하고 신상
필벌이 공정해야 한다. 신상필벌은 승진, 보직, 인사, 상벌 등에 관한
분명한 원칙과 공정한 평가를 말한다. 이 인화에 성공하지 못할 경
우 내부적인 모순이 생기고 분란이 생겨 발전을 저해하고 대외적인
역량을 십분 발휘할 수 없게 된다.

　천(天)은 날씨, 기후, 시기 등으로 해석되는데 전쟁의 시기를 말한
다. 현대적으로는 타이밍이라고 할 수 있다. 무슨 일이든 타이밍을
놓치면 그 효과를 극대화할 수 없고, 시기의 변화에 따라 적절한 조
치를 취할 수 있을 때 성취도를 높일 수 있다. 한국이 IMF의 원조를
받아야 하는 지경에 이르렀을 때 일본은 어업협정을 유리하게 이끌
었고, 미국산 쇠고기 문제로 한미 간의 갈등이 고조되자 IMF 당시
결정된 어협 라인을 근거로 독도를 자기네 땅으로 주장하게 되었다.
일본은 한국을 상대로 이 타이밍을 치졸할 정도로 적절하게 사용하
고 있다. 언젠가 한국에 결정적인 불안 요인이 발생할 경우 일본은
반드시 독도를 자기네 영토로 편입시키려고 할 것이란 점을 간과해
서는 안 된다.

　지(地)는 원문에서는 지형, 지리, 전투지역의 원근 등으로 해석되
지만 현대적인 해석으로는 나라의 현실 상황과 주변국가와의 외교
관계가 이에 포함된다고 할 수 있다. 현실적으로 새로운 사업에 투
자하는 상황이라면 나의 자금력, 사업능력, 인맥관계 등이 이에 포
함된다고 할 수 있다. 상대방을 아는 것도 중요하지만 스스로를 점
검해서 정확하게 현재의 능력을 진단하는 것이 더 중요하다. 군사력
이 일본과 중국의 40% 정도밖에 안 되는 처지에서 어떻게 중국, 러
시아, 일본 등의 열강 속에서 남북의 대치국면을 슬기롭게 타개해

나갈 수 있는지에 대한 고려가 바로 이 지(地)에 대한 연구이다.

장(將)은 인재를 말한다. 우리나라의 성장 동력에 얼마나 많은 인재가 있는지 점검하고, 이를 위해 인재의 양성과 유치를 위해 최선을 다해야 한다. 만약 부족할 경우는 미국과 유럽에 숨어 있는 한국인 인재들을 과감하게 유치하고 그래도 부족할 경우 외국인이라도 합당한 대우를 해서 한국으로 불러와야 한다. 러시아의 공산주의가 붕괴되고 주변 소수민족들이 독립할 때 우리에게는 부족한 과학인재들을 초빙할 수 있는 절호의 기회였다. 우주공학과 항공 산업에 관계된 인재들을 대거 영입했더라면 인공위성을 쏘아 올리는 로켓을 만들지 못해 지금처럼 실패를 거듭하지 않았을 것이다.

법(法)은 엄정한 법집행을 말한다. 법집행이 무너지면 질서가 어지러워지고, 질서가 없으면 사회 전반에 걸쳐 불안감이 조성되고, 사회에 불안감이 팽배하면 화합이 되지 않아 어떤 목적도 이룰 수 없게 된다.

수나라는 고구려를 네 번이나 침공했다. 네 번째 침공과정에서 국내에 반란이 일어나 결국 나라가 멸망했다. 수나라가 이처럼 여러 번 고구려를 침공했는데도 결국 성공할 수 없었던 것은 오사(五事) 중 하나도 유리한 것이 없는 상황에서 무리하게 결행을 한 데 있었다. 수나라 양제는 자신의 아버지 문제를 죽이고 황제에 등극해 이에 따른 내부의 불만세력을 잠재우기 위해 고구려를 침공했다. 따라서 이 전쟁의 동기에서 민심을 얻을 수 없었던 반면, 고구려는 오랫동안 수나라의 침략을 대비하기 위해 전 국민이 혼연일체가 되었으므로, 오사 중 도(道)에 있어서 수나라는 이미 고구려에 패한 상황에서 전쟁을 시작했다. 또 수나라가 고구려를 침공하기 위해서는 장거리 원정을 떠나야 하는 입장으로서 봄에 출병해도 평양까지 도달하는데 육로로 가면 수개월이 걸리고, 바다로 가면 풍랑과 싸워야 하는 어려움 때문에 병사들의 기력과 사기가 떨어져 불리한 상황이었다. 그리고 고구려의 입장에서 보면 지형은 산악지대로 되어 있어 산성을 구축하고 그 안으로 들어가 굳게 지키면 먼 거리를 오느라 지친 수나라 군대를 대적하기가 쉬웠다. 산성을 계속 지키고 시간을 끌면 끌수록 가을이 가고 겨울이 와서 따뜻한 중원지역에서 살던 수나라 병사들은 살을 에는 북풍한설을 견디기가 매우 힘들었다. 따라서 오사의 천(天)과 지(地)에 있어서도 수나라는 해서는 안 될 전쟁을 벌인 셈이다.

速戰速決 속전속결 - 한국은 '빨리빨리'만이 살길이다

전쟁은 속전속결로 결판을 내야 한다. 장기전이 되면 병사들은 피로해지고 사기가 떨어져 성을 공격하면 전력이 바닥나고, 오랫동안 군사가 전쟁터에 나가 주둔하면 국가의 재정은 파탄에 빠진다.

其用戰也貴勝[1]기용전야귀승, 久則鈍兵[2]挫銳[3]구즉둔병좌예,

攻城則力屈[4]공성즉력굴, 久暴師[5]則國用不足[6]구폭사즉국용부족.(제2편 作戰篇)

1. 用戰也貴勝 : 승리를 귀히 여기다. 여기서는 속전속결을 의미한다.
2. 鈍兵 : 군사들이 둔해진다.
3. 挫 : 좌절하다, 사라지다. 銳 : 예리함. 挫銳 : 날카로움이 사라진다.
4. 屈 : 고갈되다.
5. 久暴師 : 장기간 동안 전쟁터에 나와 있으면
6. 國用 : 나라의 재정. 國用不足 : 나라의 재정이 부족하다.

속전을 해야 하는 이유는 인명과 재정의 손실을 줄이는 데 있다. 당시 무수히 많은 나라들이 병존한 상황을 감안하면 두 나라의 전쟁은 단순히 두 나라의 싸움으로 그치는 것이 아니라, 전쟁의 폐해를 이용해 어부지리할 수 있는 제3국을 염두에 둔 전략이라고 할 수 있다. 이 '속전속결'과 손자병법 내에 "충분한 준비를 갖추고 기회가 왔을 때 결행한다."는 내용은 상호 모순된다고 할 수 있다. 그러나 이 '속전속결'이란 전쟁의 큰 원칙이라고 이해하면 된다. 속전속결을 원칙으로 하되 승산이 없어 여의치 못하면 충분한 준비를 갖추고 기회가 왔을 때 결행하고, 결행할 때는 속전속결로 승부를 결정지어야 한다는 의미로 이해하면 된다.

기원전 207년 곽가(郭嘉)는 조조에게 북방 오랑캐의 전력이 아직 정비되지 못한 이 시점에 우선 북방의 세력을 제압한 후에 남하할 것을 건의했다. 조조는 이 건의를 받아들여 오환(烏丸)을 점령하기 위해 천리가 넘는 원정길에 올랐다. 조조의 군대가 이현(易縣)에 이르렀을 때, 곽가는 "전쟁은 기동력이 중요한데 지금 천리를 행군해야 하는 마당에 장비가 너무 무거워 속도를 낼 수 없으니, 적에게 폭로되어 성공을 거둘 가능성이 적습니다. 그래서 가벼운 장비만 가지고 신속히 이동하여 적이 예기치 못한 시점에 기습하는 것이 좋을 듯합니다."라고 하자, 조조는 이 말에 따랐다. 오환은 위나라의 병력이 천리를 행군하여 이렇게 기습을 감행할 줄은 꿈에도 모르고 있다가 순식간에 괴멸되고 말았다. 조조는 이로부터 북방의 위협을 제거할 수 있었고 앞으로 전개될 남진정책에 유리한 전세를 형성할 수 있었다.

'속전속결'의 원칙은 과감한 결단력을 기저로 하고 있다. 조조의 위대한 점은 "내가 천하를 버릴지언정 천하가 나를 버리지 못하도록 하겠다!"는 자신의 말처럼, 평생 자신이 원하고 취하고자 했던 일에 대해서는 조금도 주저하지 않고 과감하게 실행했다는 점이다. 앞으로의 남진정책을 통해 유비와 손권의 세력을 제거하고 통일을 하고자 했던 조조에게 북방의 세력 확장은 큰 위협이 아닐 수 없었다. 비록 천리를 넘게 험한 노정을 각오해야 하는 작전이었지만 본인이 직접 군을 통솔하여 원정에 나섰던 것이다. 인생에 있어서 주관이 없고 결단력이 부족한 사람은 비록 부모로부터 좋은 기반을 물려받아 세력을 갖추고 있다고 하더라도 항상 이런 강인한 의지력과 결단력을 가진 사람에게는 당할 수 없다. 경쟁 속에서 실패하고 좌절하는 사람은 바로 우유부단하여 머뭇거리는 사람들이다.

현실적인 운용을 생각해 보면, 우리는 종종 중국인들이 서두르지 않고 느긋하게 대처해 나가는 '만만디(慢慢地)' 정신을 높이 사는 이야기를 하곤 한다. 이 '만만디' 정신을 대륙적인 기질이니 '대기만성(大器晚成)'의 정신이니 하면서 우리가 배워야 한다고 말하곤 하는데, 요즈음 중국 대도시에서는 이 만만디 정신을 좀처럼 찾아볼 수 없다. 우리보다 더 급하면 급했지 느긋한 사람이 거의 없다. 자동차 운전을 예로 들면 누구 하나 양보하는 사람이 없고, 너도나도 서둘러 조금이라도 빨리 가려고 앞다투는 광경을 쉽게 발견할 수 있다. 따라서 이들의 만만디 정신은 아마도 농경문화 속에서 밭이랑 하나를 한 사람이 하루 종일 갈아야 하는 드넓은 평야에서 서둘러야 좋을 게 없는 상황 속에서 나온 말이지 지금처럼 눈앞에 황금이 아른거리는 경쟁사회로 진입한 상황에서는 전혀 어울리지 않는 말이 되었다.

우리는 흔히들 '빨리빨리!'가 한국인의 습성을 대표하는 말이라고 스스로를 비하하고 있다. 그러나 이 '빨리빨리!' 야말로 지금까지 한국을 이끌어 왔고 한국의 성장동력이 되었음을 부정할 수 없다. 대도시의 중국인들이 우리보다 더 '빨리빨리!'를 외치고 있다는 사실을 감안하면 이 민족의 습성이란 환경의 지배를 받게 된다는 말에 쉽게 수긍이 간다. 한국은 태평양을 사이에 두고 미국과 연해 있고, 동해를 사이에 두고 일본과 인접해 있다. 그리고 북으로는 중국 및 러시아 대륙과 이어져 있는 지형학적인 특징이 있다. 즉, 바다와 대륙을 잇는 징검다리 역할을 하는 셈이다. 과거에는 중국 대륙의 문화를 섬나라 일본에게 전달하는 역할을 했다고들 하지만 실제로는 중국의 것을 우리의 문화에 맞게 수정하여 전달한 것이었다.

앞으로는 바다 건너 선진국 미국과 일본의 문화를 소화하고 재창조하여 중국과 러시아 더 나아가 유럽 대륙에 전달할 수 있는 역할을 해야 할 것이다. 이러한 지형학적인 장점을 최대한 살리기 위해서는 이 '빨리빨리!' 정신이 더욱 절실하다. 다시 말해 남의 것을 그대로 전달하는 카피의 역할만으로는 새로운 부가가치를 만들 수 없다. '빨리빨리!' 우리의 것으로 재구성하고 이 '메이드 인 코리아'를 중국과 러시아, 중앙아시아, 중동, 아프리카, 유럽에 수출하고, 다시 역으로 미국과 일본을 비롯한 태평양 연안 국가에도 역수출해 더 많은 부가가치를 창출할 수 있어야 한다. 요즈음 전 세계적으로 불고 있는 'K-POP 열풍'을 비롯한 '한류'는 이런 비전을 잘 반영한 것이다. 대륙과 섬나라에서는 찾아볼 수 없고 반도국가만이 지닐 수 있는 독특한 문화산업을 개발하여 세계인의 주목을 끌고 세계 문화를 주도하는 것이 우리에게 필요한 전략이다.

上兵伐謀 상병벌모 - 제일 미련한 방법은 성벽을 개미처럼 기어오르기

최고의 병법은 사전에 적의 의도를 간파하여 계략으로 적을 굴복시키는 것이다. 그 다음은 외교로서 승리하는 방법이고, 그 다음은 전투를 통하는 것이다. 그리고 제일 하수의 방법은 성을 공격하는 일이다.

故上兵伐謀[1]고상병벌모, 其次伐交[2]기차벌교, 其次伐兵[3]기차벌병, 其下攻城[4]기하공성.(제3편 謀攻篇)

1. 伐謀 : 책략으로 승리하기, 적의 도발·책략을 사전에 깨뜨리는 것
2. 其次 : 그 다음. 伐 : 제압하다. 伐交 : 외교수단으로 승리하기, 외교적으로 고립시키기
3. 伐兵 : 적의 군대를 공격하기
4. 攻城 : 성 공격하기

전쟁방법론에 대해서 손자는 "적국을 온전한 채로 굴복시키는 것이 상책이며 적국을 파괴하고 굴복시키는 것이 차선책이다.", "그러므로 백 번을 싸워서 백 번을 다 이기는 것은 최선의 방법이 아니요, 싸우지 않고 적을 굴복시키는 것이 최선의 방법이다."[4]라고 함으로써, 싸우지 않고 이기는 방법을 강조했다.

과연 싸우지 않고 이길 수 있는 방법이 있을까? 자웅을 겨뤄보지도 않고 어떻게 이길 수 있을까? 이에 대한 답으로 손자는 적의 의도를 사전에 간파하고 대책을 마련해 봉쇄하는 것이 최선이고, 다음으로는 외교적인 수단을 사용해 적을 고립시켜 평화적인 대화의 장으로 이끄는 것이 차선의 방법이라고 했다. 여기서 손자는 전쟁에 대한 병법을 연구한 사람이었지만 평화를 중시하고 전쟁은 평화를 지키기 위한 불가피한 조치였음을 강조하고 있다는 사실을 유념할 필

---
4) 「손자병법」 제3편 謀攻篇.

요가 있다.

중국의 전쟁사에 있어서 싸우지 않고 이긴 사례는 많지 않으나 초한(楚漢)의 전투에서 매우 중요한 대목을 발견할 수 있다. 열세에 몰렸던 유방이 항우를 물리치고 최후의 승자가 될 수 있었던 것은 한신이 과거 전국 칠웅 중의 강국이었던 조(趙), 연(燕), 제(齊)를 순차적으로 정벌했기 때문인데, 조나라를 정복한 것은 배수진으로 유인 섬멸한 고사로 다른 장에서 다루기로 하고, 여기서는 연나라와 제나라를 정복한 방법을 소개하도록 한다.

조나라를 정벌한 한신은 내친김에 연나라와 제나라를 계속 침공할 기세였다. 한신은 포로로 잡혀 온 조나라의 책사 이좌거(李左車)에게 물었다.

"연나라와 제나라를 칠 무슨 좋은 묘책이라도 있소이까?"

"패배한 군대의 장수는 용기를 말하지 않고, 멸망한 국가의 신하는 더 이상 정치를 논하지 못하는 법입니다. 이런 제가 무슨 자격으로서 국가대사를 논할 수 있겠습니까?"라고 답하자, 한신은 더욱 공손하게

"과거 백리해(百里奚)가 우(虞)나라의 신하였지만 우나라에서는 그의 의견에 귀를 기울이지 않았습니다. 그 후 우나라가 진나라에게 멸망당하고 진나라가 그를 중용하자, 진나라는 강성해졌습니다. 이런 사실을 놓고 볼 때, 백리해가 우나라에 있을 때는 어리석었지만 진나라에서는 똑똑해졌다고 할 수는 없을 겁니다. 누가 그를 중용해서 의견을 경청하느냐의 차이겠지요. 만약 조나라 장군이 당신의 계책을 수용했더라면 나는 벌써 당신의 포로가 되었을 겁니다. 지금

저는 성심을 다해 당신의 고견을 듣고자 하오니, 부디 말씀해 주시기 바랍니다!"라고 간청했다. 그러자 이좌거는 마지못해

"아무리 지혜로운 자라도 한 번의 실수는 있는 법이고, 아무리 어리석은 자라도 어쩌다 한 번은 정확한 판단을 할 수 있다고 합니다. 제가 비록 어리석기는 하나 혹시 도움이 된다면 가려서 듣도록 하십시오. 현재 장군께서는 서하(西河)를 건너 위(魏)나라 왕을 포로로 잡고, 단숨에 정형구(井陘口)에서 조나라 군대 20만을 섬멸하고 성안군(成安君)의 목을 베서서 그 명성은 천하에 두루 퍼져 있습니다. 그래서 만약 당신이 쳐들어 온다는 소식을 접하면 모두들 겁에 질려 부들부들 떨 것입니다. 이것이 당신의 장점입니다. 반면 병사들은 이미 모두 지쳐 있어 계속 또 다른 전투에 투입한다는 것은 불가능할 겁니다. 만약 이런 병사들을 이끌고 계속 연나라를 공격하고 연나라가 험준한 지형을 방패삼아 계속 지키면서 시간만 끈다면, 당신들은 양식이 점점 떨어지고 더욱 피로해질 것입니다. 연나라는 비록 약소국이지만 만약 방어에 전력하고 시간을 끌면, 제나라도 방어를 더욱 튼튼히 하고 연나라와 연합해서 장군에게 대적할 겁니다. 그렇게 되면 현재 유방과 항우가 용호상박의 치열한 접전을 벌이고 있는 시점에서 전혀 이로울 수 없는 형세가 전개된다는 것이 당신의 약점이 될 것입니다."라고 설명했다. 그러자 한신이

"그러면 어떻게 하는 것이 좋다는 말씀이오?"라고 묻자,

"당신이 제기한 북으로는 연나라를 공격하고, 동으로는 제나라를 정벌한다는 전략은 절대 불가합니다. 용병에 능한 자는 자신의 장점으로 적의 단점을 공격하는 법입니다. 병사들을 쉬게 하십시오. 매일 고기와 술로 체력을 보강하고 연나라를 공격할 준비를 하게 하시

면서, 한편으로는 언변에 능한 책사를 연나라에 보내서 연 왕에게 한나라 군대의 강인함을 말로 위협하게 하시면, 연 왕은 반드시 항복할 겁니다. 만약 연나라가 항복하면 또다시 제나라에 사신을 보내십시오. 연나라가 이미 항복했다는 소식을 접한 제나라는 더 이상 저항하지 못하고 투항할 겁니다."라고 했다.

한신은 이 말을 듣고 바로 연 왕에게 보낼 친서를 한 통 썼다. 서신에 한나라 군대가 천하를 평정할 명분과 이치를 밝히고, 연나라의 상황을 분석해 항전과 투항의 이해득실을 자세히 적어 언변에 능한 신하를 연나라 왕에게 보냈다. 또한 이좌거의 전략에 따라 병사들을 연나라 국경을 따라 완전히 포위하는 형태로 포진시켜 언제든지 명령만 내리면 연나라를 쳐들어갈 태세를 갖추었다. 한편, 연나라 내에서는 조나라가 멸망했다는 소식을 들은 데다 한나라 군대가 국경을 에워싸고 압박해 오고 있어, 사신의 설득을 듣고 바로 투항을 결정했다. 결국 한신은 편지 한 통으로 연나라를 정복하는 쾌거를 얻은 셈이다.

全國爲上 전국위상 - 상호 피해 없는 승리가 최고

적국을 온전한 채로 굴복시키는 것이 상책이고 적국을 파괴하며 굴복시키는 것은 차선책이다.

孫子曰 손자왈 : 凡用兵之法 범용병지법, 全國爲上[1] 전국위상, 破國次之[2] 파국차지. (제3편 謀攻篇)

1. 全 : 온전할. 全國爲上 : 적국을 온전하게 두고 이기는 것이 최상책이고
2. 次 : 그 다음. 破國次之 : 적국을 파괴하며 이기는 것은 차선책이다.

앞의 '上兵伐摸'와 싸우지 않고 계략으로 이기기란 측면에서는 동일한 내용이다. 그러나 여기서는 충분히 적을 괴멸시킬 수 있는 상황이라도 때에 따라서는 온전한 상태로 굴복시키는 것이 상책이란 의미이다.

당태종 이세민이 막 제위에 올랐을 당시 동돌궐의 10여 만 대군이 중원을 공격해 들어왔다. 이세민은 적의 침공을 막기 위해 선발대를 보내 우선 적의 기선을 제압하도록 하고, 며칠 후 돌궐이 위수(渭水)의 북쪽 연안에 이르러 사자를 파견해 당의 허실을 정탐하도록 했다. 당태종은 돌궐의 기세를 꺾기 위해 사자를 구금시켰다. 그리고 본인은 직접 방현령을 비롯한 6명의 관리만 데리고 위수 남쪽 연안에 이르러 위수를 사이에 두고 돌궐의 왕과 대화를 나누었다. 이세민은 강한 어조로 돌궐의 침략은 배은망덕한 행위임을 책망했다. 바로 이 시각 당나라의 주력부대가 위풍당당하게 당도했다. 돌궐의 왕은 파견한 사자가 돌아오지 않고, 당나라 황제는 직접 군대를 지휘하여 위풍당당한 진용을 이루고 있는 것을 목격하자 두려움에 얼굴이 사색이 되었다.

잠시 후 당태종이 부대를 뒤로 물리고 혼자 남아 돌궐의 왕과 대화를 나누겠다고 하자, 조정 대신인 소우(簫禹)는 만일 적이 활을 쏘면 매우 위험하다고 만류하였다. 이세민은 "그대는 돌궐이 왜 중원을 침공했는지 아오? 그것은 바로 우리 내부에 변란[5]이 있었고, 내가 제위에 오른 지 얼마 되지 않아 전력이 아직 정비되지 않았을 것이라는 판단에서일 것이오. 따라서 내가 만약 약한 모습을 보이며

---

5) 바로 현무문(玄武門)의 변고로서, 이세민이 자신을 독살하려고 했던 태자와 동생을 활로 살해하고 제위를 찬탈한 사건.

성문을 닫고 방어만 한다면, 저들은 대군을 동원해 쳐들어 와서 제압하기 힘들 것이오. 그래서 황제인 내가 직접 말을 몰아 대군을 이끌고 위풍당당한 군용을 갖추고 필사의 일전도 불사할 모습을 보여 줌으로써, 적이 애당초 내렸던 판단이 틀렸고, 앞으로 어떻게 대처해야 할지 모르게 하기 위한 것이오. 돌궐이 아군 진영으로 진입하면 할수록 그 경계심이 더욱 높아져서 우리가 공격을 해도 제압하기 어렵지만, 전선에 나와 당당하게 맞서서 기선을 제압하면 모든 것이 우리가 뜻하는 대로 이룰 수 있을 것이오. 지금 돌궐을 손쉽게 제압할 수 있는 방법은 이것뿐이오. 앞으로 어떻게 전개되는지 지켜보시오!"라고 말했다.

과연 당태종의 말대로 바로 그날 돌궐은 사자를 보내 화해를 청했고 백마의 목을 베어 그 피로써 맹세를 하고 퇴군하고 말았다. 이런 광경을 지켜보고 있었던 소우가 당태종에게 "돌궐이 화해를 청하기 전에 모든 장수들이 일전을 벌이자고 청했을 때, 폐하께서는 허락하지 않으셨는데, 바로 돌궐의 군대가 스스로 퇴각하였으니, 이 어찌된 영문입니까?"라고 묻자, 당태종은

"내가 관찰한 바에 따르면 돌궐의 군대는 비록 그 수는 많으나 군기가 해이해져 있었고, 모두들 재물에 눈이 멀어 있는 모습이었소. 돌궐이 우리에게 달려와서 화해를 청할 때, 돌궐 왕 혼지만이 위수 서쪽 연안에 남아 있었고, 그 밖의 모든 고급 관리들은 나에게로 몰려왔소. 나는 주연을 베풀어 그들을 취하게 만들고, 그 틈을 타서 그들을 모두 죽이거나 포로로 잡아두고, 기습을 감행해 도주하는 적을 쫓아가 모두 섬멸할 수도 있었소. 또 사전에 장손무기와 이정을 그들의 퇴로에 매복시켜 놓았다가 퇴각하는 적을 하나도 남김없이 제

거할 수 있었을 것이오."라고 말하며, 한숨을 돌린 후

"그러나 나는 그렇게 하지 않았소. 왜일까요? 그것은 바로 내가 즉위한 지 얼마 되지 않아 전력이 정비되지 않았고 백성들도 휴식이 필요했기 때문이오. 만일 전쟁이 시작된다면 손실 또한 엄청날 거요. 또 이 전쟁으로 인해 적이 우리와 원수지간이 되어 앞으로 계속 싸우게 된다면 좋을 게 없을 것이오. 그래서 적을 이길 수 있는데도 출격을 명하지 않았고, 오히려 그들에게 많은 재물을 주어 돌려보냈는데, 이렇게 한 것은 그들의 자만심을 키워 전력을 약화시켰다가, 때가 왔을 때 일거에 섬멸하기 위한 것이오. 노자에 '취하려거든 우선 주어라'란 말이 바로 이런 뜻이지요!"라고 했다.

병법에 대한 이세민의 분명한 개념과 명석한 두뇌, 임기응변 능력은 일반인이 도저히 따라할 수 없는 수준이라고 할 수 있다. 그는 군사를 한 명도 희생시키지 않고 동돌궐의 침략을 저지할 수 있었는데, 이런 전략은 바로 손자병법에 나오는 희생 없이 이기는 전승(全勝) 사상과 그 맥을 같이 한다.

先勝求戰 선승구전 - 전쟁은 먼저 이겨 놓고 하는 것이다

승리의 군대는 먼저 이기고서 그 후에 싸우고, 패배의 군대는 먼저 싸우고서 그 후에 이기려 한다.

是故[1]勝兵[2]先勝而後求戰[3]시고승병선승이후구전,
敗兵[4]先戰而後求勝[5]패병선전이후구승. (제4편 軍形篇)

1. 是故 : 고어에서 '따라서'의 뜻
2. 勝 : 이기다. 兵 : 병사, 군대. 勝兵 : 승리의 군대
3. 而後 : 그리고 그 후에. 先勝而後求戰 : 먼저 이겨놓고 싸움을 한다.
4. 敗 : 지다. 敗兵 : 패배의 군대
5. 先戰而後求勝 : 먼저 싸움부터 시작해 놓고 승리를 구하다.

　손자는 "싸움을 잘하는 자는 우선 적이 우리를 이길 수 없도록 대비를 철저히 하고 나서, 적의 허점이 드러나 아군이 이길 수 있는 때를 기다린다. 적이 나를 이길 수 없게 만드는 것은 나에게 달려 있고, 아군이 이길 수 있도록 기회를 제공하는 것은 적에게 달려 있다. 그러므로 전투에 능한 자라고 하더라도 적이 나를 이기지 못하도록 할 수는 있어도, 적의 허점을 만들어 승기를 잡기는 어려운 것이다. 따라서 승리는 예견할 수는 있지만, 인위적으로 만들기는 힘들다."고 했다.

　"또한 이들의 승리에는 한 치의 오차도 없었는데, 한 치의 오차도 없었던 이유는 필승의 입지를 갖추어 놓고 이미 패배한 적과 싸웠기 때문이다. 그러므로 전투에 능한 자는 자신은 불패의 태세를 갖추어 놓고 적의 허점을 놓치지 않는다."고 하면서 전쟁을 수행하기 전에 만전을 기하고 적의 허점이 드러날 때 완전한 승리를 추구하는 것이 필승의 전략이라고 강조했다.

　삼국시대에 방통(龐統)은 제갈공명의 추천으로 유비의 부군사(副軍師)가 되었다. 동한(東漢) 말년 익주목(益州 : 현재 四川) 유장(劉璋)은 관중(關中 : 현재의 섬서)의 장로(張魯)가 쳐들어 온다는 정보를 탐지하고, 자신의 통치기반인 사천지방을 강화하기 위해서 유비에게 도움을 청하자 유비는 사천으로 들어가 유장을 도왔다. 유비와 유장

은 서로 만나 형제의 정을 나누고 종친의 의를 다지며 매우 의기투합하는 듯했으나, 두 진영의 장수들은 서로 속셈이 달랐다. 유비의 수하인 방통(龐統)과 법정(法正)은 유비에게 연회석상에서 유장을 살해하고 사천을 접수하자고 권했으나, 유비는 사천 경내로 들어온 지 얼마 안 돼, 현지 상황과 여건을 잘 모르고 민심도 수습하지 못한 상태에서, 그렇게 해서는 안 된다고 반대했다.

그러던 중 장로의 군사가 가맹관을 침공했다는 보고가 들어왔다. 그러자 유장은 유비에게 이를 막아 줄 것을 부탁했다. 유비는 흔쾌히 수락하고 부대를 이끌고 가맹관으로 출발했다. 유장은 부하들에게 각 요새를 철통같이 방비하며 유비 군대의 변화를 예의 주시하도록 했다.

유비는 가맹관에서 오랫동안 머물면서 장로의 서진을 막아주면서 군과 민심을 얻는 데 주력했다. 그러나 얼마 지나지 않아 형주에 있는 공명으로부터 조조의 군대가 동오(東吳)를 침략했다는 급보를 접하게 되었다. 그러자 방통이 유비에게,

"이 기회를 이용해서 유장에게 군대를 빌려 형주로 돌아가 손권을 도와 조조를 무찌르도록 하는 것이 좋겠습니다."라고 하자, 유비도 이에 찬성했다. 그래서 성도로 사람을 보내 정병 3만과 군량 10만 두를 원조해 줄 것을 청했다. 유장은 이 서신을 받고 매우 골치가 아팠다. 그래서 신하들과 상의한 끝에 3천 명의 노잔병(老殘兵)과 1만 두의 군량을 원조해 주기로 결정하여 유비에게 통보했다. 유비는 이 회신을 받고 화가 치밀었다.

"내가 그 놈을 대신해 적을 막기 위해 이렇게 고생고생했건만, 이렇듯 인색하다니! 이것이 어찌 형제의 의리라고 할 수 있단 말인가?"

라고 말하며 회신을 찢어 버리고 사신을 돌려보냈다. 이 한 차례의 충돌로 형제는 어느덧 원수지간으로 변했다. 옆에 있던 방통이 말했다.

"지금으로서는 세 가지 계책이 있으니 그중 하나를 선택하십시오!"

"그것이 무엇이오? 빨리 말해 보시오!"

"첫 번째는 이미 마음먹은 일의 끝장을 보는 것입니다. 지금 정병을 선발해 바로 성도(成都)로 진격하는 것이 상책입니다. 두 번째는 주공께서 형주로 출동한다고 하시고 부성(涪城)을 지나가시면 서천(西川)을 지키고 있는 양회(揚懷)와 고패(高沛)가 마중을 나올 것입니다. 이때 두 장수를 살해하고, 그들의 지역을 접수하신 후, 성도로 진격하는 것이 중책입니다. 세 번째는 남들이 전혀 눈치채지 못하게 백제성(白帝城)으로 퇴각했다가 형주로 돌아가 훗날을 도모하는 것으로, 이것이 하책입니다."라고 덧붙였다.

방통이 제기한 방안은 바로 성도로 기습하는 것, 먼저 부성을 취하는 것, 형주로 돌아가는 것 세 가지였다. 이 세 가지 방책 중 세 번째인 형주로 돌아가는 것은 실제로 계책이라고 할 수도 없는 것이었다. 왜냐하면 원래 유비가 사천으로 들어온 목적은 사천지역을 탈취히고 유장을 죽이는 것이었기 때문이다. 유비는 방통의 말을 듣고는 심사숙고한 끝에 "상책은 너무 서두르는 감이 있고, 하책은 너무 느리니 중책으로 합시다!"라고 결론을 내렸다. 결국 유비는 방통의 계책에 따라 양회와 고패 두 장군을 살해하고 부수관(涪水關)을 차지하여 성도로 진격하기 위한 전진기지로 삼았고, 얼마 후 성도로 진격하여 유장의 기반을 빼앗아 촉(蜀)의 왕이 되었다.

앞에서 방통이 제기한 세 가지 방책 중 유비가 중책을 선택한 것은 바로 전쟁을 수행하기 전에 만전을 기하고, 적의 허점이 드러날 때 완전한 승리를 추구하는, 즉 먼저 이겨 놓고 싸우는 전술의 일환이라고 할 수 있다. 유비는 사천지역으로 들어와 민심을 얻는 데 주력했고, 유장을 공격할 명분을 찾지 못해 전전긍긍하던 차에 유장을 도와 가맹관을 지키는 공로가 있었음에도 불구하고 조조의 남하로 유장에게 도움을 청했을 때 3천 명의 노잔병과 1만 두의 군량밖에 원조해 주지 않아 유장을 공격할 충분한 명분을 쌓았다. 그리고 양회와 고패 두 장군을 살해하고 부수관(涪水關)을 차지하여 성도로 진격할 수 있는 전력을 갖춘 후 결행에 나선 것이다. 사천을 차지하기 위해 사천으로 들어갔지만 전력과 민심 그리고 명분이 없었던 유비는 이 모든 것을 갖추기 위해 시간을 가지고 천천히 준비한 끝에 결국 목적을 쉽게 이룰 수 있었다.

合於利動 합어리동 - 우리에게 '통일'이란?

아군이 유리하면 움직이고, 불리한 상황에 처하면 곧 행동을 중지하고 상황이 호전되기를 기다린다.

合於利[1]而動합어리이동, 不合於利[2]而止불합어리이지.(제11편 九地篇)

1. 合(합) : 부합하다. 於(어) : 에. 合於利 : 이익에 부합하면
2. 不合於利 : 이롭지 않으면

손자병법 13편 중 총 51개의 '이(利)' 자가 출현하는 것으로 미루어 전쟁에서 이 '이익'이 얼마나 중요한지 잘 대변해 준다고 할 수

있다. 생사존망이 걸려 있는 전쟁에서는 반드시 지켜야 할 원칙인 것이다. "유리하면 움직이고 불리하면 멈춘다."의 유리한 상황이란 적의 상급부대와 하급부대 간에 유기적인 협력체계가 이루어지지 않을 때, 주력부대와 비주력부대 간에 협조가 원활하지 않을 때, 적 부대 내에 혼란이 생겨 상하가 서로 단합되지 않을 때, 병졸들이 분산되고 집중되지 않아 진형이 정연하지 않을 때 등이 아군에게 유리한 상황이다. 이런 상황이면 공격할 수 있고, 그렇지 않을 경우에는 공격을 멈추고 유리한 상황이 전개될 때까지 기다려야 한다는 것이다.

231년 제갈량은 기산(祁山)으로 출격하여 오장원(五丈原)에 주둔하자, 사마의(司馬懿)가 군대를 이끌고 위수(渭水)를 건너와 배수진을 치고 대치하게 되었다. 두 나라 군대는 무려 100여 일을 이렇게 대치하고 싸움을 하지 않게 되자 마침내 제갈량은 여인의 옷을 보내 사마의의 비겁함을 비웃게 되었다. 그러나 사마의는 여전히 조금도 동요하지 않고 방어만 하였다. 사마의의 생각은 촉나라 군대는 먼 거리를 행군해 와서 양식 운송에 어려움이 있어 오랫동안 전쟁을 수행할 수 없을 것이라는 판단이었다. 이 점이 촉나라의 불리한 점이고, 위나라 군대는 양식이 충분하고 편안한 상태에서 적이 배고프고 지치기를 기다릴 수 있는 점이 이로운 점이었다. 결국 제갈량의 군대는 배고프고 지쳐 하는 수 없이 철수하고 말았다. 삼국지에서는 사마의를 비겁하고 제갈공명의 귀신에게도 당했다는 식으로 비하하고 있지만 실제로는 사마의가 이긴 전투였다. 사마의는 제갈공명에 버금가는 전략의 귀재였음을 알아야 한다. 사마의의 입장에서 보면

이 전투의 목적은 바로 촉나라의 북진을 저지하는 것이었다. 그리고 훗날 사마의의 손자 사마염이 삼국을 통일한 것은 바로 사마의가 삼국통일의 기반을 닦았기 때문이다.

우리에게 '통일' 이란?

현실적인 운용에 대해 논해 보면 한반도의 통일에 대해서 많은 사람들이 통일비용이 너무 들어 부정적인 견해를 이야기한다. 통일연구원이 미디어리서치에 의뢰해 실시한 여론 조사에 따르면 통일의 당위성에 대한 찬성이 1994년에는 91.6%, 2005년에는 83.9%, 2010년에는 76.6%로 해가 갈수록 점점 통일에 대한 열망이 식어가고 있다고 한다. 과연 통일은 대한민국에 득이 될까? 해가 될까? 이 점에 대해 한 연구결과 보고서[6]에 따르면 지금까지 발표된 통일 비용은 너무 과장되었다는 것이다. 통일로 얻을 수 있는 이득은 계산하지 않고 투입될 비용만 계산해서 천문학적인 숫자만 열거해 놓았는데, 실제 통일로 얻어지는 이득이 훨씬 크다고 한다. 통일과 동시에 소멸되는 분단비용, 통일비용을 투입해 북측의 경제를 건설하는 과정에서 얻게 되는 남측의 경제적 이득, 대규모 국방비 절감, 전쟁에 대한 우려로 인한 투자기피 해소, 신용등급 상승, 경제 발전과 사회통합에 국력을 결집시킬 수 있고, 통일한국의 이미지를 고양시킴으로써 국가 브랜드를 강화하고 경쟁력을 제고할 수 있다.

또한 경제적으로 남북통일은 남한의 자본과 기술, 북한의 자원과 노동력의 결합으로 시너지효과가 크며, 독일식 흡수통일이 아닌 중국과 홍콩식의 1국 2제의 관리가 가능하다면 통일 한국의 실질

---

[6] 최진욱,「통일 담론의 새로운 패러다임」

GDP는 2050년에는 6조 5,000억 달러로 프랑스, 독일, 일본도 능가할 것으로 전망된다고 한다. 국방비와 같은 분단비용의 감소와 동북3성으로 연결되는 새로운 시장 기회의 창출, 러시아 극동 지역의 석유와 천연가스 사용 등이 모두 통일로 기대되는 경제적 이익들이다. 결국 통일은 문화적 분단으로 인한 갈등과 적대감을 치유하고 지역주의의 갈등을 완화함으로써 민족의 자긍심을 고취하고 내적 동력을 극대화할 수 있을 것이다. 따라서 통일은 우리가 세계 강국으로 가기 위해 반드시 넘어야 하는 큰 산임에 틀림이 없다는 사실을 인식해야 할 것이다.

二. 인 재

여기서는 전쟁의 성패를 좌우하는 군주와 장군의 자질, 역할, 전쟁에 임하는 자세에 대해 보다 심도 있게 논하고 있다. 군주는 평상시 백성들을 사랑하고 덕으로 정치를 하여, 유사시에는 백성들 모두 군주와 하나가 되어 나라를 구하려는 애국심을 고취시키고, 전쟁의 위험을 두려워하지 않고, 기꺼이 나라를 위해 목숨을 바칠 각오로 전쟁에 임하도록 만들어야 한다. 또한 군주는 유능한 장군을 임명하며 병사들을 훈련시키고 전쟁이 발발하면 장군에게 모든 권한을 일임한 이상, 믿고 맡기며 군대 내의 인사, 행정, 작전에 대해서는 간섭하지 말아야 한다.

장군은 군주로부터 나라의 방위와 백성들의 생명을 지키라는 임무를 부여받은 이상, 군주의 명을 받들고 나라를 지키겠다는 충성심, 백성들의 안위를 보위하겠다는 책임감에 혼신의 힘을 다하며, 냉철한 판단력과 이성적인 언행으로 부하들의 모범이 되어 작전을 성공적으로 수행하여야 한다. 이밖에 손자는 장수가 갖추어야 할 덕목 5가지, 장수가 전쟁에서 범하지 말아야 할 행동 5가지, 정보의 중요성에 대해 논하고 있다.

與上同意 여상동의 - 리더의 첫발은 조직의 화합

'도(道)'란 백성이 군주와 일심동체가 되어, 생사고락을 함께하며, 전쟁의 위험을 두려워하지 않는 것이다.

道[1]者도자, 令民與上[2]同意也영민여상동의야, 故可與之死[3]고가여지사, 可與之生가여지생, 而不畏危[4]也이불외위야. (제1편 始計篇)

1. 道 : 길. 정치
2. 令 : 명하다, 사역동사. 上 : 군주. 同意 : 뜻을 같이하다.
3. 可 : 조동사, ~할 수 있다. 與 : 더불어, ~와 함께. 可與之死 : 함께 죽을 수 있다.
4. 畏 : 두려워하다. 而不畏危 : 그래도 위험을 두려워하지 않는다.

    손자는 승리의 기본 조건으로 앞에서 언급한 대로 오사(五事)를 강조했다. 오사(五事)란 도(道), 천(天), 지(地), 장(將), 법(法)으로 전쟁을 시작하기 전 반드시 갖추어야 할 준비 사항이자 점검 사항이다. 이 5가지 요소 중 도(道)가 으뜸으로 군주와 백성이 한마음 한뜻으로 굳게 단결하는 인화(人和)를 의미한다. 「주역(周易)」과 「맹자(孟子)」에도 "천시(天時)는 지리(地利)만 못하고, 지리(地利)는 인화(人和)만 못하다."[7]라고 해, 천시, 지리, 인화 중 인화가 으뜸이라고 했다. 군주가 정치를 바로 할 때 인화가 가능하며, 도덕적으로도 존경을 받을 수 있는 군주만이 인화를 이룰 수 있고, 이것이 바로 전쟁의 승패를 가름할 수 있는 가장 기본이 되는 '정신적인 힘'이라고 할 수 있다. 도는 정의(正義)라는 전쟁 명분이며, 정의를 위해 군주와 백성·지휘관과 사병이 뜻을 같이하는 것을 말한다. 그리고 이 도를 위해서는 애국심, 책임감, 복종, 희생정신 등이 요구된다. 정치적인 관점에서는 정의로운 전쟁만이 백성들의 지지를 받을 수 있고, 침략전쟁과 무고한 백성들을 무자비하게 학살하는 살육전쟁은 부당하다는 의미도 내포하고 있다.

    중국의 역사는 하은주(夏殷周)로 시작한다. 하나라는 믿을 만한 유물이 발견되지 않아 신사(信史)로 인정받지 못하고 전설적인 왕조로

---

7) "天時不如地利, 地利不如人和."

여겨진다. 전설에 따르면 우(禹)라는 사람이 대홍수를 잘 다스려 순(舜)임금에게 왕위를 물려받아 하나라를 세웠다고 전해진다. 그러나 우임금의 17대 손인 걸왕이 전제정치로 민심을 잃게 되자 탕(湯)이 하나라를 멸하고 은나라를 세웠다. 은(殷)나라(BC 1600~BC 1046년)는 중국의 역사상 최초의 국가라고 인정되는 나라이다. 1899년 갑골문자가 발견된 후, 은의 수도였던 은허의 발굴이 1928년부터 본격적으로 시작되고, 여기서 수많은 유물이 발굴됨에 따라 실재하였던 왕조였음이 밝혀졌다. 은왕조는 후기에 이르러 주(紂)왕이 혹독한 전제정치를 행하여 하(夏)나라 걸왕(桀王)과 더불어 중국 역사상 폭군의 대명사로 알려져 왔다.

　은나라 주왕은 달기의 미색에 빠져 그녀의 얘기라면 모두 들어주었다. 달기가 가무를 좋아하는 것을 알고 주왕은 악사에게 미미의 가락(靡靡之樂)을 만들게 하여 주야로 가무를 즐겼다. 달기는 미미의 음탕한 음악에 맞춰 요염하게 춤을 추어 사람들을 미혹시켰다. 주야로 연회가 열리고 흥청거려, 조정은 휘청거릴 수밖에 없었다. 주왕은 술 연못을 만들고 고기를 나무에 걸어 숲(주지육림 : 酒池肉林)을 만들어 3천 명이 넘는 사람들이 연일 질펀하게 놀며 남녀가 알몸이 되어 숲 사이를 쫓고 쫓기는 것을 보고 즐겼다. 달기는 또한 포락지형(炮烙之刑), 즉 구리기둥에 기름을 바르고 그 밑에 불을 지펴 죄인들이 뜨거워진 구리기둥 위를 걷다가 떨어져 비명을 지르며 타죽는 것을 보고 희열을 느끼며 즐겼다고 한다.

　주왕이 이러한 폭정을 하고 있을 때 원래 은나라의 충신이었던 강태공의 도움을 받은 주(周)나라 문왕은 은나라를 칠 준비를 시작했다. 문왕의 뒤를 이은 무왕이 제후들에게 통지를 보내 황하 유역의 맹진(孟津)에서 회의를 열자, 무려 800여 명이나 모였다. 무왕이 이들에게 군사를 일으켜 주왕을 토벌해 줄 것을 요청하자, 제후들은 각자 군사를 보내 이에 호응했다. 주무왕은 제후연합군 5만 군사를 이끌고 도읍지 풍읍(豊邑)을 출발하여 도성인 조가(朝歌)를 향해 쳐들어갔다. 무왕의 군대는 사기충천하여 황하를 건너 교외인 목야에 이르러 진을 치고 최후의 결전을 위한 만반의 준비를 하였다.

주왕(紂王)은 70만 대군을 동원하여 목야로 나가 무왕 군대에 맞섰다. 목야의 전투는 고대 중국의 역사상 가장 규모가 큰 전쟁으로 알려져 있다. 병력으로 따지자면 주왕의 군대가 무왕의 군대보다 압도적으로 우세했으나 전쟁을 알리는 북소리가 울려 퍼지자 지금까지 볼 수 없었던 놀라운 광경이 벌어졌다. 은나라 군사들이 주나라 군대에 대적하기는커녕, 오히려 창을 거꾸로 돌려 잡고 주나라 군대에게 길을 열어주며 함께 주왕을 향해 돌격했다. 이때부터 중국어에 '배신하다'의 뜻으로 창을 거꾸로 돌려 잡는다는 의미의 '도과(倒戈)'라는 단어가 생겼다. 주왕의 군대는 마치 눈사태를 만난 듯 전투다운 전투도 치르지 못하고, 70만 대군이 5만의 군대에게 무릎을 꿇는 기적 같은 일이 일어난 것이다.

손자가 언급한 군주의 자세를 종합하면, 군주는 평상시 올바른 정치를 통해 백성들의 신임을 받고 일단 유사시에는 백성들과 생사를 함께하는 인화를 이룩하며, 적정파악을 위해 첩자를 운용하는 데 있어 과감한 투자를 할 수 있어야 한다. 또한 유능한 장수를 선발하여 병사들을 훈련시켜, 유사시에는 정의로운 전쟁이라는 명분하에 백성들을 일치단결시키고 장군에게 병권을 맡긴다. 그리고 일단 병권을 건네준 이상 믿고 지켜보며 간섭을 자제해야 한다는 내용이다.

현실적으로 손자가 말하는 최고 경영자의 태도는 다음과 같다.
1. 조직의 비전과 가치관을 수립해 모든 구성원이 이 가치관에 대해 공감하고 존중하도록 한다.
2. 동일한 가치관을 위해 상하 모든 구성원이 혼연일체가 되도록 한다.
3. 구성원이 모두 인정할 수 있는 공정하고 무사(無私)한 제도를 정비한다.
4. 사업 관련 분야와 경쟁회사의 정보파악을 위해 과감한 투자를 한다.
5. 재량권을 해당 책임 부서장에게 준 이상 믿고 간섭을 하지 않는다.

亂軍引勝 난군인승 - 리더가 해서는 안 될 세 가지

군주로 인해 군이 위태롭게 되는 사례로는 다음과 같은 3가지가 있다.
1. 군이 진격하여서는 안 될 상황인데도 진격 명령을 내리고, 군이 후퇴하여서는 안 될 상황인데도 퇴각 명령을 내리는 일이니, 이는 곧 군사 행동을 속박하는 일이다.
2. 전군의 업무를 알지 못하면서 3군의 행정에 간섭하면 병사들은 갈피를 잡지 못하고 당황한다.
3. 용병의 권모술수를 모르면서 군의 지휘에 간섭하면 병사들 사이에 불신감이 생기게 된다. 병사들이 당황하고 불신감이 생기게 되면, 이 틈을 타서 인접국 제후들이 공격해 오는 재난을 맞이하게 된다.

이렇게 되면 결국 군주가 자신의 군대를 혼란에 빠뜨리고 적에게 승리를 내어주는 꼴이 되고 만다.

故君之所以患於軍者三고군지소이환어군자삼 :
不知軍之不可以進而謂[1]之進부지군지불가이진이위지진,
不知軍之不可以退而謂之退부지군지불가이퇴이위지퇴, 是謂縻軍[2]시위미군 ;
不知三軍之事부지삼군지사, 而同三軍之政者이동삼군지정자,
則軍士惑矣[3]즉군사혹의 ; 不知三軍之權부지삼군지권,
而同[4]三軍之任이동삼군지임, 則軍士疑矣즉군사의의.
三軍旣惑且疑삼군기혹차의, 則諸侯之難至矣즉제후지난지의.
是謂亂軍引勝[5]시위난군인승.(제3편 謀攻篇)

1. 所以 : 하는 까닭. 患 : 우환. 謂 : 시키다, 명령하다
2. 縻軍 : 군대를 속박하다.
3. 惑 : 혹하게 만들다, 당황하게 하다.
4. 權 : 권력의 균형. 권모술수. 同 : (문외한, 풋내기가) 간섭하다
5. 旣 : 즉, 바로. 且 : 또한, 게다가. 亂軍引勝 : 아군을 혼란하게 만들어 적이 승리하게 하다.

우리 역사 이야기는 하고 싶지 않지만 군주와 장군의 갈등에 관한 이야기로 선조와 이순신 간의 예화만큼 좋은 것이 없어 부득이 소개한다. 우리 역사에 있어서 조선시대는 그야말로 모순덩어리 그 자체였다. 대륙을 정벌하기 위해 파견된 군대가 위화도에서 회군하여 군왕을 몰아내고, 새로운 왕조를 세우면서 유학을 국시로 삼은 것도 큰 모순이지만, 유학의 근본 취지와는 거리가 먼 당파싸움을 일삼은 것도 그렇고, 임진왜란을 통해 호되게 당했으면서 정신 차리지 못하고 한일합방이란 뼈아픈 역사를 후손에게 물려주었기에 더욱 그렇

다. 조상 탓은 하지 말라고 하지만 앞으로 후손들에게 뼈아픈 유산을 물려주지 않기 위해서라도 조상들의 잘잘못은 냉정하고 신랄하게 비평해야겠다.

임진왜란 당시 선조와 이순신의 갈등과 입장의 차이는 세계 전쟁사에서 찾아볼 수 없는 첨예한 군신 간의 모순이었고, 손자병법에서 언급한 제왕의 금기사항을 치열하게 입증한 것이었다. 군대를 이끌고 전쟁터에 나간 장군이 회군을 하여 군왕을 몰아내고 새로운 왕조를 세운 정권이라 그런지 전방의 장군에 대한 견제가 심했던 것도 사실이었다. 이런 상황은 중국의 송나라 조광윤이 지방절도사 출신으로 쿠데타를 통해 황제가 되어 송을 개국한 사례와 유사하다. 황제가 된 조광윤은 추후로 자신과 같은 사례를 방지하기 위해, 지방절도사의 권한을 축소하고 모든 재량권을 회수하는 바람에, 북방의 요나라와 금나라의 침략에 속수무책으로 당할 수밖에 없었고, 국토의 절반을 금나라에게 내주고 조공을 바치며 가까스로 명맥을 유지하다가 후에는 몽고족에게 멸망하고 말았다.

1592년(선조 25년) 4월 13일 오전 8시 조선 원정군 편성을 마친 도요토미 히데요시는 고니시 유키나가가 이끄는 1번대 18,700명을 선두로 총 9번대 158,800명을 조선으로 파병했다. 갑자기 들이닥친 대군을 상대로 조선은 이렇다 할 대항도 제대로 하지 못하고 추풍낙엽처럼 떨어져 나갔다. 선조는 경성을 버리고 피난길에 올랐고 평양에 도착한 선조는 평양마저 버리고 또 신의주로 도망쳤다. 명나라의 허락을 받고 명나라로 망명을 시도할 즈음 명나라의 원군이 도착해 평양을 수복하고 서울을 회복할 수 있었다. 신의주에서 불안에 떨던 선조는 대신들의 강권에 못 이겨 하는 수 없이 서울로 돌아오게 되었는데, 임금이 이렇게 피난길을 전전할 때 남해에서는 옥포해전을 시작으로 이순신의 승전보가 날아들기 시작했다. 이순신은 사천해전, 당포해전, 한산도대첩, 부산대첩 등의 혁혁한 공적으로 삼도수군통제사로 임명되었다. 그러나 이순신이 공을 세우면 세울수록 이에 불안을 느낀 인물은 바로 선조였다. 이순신이 명나라 장수들은 물론 백성들에 이르기까지 불멸의 명성을 얻게 되자 절대 권력을 지닌 국왕의 권위는 점차 위협되었다. 선조는 이에 대한 대안으로 원균을 선택했다.

1597년(정유년, 선조 30년) 선조는 가토 기요마사의 원정대가 조선에 온다는 정보를 입수하고, 도원수 권율에게 가토가 조선 땅에 발붙이기 전에 바다에서 격퇴하라는 명령을 내렸다. 권율은 조정의 명령을 이순신에게 하달했다. 그러나 가토가 아무런 저항도 받지 않고 부산항에 무사히 상륙하게 되자, 이순신에 대한 선조의 불만은 극에 달하게 되었다. 그러나 실제 가토가 아무런 저항 없이 부산에 들어온 것은 조정에서 적의 기만술에 당한 결과였다. 그러나 이런 사실을 무시하고 오직 이순신이 도원수의 명령을 어기고 천재일우의 기회를 놓쳐버린 것만 한탄하고 있었다. 결국 선조는 이순신을 파직하고 서울로 압송하였다. 그리고 원균을 통제사로 임명했다. 그러나 원균은 공을 세우기 위해 무리한 작전을 감행하다, 칠천량해전에서 참패를 당하고 말았다. 당시 삼도수군연합 함대는 전선 134척, 수군 13,200명에 달했다. 이 칠천량 전투에서 통제사 원균, 전라우수사 이덕기, 충청수사 최호 등은 전사하고 배설이 전함 12척을 이끌고 간신히 한산도로 후퇴하였다.

그 후 이순신은 정탁(鄭琢)을 비롯한 많은 대신들의 상소에 의해 석방되었고, 백의종군하여 다시 통제사로 복직하였다. 임지에 도착해 보니 남아 있는 병사라고는 백여 명과 12척의 전함이 전부였다. 다시 전열을 가다듬고 명량해전에서 대승을 거두었는데, 1598년 8월 17일 도요토미 히데요시가 사망하자 왜적이 철군하기 시작했다. 이순신은 퇴각하는 왜적 500여 척을 추격했다. 남해 노량에서 11월 19일 밤새 독전하다가 날이 샐 무렵에 탄환을 맞고 전순(戰殉)했다. 이 마지막 격전에서 적은 크게 패하여 500여 척의 전함 중 겨우 50여 척만이 살아서 돌아갈 수 있었다. 이로써 7년간의 임진란이 종식되었다.

칠천량 전투에서 참패하고 원균을 비롯한 이덕기, 최호 등이 전사한 것은 모두 선조의 잘못이다. 이순신이 한산도로 대본영을 옮긴 것은 아군의 배를 숨기고 적이 조선의 곡창지대인 전라도와 충청도로 진입하지 못하도록 막기 위한 전략적인 배려였다. 그러나 원균은 이런 이순신의 전략에 대해 잘 숙지하지 못했고, 한산도 주변 바다의 지형과 물살의 변화 등 지형의 이로움을 이용하는 전략적 두뇌에서 이순신에 훨씬 미치지 못했다. 그리고 원균이 통제사로 임명되자 원래 이순신 수하에서 고생을 함께 했던 장수들과 화합이 잘 되지 않아 작전을 수행하는 데 어려움이 많을 수밖에 없었다. 선조는 궁궐 안에서 전장에 나가 있는 장군의 작전권, 행정권, 인사권을 마음대로 주물렀기 때문에 장군이 적황에 따라 창의적이고 독자적인 작전을 펴지 못하도록 한 것이다.

輔周國强 보주국강 – CEO와 CIO의 관계

장군이란 군주를 보좌하는 사람이다. 보좌역인 장군과 군주의 관계가 친밀하면 나라는 강해지고, 반대로 양자의 관계에 틈이 생기면 나라는 약해지게 마련이다.

夫將者부장자, 國之輔[1]也국지보야. 輔周[2]則國必强보주즉국필강, 輔隙[3]則國必弱보극즉국필약.(제3편 謀攻篇)

1. 輔 : 수레에서 짐이 떨어지는 것을 방지하기 위해 양쪽에 매단 받침대
2. 輔周 : 장수는 재능과 지혜로써 나라를 보좌하는데, 보좌가 주도면밀하다.
3. 輔隙 : 보좌에 틈이 생기다.

「손자병법」은 장수의 역할에 관한 내용이 절대적이라고 할 수 있다. 전쟁의 승패는 바로 장수의 손에 달려 있기 때문이다. 그리고 유능한 장수는 바로 전쟁을 승리로 이끄는 데 필요한 세(勢)를 만들 수 있는 인물이다. 유능한 장수는 병사들을 일사불란하게 움직일 수 있도록 훈련을 시키고, 다양한 작전을 구사해서 적보다 아군이 유리한 상황에 놓이도록 만들어, 마치 높은 곳에서 통나무나 돌이 가속을 받아 구르듯이 할 수 있는 능력이 있는 사람을 말한다.

세를 만들 수 있는 사람이란 조직에 힘을 불어넣을 수 있는 사람이다. 조직이 활기에 차서 누가 시키지 않더라도 저절로 움직이도록 만들 수 있어야 한다. 손자의 세란 군대조직에서의 힘을 의미한다. 군대란 과거나 지금이나 항상 명령에 죽고 사는 획일적인 체계를 형성하고 있다. 따라서 명령이 하부 말단 병사에까지 신속하고 정확하게 전달되어 임무를 수행할 수 있도록 조직을 정비하고 지휘계통을

확립하며 부대 간에도 원활한 소통이 이루어질 수 있도록 유기적인 협력 체계를 형성할 수 있어야 한다. 그리고 이렇게 조직에 활력을 불어넣기 위해서는 그 직책에 맞는 능력이 있는 적임자를 잘 선별해 임무를 부여하고, 적과 대치상황에서 머리로 이길 수 있는 전략을 수립할 수 있어야 한다. 이런 용병술에 능통한 사람이 유능한 지휘관이며, 전쟁에서 승리로 이끌 수 있는 인재이다. 속담에도 "병사가 무능하면 한 사람이 무능한 것이지만, 장수가 무능하면 부대 전체가 무능하게 된다."[8], "강한 장수 밑에는 약졸이 없다."는 말이 있다. 나폴레옹도 장수의 역할에 대해 "사자 한 마리가 이끄는 양떼는 양 한 마리가 이끄는 사자떼를 제압할 수 있다."고 실감나는 비유를 한 적이 있다.

춘추오패 중 초나라 장왕(莊王)의 이야기다. 장왕은 즉위하자마자 매일 밤낮으로 술독에 빠져 있었다. 그리고 "간(諫)하는 자는 모두 솥에 넣어 삶아 죽이겠다."고 포고했다. 연일 신하들과 어울려 먹고 마시며 지내기를 3년이 흘렀다. 어느 날 오거(伍擧)라는 중신이 왕에게 알현을 청하자, 장왕은

"간하는 자는 모두 죽이겠다고 한 말 모르는가?"

라고 했다. 오거는

"간하는 게 아니라 수수께끼를 하나 내려고 합니다."

"수수께끼? 그거 괜찮지! 어디 한번 얘기해 봐라!"

"언덕 위에 새가 한 마리 있었는데 3년이 다 되도록 날지도 울지도 않는데 이게 대체 어떤 새일까요?"

---

[8] "人能能一個, 將能能一窩."

이 질문에 장왕은 잠시 의미 있는 웃음을 짓더니

"3년 동안 날지 못했더라도 한 번 날기 시작하면 하늘 끝까지 날아오를 것이고, 3년 동안 울지 못했으니 한 번 울기 시작하면 세상이 깜짝 놀랄 것이다. 네 말이 무슨 뜻인 줄 알았으니 그만 물러가도록 해라!"라고 했다.

그 후로도 장왕의 이런 방탕한 생활이 계속되자, 이번에는 소종(蘇從)이란 중신이 오거와는 달리 직언을 했다. 장왕이

"간하는 놈은 모두 삶아 죽이겠다고 한 말 모르나?"

"저는 주군의 어리석음을 깨우쳐 줄 수 있다면 이 몸이 죽어도 좋습니다!"라고 하자, 장왕은 이제야 자신이 기다린 신하를 만난 듯 훌훌 털고 일어나 정치에 몰두하기 시작했다.

장왕이 제일 먼저 착수한 일은 인사쇄신이었다. 자신과 함께 술독에 빠져 진탕질을 치던 신하들은 모두 쫓아내고 오거(伍擧)와 소종(蘇從)을 중용하고 신인들을 대거 영입했다. 그 후 정사에 몰두해 춘추오패의 하나가 될 수 있었다. 장왕이 3년 동안 칩거하며 술독에 빠졌던 이유는 바로 목숨을 걸고 국가의 안위를 걱정하는 진정한 신하를 기다린 것이었다.

民之司命 민지사명 - 사자 한 마리가 이끄는 양떼는 양 한 마리가 이끄는 사자떼를 제압한다.

이런 전쟁의 내막을 잘 이해하는 장수야말로 백성들의 생사와 운명을 책임지는 자요, 국가의 안위를 두 어깨에 걸머진 인물이다.

故知兵之將고지병지장, 民之司命[1]민지사명.
國家安危之主也국가안위지주야.(제2편 作戰篇)

1. 民之司命 : 고대 별 이름, 백성 운명의 주재자

중국 속담에 "천군만마는 얻기 쉬워도 유능한 장수 한 명 구하기는 어렵다"는 말이 있다. 이는 대군을 지휘하는 것이 어렵다는 뜻이다. 군대를 지휘한다는 것은 출중한 무예와 용맹만 가지고는 부족하다. 오케스트라의 지휘자가 작은 소리에도 민감하게 반응하듯 장군은 군대의 모든 행정, 지휘, 훈련, 법령, 보급, 작전에서 병사들의 일거수일투족까지 세심한 주의를 기울여야 한다. 장군의 명령 한마디에 병사들은 적진으로 뛰어들고, 그 결과 전쟁의 승패가 갈려, 병사들의 생명뿐만 아니라 국가의 흥망도 결정된다.

당나라의 명장 곽자의(郭子儀)는 무과 과거 출신으로 전략에 밝았고, 인덕이 많았으며, 충성심이 높아 임금은 물론 대신들도 모두 그를 신뢰했다. 그는 60여 년 동안 4명의 황제를 계속 보필하는 동안 수없이 많은 전쟁을 치르면서 혁혁한 무공을 세워 통군부원수(원수는 보통 황제가 겸직함), 중서령(中書令), 태위(太衛) 등 주요 관직을 두루 걸쳤다. 곽자의는 비록 무장이었지만 정치적인 두뇌가 있어, 네 황제의 참모로도 활동했다. 그가 평생 동안 모토로 삼았던 처세철학은 바로 "성심으로 사람을 대하고 충심으로 나라를 위한다."였다. 따라서 그가 장수로서 병사를 대할 때는 덕으로 대했으며 상벌은 공명정대했기 때문에 모두들 기꺼이 그에게 충성을 다하고자 했다. 전쟁터에 나가면 전략에 밝아 기발한 작전으로 적을 굴복시켰으며, 관료로서 정치에 참여할 때는 충성심이 충만하여 자신의 안일보다 나라를 우선 고려해 군주는 마음놓고 믿고 맡길 수 있었다. 대인관계에 있어서도 도량이 넓어 남에게는 관용으로 대하고, 공을 세웠다고 자만하지 않았으며, 스스로에게는 엄해, 상하 모두 진심으로 그를 존경했다.

안록산의 난이 발발하자 조정에서 곽자의에게 이광필(李光弼)과 함께 북방의 군대를 이끌고 하북으로 가서 난을 진압하라고 명했다. 그런데 곽자의와 이광필은 모두 과거 삭방절도사(朔方節度使) 안사순(安思順)의 부장으로서 서로 간에 모종의 갈등이 있었다. 둘이 함께 명을 받자 이광필은 서로 단합하지 못해 임무를 완수하지 못할 것을 두려워해 사직하려고 했다. 그러자 곽자의는 이광필을 찾아가서 "나라가 위난에 빠져 황상이 피난을 떠나신 이 마당에 어찌 사사로운 감정에 연연할 수 있겠습니까? 나라를 구하는 일념으로 우리 힘을 합쳐 싸웁시다!"라고 말하며 같이 출정하기를 청했다. 얼마 후 조정에서 곽자의에게 장수 한 명을 파병하여 정형(井陘: 지금의 하북성 정형시)을 치라고 하자, 곽자의는 이광필을 추천하며 1만의 삭방군 정병을 그에게 주었다. 후에 이광필이 상산(常山)에서 반란군에게 포위당했을 때도 곽자의는 주야로 말을 달려가서 구원해 주었다. 764년 대종(代宗)이 곽자의의 공이 많아 상서공(尙書公)으로 봉하라고 명하자, 곽자의는 벼슬이 너무 많고 지위도 높아서 대신들의 질투를 사는 것은 국익에 도움이 되지 않는다고 판단해 직위를 사양했다.

곽자의가 4명의 황제를 훌륭하게 보필 할 수 있었던 이유는 다음과 같다.
1. 국가를 위한 충성심이 강해 항상 이 애국심이 그의 모든 행동의 지침이 되었다.
2. 조직 내에서는 항상 인화(人和)를 중시해 자신의 영광이 조직의 화합에 도움이 되지 않을 때는 황제의 명이라도 적극 사양하는 태도를 취했다.
3. 동료 간에 갈등이 생기면 항상 양보하는 겸양의 미덕을 보였다.
4. 조직의 내부적인 단합을 우선시했고 대외적으로는 적을 제압할 수 있는 기발한 전략을 세워 큰 공을 세웠다.

현실적으로도 이런 유능한 인재가 절실히 필요하다. 동일한 기업에서 동일한 아이템을 가지고도 누가 경영을 하느냐에 따라서 그 결과에 상당한 차이를 가져오는 것을 보면, 인재가 얼마나 결정적인 역할을 하는지 잘 알 수 있다. 예전에는 올림픽을 개최하면 항상 적자를 면치 못했다. 1984년까지 이런 상황이 지속되자 어느 누구도 감히 올림픽을 개최하겠다고 신청하는 나라가 없었다. 그러나 그 해 로스앤젤레스 시장이 올림픽 개최를 신청하자 미국 연방정부는 적자를 걱정한 나머지 제23회 로스앤젤레스 올림픽에는 경제적인 지원을 하지 않겠다고 선언했다. 로스앤젤레스 올림픽 준비위원회는 인력자문회사를 통해 우벌로스(Ueberroth)라는 전문 경영인을 찾아 그에게 올림픽 준비와 운영의 모든 권한을 일임한 결과 2억 5천만 불의 흑자를 낼 수 있었다. 그 후로부터는 세계 도처에서 서로 올림픽을 개최하겠다고 경쟁의 각축장이 되었다. 이처럼 동일한 올림픽을 누가 어떻게 운영하느냐에 따라 그 결과는 천양지차(天壤之差)가

되는 것이다.

將之五德 장지오덕 - 리더의 덕목

'장(將)'은 지모, 신의, 인자, 용기, 엄격함을 갖추어야 한다.

將者장자, 智信仁勇嚴也지신인용엄야.(제1편 始計篇)

유가(儒家)에서는 "하늘이 명한 것이 바로 성(性)이고, 성을 따르는 것이 도(道)이며, 도를 닦는 것이 교(教)이다."[9]라고 정의한다. 다시 말해 인간이 살아가야 할 도(道)는 하늘로부터 받은 인간의 본성을 교육을 통해 잘 갈고 닦아야 한다는 것이다. 그리고 유가에서 주장하는 인간의 성(性)이란 맹자의 사단설(四端說)에도 잘 언급되었듯이, 바로 인의예지(仁義禮智)[10], 즉 사랑, 정의, 예의, 지혜이다. 사랑을 할 때 남에게 피해를 줘서는 안 되기에 '정의(義)'를 강조했고, 인간의 모든 감정을 행동으로 표현하는데 사람마다 그 표현 방식이 다르면 혼란이 야기되기 때문에 '예의(禮義)'를 중시했으며, 정의[義]와 예의[禮]의 손길이 미치지 못하는 부분은 슬기롭게 대처하라는 의미에서 지혜[智]를 강조했다. 그리고 이런 생각들을 행위로 표현할 때는 반드시 '중용(中庸)'에 입각해야 한다는 것이다. 중용이란 인간의 감정이 발하지 않은 지고지순한 상태로, 결코 치우치거나 변하지 않는 마음가짐을 말한다. 다시 말해 인간의 행동은 감정적으로

---

9) 「대학(大學)」 "天命之, 謂性. 率性之, 謂道. 修道之, 謂教."
10) 인간은 모두 4가지 본성을 타고난다는 학설, 예를 들어 불쌍한 사람을 보면 가엾게 여기며 걱정하는 측은지심(惻隱之心), 악을 싫어하는 수오지심(羞惡之心), 남에게 양보하고 싶어하는 겸양지심(謙讓之心), 선악을 구별하는 시비지심(是非之心)이다.

표현되어서는 안 된다는 것이다. 이런 모습으로 살아가면 서로 화목해지고 평화가 올 수 있다는 사상이다.

손자는 장수의 기본 자질로서 지혜(智慧), 신의(信義), 인애(仁愛), 용기(勇氣), 엄정(嚴正)이란 오덕(五德)을 들었다. 이 오덕이 중요한 이유는 전략을 수립하기 위해서는 지혜가 필요하고, 부하들을 편애하지 않고 공평하게 다루며 상벌을 공정히 하기 위해서는 신의가 필요하기 때문이다. 또한 부하들을 자신의 몸처럼 사랑할 수 있는 인애가 있어야 부하들이 명령에 따라서 위험을 무릅쓰고 전진할 수 있으며, 결정적인 순간에 과감한 용단을 내려 작전을 수행할 수 있는 용기가 있어야 된다. 그리고 지휘관은 항상 고독한 자리이기에 어떤 상황이 발생하더라도 의연하게 대처할 수 있는 위엄을 갖추어야 한다는 것이다. 다시 말해 유능한 지휘관은 지적으로 연마되어 판단력과 창의력이 뛰어나며, 신의와 용기로써 부하들을 지휘하고, 부하들이 존경하고 따를 수 있는 사랑과 위엄을 동시에 갖추어야 한다는 내용이다.

지혜(智)

지혜란 지식과는 다른 속성을 지닌다. 지식이 평면적이라면 지혜는 입체적이다. 지식은 인터넷상에 떠도는 모든 정보라고 한다면, 지혜는 이들을 활용해 자신이 하고자 하는 일에 응용하고 새로운 것을 만들 수 있는 동력이라고 할 수 있다. 따라서 지혜롭다는 것은 창의적이고 주동적이며 급변하는 상황 속에서 변화에 대처할 수 있는 유연한 대응력을 의미하기도 한다. 이런 이유로 손자는 '지혜'를 장수가 구비해야 할 덕목 중 으뜸으로 꼽았다. "장수는 유리한 상황에서도 불리할 경우를 대비하므로 후환이 없고, 불리할 때도 유리한 조건이 무엇인지를 살펴 이를 활용하니 어려움을 극복할 수 있게 된다."[11]고 해, 장수는 다면적인 사고를 할 수 있고 과거와 현재, 현재와 미래의 변화를 예의 주시하여 그 변화에 능동적으로 대처할 수 있어야 한다는 것이다.

다시 말해 지혜는 미래를 예지할 수 있는 능력이기도 하다. 「전국책(戰國策)」에 "지혜로운 자는 사건이 발생하기 전에 미리 예견한다."고 하여 현재 눈앞에 전개되는 현상을 보고 미래를 예견할 수 있는 시안이 있는 것이 지혜롭다고 했다. 「공자가어(孔子家語)」에는 "지혜로운 자는 때를 놓치지 않는다."고 했다. 즉 지혜로운 장수는 싸울 때와 물러설 때, 공격할 때와 방어할 때, 몸을 웅크릴 때와 나서서 능력을 보일 때를 분명히 아는 사람이다. 역으로 항상 나서기를 좋아하거나 상습적으로 웅크리는 것은 지혜롭지 못한 행동이란 의미도 될 것이다.

신의(信)

신의란 장수와 병사들 간의 믿음을 말한다. 신의의 형성은 단순히 부하들에게 잘 대해주고 약속을 잘 지키는 것으로는 부족하다. 손자는 신의에 대해 병사들에게 합리적으로 명하고 위엄으로 다스려 신뢰를 형성해야 한다고 했다. "병사들이 충심으로 따르지 않는 상황에서 벌칙만을 적용하면 병사들은 복종하지 않으며, 병사들이 복종하지 않으면 부리기가 어렵다. 그렇지만 잘 따른다고 해서 과실이 있는데도 벌을 주지 않으면 역시 통솔할 수 없게 된다. 그러므로, 병

---

11) 「손자병법」 제8편 九變篇.

사들에게 합리적으로 명하고 위엄으로 다스리면, 가히 필승의 군대라고 할 수 있다. 평소에 법령이 잘 시행되면서 병사들을 교육한다면 병사들은 복종하지만, 평소에 법령이 잘 시행되지 않는 상황에서 병사들을 교육하면 복종하지 않는다. 평소에 법령이 잘 지켜진다는 것은, 병사들과 더불어 신뢰가 형성되었다는 것을 뜻한다."[12]고 하여, 신의의 개념은 '합리적인 명령', '공정한 상벌', '장수의 위엄', '평상시 교육'을 통해서만이 성립될 수 있고, 신의가 원만히 자리를 잡을 수 있을 때에야 비로소 병사들이 충심으로 복종하고 따를 수 있다고 했다.

인애(仁)

중국의 사회와 정치 사상 중 무조건적인 아가페 사랑은 없다. 공자는 "자신이 하고 싶지 않은 것을 남에게 시키지 마라."[13], "자신이 서고 싶으면 우선 남을 먼저 세워주고, 자신이 도달하고 싶으면 우선 먼저 남을 도달하도록 해주어라."[14], "원수는 정직으로 보복한다."[15]라고 말하면서 상대적인 사랑을 강조했다. 쉽게 말해 기독교적인 "원수도 사랑하라."는 없다. 묵자(墨子)는 기독교의 교리와 비슷한 겸애(兼愛)를 주장했다. 묵자의 '겸애'란 세상 사람들이 모두 자기 부모와 나라만 사랑하기 때문에 가족 간의 분쟁과 나라 간의 전쟁이 그치지 않는다는 것이다. 따라서 이런 분쟁과 전쟁을 막기 위해서는 남의 부모를 자신의 부모처럼, 남의 나라를 자신의 나라처럼 사랑해야 한다고 했다. 그래서 묵자의 사상 중 제일 중요한 강령

---
12) 「손자병법」 제9편 行軍篇.
13) 「논어」 "己所不欲, 勿施於人."
14) 「논어」 "己所欲立, 先立人, 己所欲達, 先達人."
15) 「논어」 "以直報怨."

의 하나로 '비공(非攻)'을 들고 있는데, 비공이란 남의 나라를 공격하지 않는다는 뜻이다. 전에 우리나라에서도 상영된 적이 있는 '묵공(墨攻)'이란 영화가 바로 이런 묵자의 사상을 반영한 것이었다. 그러나 이 묵자의 겸애사상은 그 방법에 있어서 "이익을 서로 나눈다."[16]이고, 그 이론적 근거로서 하늘(天)을 내세우고 있지만 이론적인 체계가 허술하고, 현실성에 있어서도 실현하기 힘든 요소가 많아 발전하지 못했다.

중국 사상에 있어서 사랑의 표현은 모두 절제된 표현을 강조했다. 이 절제된 표현은 바로 예의(禮儀)를 말하는데, 이 예의의 중점은 바로 '극기복례(克己復禮)'와 '중용(中庸)'에 있다. 즉 자신의 감정을 억제하고 지나치지도 모자라지도 않은 절제된 표현으로 한다는 것이다. 손자도 예외는 아니다. '지형편'에서 "장수는 병사들을 어린 아이처럼 보살펴야 한다. 그러면 병사들은 장수를 따라 위험한 깊은 골짜기에도 함께 뛰어든다. 병사들을 사랑하는 아들처럼 대하라. 그러면 더불어 죽음을 불사하리라. 그러나 너무 후대하여 마음대로 부릴 수 없거나, 지나치게 사랑하여 명령을 내릴 수 없거나, 군기를 어지럽히는데도 이를 바로잡지 못한다면, 이런 병사들은 마치 버릇없는 자식처럼 전투에는 아무런 쓸모가 없는 것이다."라고 했다. 병사들을 아이처럼 보살펴 그 은혜에 보답코자 골짜기도 뛰어들 수 있도록 만들어야 하지만, 사랑이 너무 지나쳐 버릇없는 자식처럼 아비의 상투를 잡도록 해서는 안 된다는 뜻이다.

---

16) 「묵자(墨子)」 "兼相愛, 交相利."

용기(勇)

「맹자(孟子)」에 '필부지용(匹夫之勇)'이란 단어가 나온다. 제(齊)나라 선왕(宣王)이 맹자에게, "과인에게는 약점이 있소. 너무 용기를 좋아한다는 점이오!"라고 자신의 용기를 자랑하자, 맹자는, "부디 필부의 용기를 삼가십시오. 눈을 부릅뜨고 시퍼렇게 날이 선 칼을 손에 쥐고 '나처럼 할 수 있는 사람 있으면 어디 나와 봐!'라고 외치는 것은 필부의 용기에 지나지 않으며, 고작 한 사람을 상대할 만한 용기입니다. 용기를 지니실 바에야 부디 큰 용기를 갖도록 하십시오!"라고 말했다.

손자가 언급한 장수의 용기는 위험한 상황에서도 선두에 서서 공격을 감행하며 어떤 위험 속에서도 절대 굴하지 않는 정신을 말한다. 그러나 무엇보다 중요한 것은 장수 한 명의 용기로 전쟁의 승패를 가름할 수는 없다는 것이다. 상황에 따라서는 부하들이 모두 용감하게 싸울 수 있도록 상황을 연출할 수 있어야 한다. 장수는 때로 병사들의 단결과 전략적인 목적을 위해서 병사들을 사지에 몰아넣는 결단력을 발휘해 전투력을 극대화시킬 수도 있어야 한다. 손자는 "장수는 관례를 깨뜨리는 상을 주기도 하고, 상식을 초월한 명령을 내리기도 하여, 전군을 마치 한 사람처럼 부릴 줄 알아야 한다. 부하에게 임무를 명할 때는 그 이유를 설명해서는 안 되고, 임무의 유리함은 설명하되 해로움은 알리지 말아야 한다. 군대는 멸망의 땅에 투입된 후에야 존재하는 법을 배우게 되고, 사지에 빠진 후에야 생존의 법을 알게 된다. 또한 위험에 빠진 후에야 승부를 추구하게 된다."[17)]라고 하여, 위험에 처한 상황에서 장수는 절대적인 카리스마

---

17) 「손자병법」 제11편 九地篇.

를 발휘해, 파격적인 행동을 보여주기도 하고, 불리한 점은 말하지 말고 유리한 점을 부각시켜, 병사들이 사기충천하여 위험을 슬기롭게 타파할 수 있도록 지휘해야 한다고 했다. 이것이 바로 장수의 용기이다.

엄정(嚴)

「십팔사략(十八史略)」에 '읍참마속(泣斬馬謖)'이란 내용이 수록되어 있다. 제갈량이 눈물을 머금고 사랑하는 부하 마속의 목을 베어 일벌백계(一罰百戒)함으로써 질서를 바로잡았다는 내용이다. 제갈량이 평소 신임하던 마속(馬謖)을 선봉대장으로 임명했는데 마속은 제갈량의 지시를 어기고 제멋대로 전투를 하다 참패를 당했다. 마속은 지략이 뛰어나고 성실한 장수로서 제갈량과 절친한 벗인 마량(馬良)의 동생이었다. 그러나 제갈량은 눈물을 머금고 마속의 목을 벤 것이다. 그 이유는 엄정한 법 집행을 통해 군기를 바로 세우고 명령에 절대 복종하는 기강을 잡기 위한 것이었다.

손자는 "장수가 부대를 지휘할 때는 항상 부하들이 장수가 무슨 생각을 하고 있는지 모를 정도로 심오하고 냉정하게 처신하며 전투에 돌입하면 엄정하게 다스려야 한다. 병사들의 이목을 단순하게 만들어 제멋대로 판단하지 못하도록 하며, 임무와 작전을 수정할 시에는 병사들이 알지 못하게 하고, 주둔지를 옮기고 원래 공격로가 아닌 다른 길로 돌아갈 때도 남들이 짐작할 수 없게 하여야 한다."[18]고 말해, 장수의 태도는 작전 시에는 냉정하면서도 위엄을 지키고, 장수가 내린 결정에 대해서는 부하들이 감히 토를 달지 못하게 하며,

---

18) 「손자병법」 제11편 九地篇.

작전의 변화에 대해서는 은밀하게 추진해야 한다고 했다.

將有五危 장유오위 - 중국 유일한 여황제 측천무후와 박근혜 대통령

장수가 빠지기 쉬운 위험으로 다음과 같은 5가지가 있다.
1. 지나치게 용맹하여 죽기를 다해 싸우면 죽을 수 있다.
2. 죽음을 두려워해 살려고 하면, 적의 포로가 된다.
3. 성을 잘 내고 조급하면, 적의 계략에 말려 수모를 당하게 된다.
4. 너무 청렴결백하면, 오히려 모욕을 당하게 된다.
5. 지나치게 백성을 아끼면, 번거로움에 빠지게 된다.

故將有五危고장유오위, 必死可殺[1]也필사가살야, 必生可虜[2]也필생가로야, 忿速可侮[3]也분속가모야, 廉潔可辱[4]也염결가욕야, 愛民可煩也애민가번야[5].

(제8편 九變篇)

1. 殺 : 살해되다. 必死可殺 : 필사적으로 싸우면 죽을 수 있다.
2. 虜 : 포로. 必生可虜 : 반드시 살려고 하면 포로가 되기 쉽다.
3. 侮 : 업신여기다. 忿速可侮 : 성을 잘 내고 조급하면 기만을 당한다.
4. 辱 : 모욕. 廉潔可辱 : 지나치게 청렴결백하면 모욕을 당하게 된다.
5. 煩 : 번거롭다. 愛民可煩 : 백성 사랑이 지나치면 번거롭다.

첫 번째 "지나치게 용맹하여 죽기를 다해 싸우면 죽을 수 있다."는 것은 진정한 용기와 무모함을 분별할 줄 알아야 한다는 내용이다. 역으로 말해 진정한 용기는 상황에 따라 득보다 실이 많을 경우에는 비겁하다는 비난을 무릅쓰고라도 부하들의 생명과 전반적인 작전의 성공을 위해 후퇴할 줄도 알아야 한다는 뜻이다. 두 번째는 지나치게 죽음을 두려워해서는 안 된다는 것이다. 전쟁이란 본래 생명을 담보할 수 없는 상황에서 치러지는 것이기에 생명에 너무 집착하면 오히려 더욱 큰 곤경에 빠질 수 있다. 이순신 장군의 "죽으려 하면 살고, 살려고 하면 죽는다."는 말과 같다. 세 번째는 장수가 성격이 너무 급하거나 공명심이 강해 서둘러 공을 세우려 할 때는 적에게 웃음거리가 될 수밖에 없다는 내용이다. 네 번째는 지나치게 청렴결백하여 독야청정을 주장하면 오히려 자신의 도끼에 발등을 찍힐 수 있다는 뜻이다. 다섯 번째는 위험에 처해서는 자신의 꼬리를 끊고 달아나는 도마뱀처럼 최종 목표인 승리를 위해서는 꼬리 정도야 희생할 수도 있어야 한다는 의미이다.

중국에도 박근혜 대통령처럼 여성이 황제가 된 예가 있다. 중국사에서 여성의 정치적 역할은 매우 제한적이었다. 기껏해야 최고 권력자인 황제를 뒤에서 조정했던 것이 고작이었다. 황태후로서 황제의 권력을 뒤에서 조정한 인물로 대표적인 예로는 한나라 여태후와 청나라의 서태후를 들 수 있는데 이들은 모두 황제를 등에 업고 천하를 호령했지만 태후에 불과했지 황제는 아니었다. 그러나 스스로 황제에 오른 여성이 있었으니, 바로 무측천(武則天)이다. 중국사에서 유일한 여성 황제로서 명실공히 대신들을 직접 거느리고 정사를 봤던 인물이다. 측천무후의 정치이력은 바로 손자가 말한 '장수의 오불(五不)'을 그대로 이행한 것이라고 할 수 있다.

무측천은 624년 산서(山西)에서 태어났다. 그녀의 아버지는 원래 목재상으로, 수나라 말엽 이연(李淵), 즉 당고조(唐高祖)를 따라 봉기하여 당의 건국에 참여한 공로로 당 건국 후에는 고위직에 올랐다. 무측천이 14살에 입궁하자 태종(太宗 : 626~640년)은 그녀에게 '무미(武媚)'라는 칭호를 내렸다. 그녀는 태종의 아들 고종과 눈이 맞아 사랑에 빠졌으나, 태종이 죽은 후 당시 율법에 따라 감업사(感業寺)란 절로 들어갔다. 태종을 이어 고종(高宗 : 649~683년)이 즉위하자, 다시 환속하여 그의 후궁이 되었고, 고종은 대신들의 반대를 무릅쓰고 그녀를 황후로 봉했다. 이로써 그녀는 권력의 핵심으로 진입하는 계기를 마련한 셈이다. 일찍부터 총명하기로 소문난 무측천은 역사에 대한 해박한 지식과 사안에 대한 명석한 판단력으로 유명했다.

그녀는 와병 중이던 고종을 660년부터 본격적으로 보좌하기 시작했는데 황후로 책봉될 때부터 공신집단들과 충돌을 빚어, 그들은 그녀의 야심을 펴는 데 커다란 장애였다. 따라서 이런 공신세력을 파괴하고자 새로운 세력을 키우기 위해 '진사과'란 과거를 만들어 신진인물들을 대거 영입했다. 당시 공신세력은 대부분 지역적인 연고를 가지고 있었다. 대체로 서위, 북주, 수의 통치계급 후예들이었다. 반면 관동지역과 강서지역의 인사들은 정치적으로 상당한 소외를 당하고 있었다. 무후는 이런 점을 이용해 관동, 강서 지역 사람들을 대거 기용해 공신세력에 대항토록 했다. 이 신진세력은 무후에 의해 만들어졌고 이들이 의탁할 사람은 오로지 무후밖에 없어, 무후에게 충성할 수밖에 없었다.

고종이 683년에 사망하자 뒤를 이어 즉위한 태자 중종(中宗 : 683~684년)을 폐하고 네 번째 아들을 황제(예종)로 내세운 그녀는 황태후의 신분으로 전권을 휘둘렀다. 천수(天授) 원년(690년) 7월, 동위국사(東魏國寺)의 한 승려 법명(法明)이 무후에게 대운경 4권을 바쳤는데 이 경에 "태후는 미륵불 아래서 태어나 당대 인간세의 주인이 되리라."란 내용이 적혀 있었다. 무후는 이 경전을 전국에 배포하도록 명하고, 9월에는 시어사인 부유예(傅遊藝)를 시켜 관중에 기거하는 백성 900명을 대동하고 알현을 청하여 황제로 등극할 것을 간청하도록 했다. 계속해서 문무백관, 제실의 종친, 백성, 중국 변방의 추장들과 사문 도사 등 6만여 명이 황제로 등극할 것을 주청하자, 예종도 제위에서 물러날 것을 자청했다.

결국 무후는 같은 해, 9월 9일 황제의 자리에 올라 '성신황제(聖神皇帝)'로 자칭하고 국호를 주(周)로 고쳤다. 그리고 예종을 황태자로 봉하고 성을 무씨로 바꾸었다. 황제가 된 무후는 무씨 칠 묘를 세우고 그녀의 조카인 무승사를 위왕에, 무삼사를 양왕에, 무유영을 건창왕에 봉하고 그 외에도 무씨 10여 명을 더 왕으로 임명했다. 그녀는 자신을 황제로 부르도록 한 것은 물론, 여자의 복장을 벗어버리고 황제의 복장을 했으며 군신들과 직접 정사를 논했다. 이밖에 '후궁'의 법도를 그대로 살려 남성 황제들이 그랬듯이 성력 2년에는 공개적으로 '공학감(控鶴監)'(후에 봉진부(奉宸府)로 개명)이라는 기관을 설치하여 상당수의 남자 궁남들을 받아들였다. 그들의 관직은 '내공봉(內供奉)'이었고, 그들 중 장역지(張易之), 장창종(張昌宗) 형제들이 무후의 총애를 독차지했다. 이상의 내용을 종합해 보면 무후의 황제 즉위가 단지 명분에 불과한 것이 아님을 알 수 있다.

무측천은 치세에도 상당한 공적이 있다. 농업발진에 심혈을 기울여 고종 재위 시 그녀는 이른바 '12개 조의 신법'을 만들어 농업과 잠업을 권장하고 부역을 가볍게 하는 등 적극적인 산업진흥 정책을 폈다. 이런 정책의 덕으로 그녀의 통치기간에는 경제가 안정추세로 접어들어 호구의 수가 계속 늘어났다. 당태종 재위 시 4백만 호에도 미치지 못했던 호구가 무측천 퇴위 시에는 6백만이 넘는 증가세를 보였고, 그녀가 사망하고 唐(당)이 복원된 후 현종(玄宗 : 712~756년) 재위기간에 이루어진 이른바 '開元(개원)의 치적'도 그녀의 통치기간에 조성된 경제 발전이 비로소 효과를 발휘한 결과라고 할 수 있다. 우리 역사에 있어서 제일 휘황찬란한 판도를 자랑했던 고구려의 멸망도 무측천이 황후로 재위 시 무능한 고종의 뒤에서 전권을 휘두를 때였음을 감안하면 그녀의 정치력이 얼마나 뛰어났는지 짐작할 수 있을 것이다. 무측천은 또 유능한 인재를 선발하여 능력에 맞는 직책을 맡길 줄 알았다. 당시 유명한 장군과 재상이었던 위원충(魏元忠), 누사덕(婁師德), 적인걸(狄仁傑) 등과 현종 때의 명재상 요숭과 송경 등도 모두 그녀가 발탁한 인물들이었다.

  무측천이 황제에 등극하고 천하대권을 휘두른 기간은 15년 정도 밖에 안 됐지만 고종의 잦은 병치레와 무능으로 약 30년간 섭정을 했기 때문에 모두 45년간 당나라를 통치했다고 할 수 있다. 이와 같이 남성 권위주의의 고대사회에서 여성 홀로 대당제국의 문무백관을 거느리고 천하를 호령할 수 있었던 이유를 위에 예로 든 '장수의 오위'를 기저로 설명하면 다음과 같다. 무측천은 명분이 분명한 사람이었다. 자신의 수족과 같은 측근도 죄를 지으면 법에 따라 엄하게 처벌했고, 황친과 고관대작이라도 죄를 지으면 가차 없이 법에 따라 그 죄를 물었다. 고종은 정치에 관심이 없고 무능하며 잔병치레가 잦아 가급적이면 유능한 무후가 단독으로 결정을 내리기를 바랐지만, 무후는 항상 대의명분에 충실하기 위해 가능한 한 황제와 나란히 앉아 정무를 보고자 했다. 후대의 사가들은 모두 이 여성 황제에 대해 못마땅한 평가를 하고 있지만, 모든 결과에는 반드시 그 이유가 있게 마련이다. 무측천은 여성만이 지닐 수 있는 특유의 세심함과 부드러움, 어떤 남성도 지닐 수 없는 과감하고 당찬 결단력, 자신의 권력에 도전하는 정적에 대해서는 야수보다도 더 잔인한 난폭함 등을 동시에 지녔다.

황제의 총애를 차지하고자 궁중 내의 수많은 여인들이 도전장을 냈지만 무후는 그때마다 치밀한 전략과 상대방의 허점을 적절히 이용하여 총애를 빼앗기지 않았다. 무측천이 처음 황궁으로 들어갈 수 있었던 것은 황후인 왕씨의 도움이 컸다. 왕씨는 고종의 사랑을 독차지하던 소숙비를 질투해, 고종의 마음을 소숙비에게서 떼어놓기 위해 무측천을 불러들였다. 차도살인(借刀殺人)을 위한 것이었으나 여우를 잡기 위해 범을 불러들인 격이 되었다. 왕 황후의 도움으로 궁으로 들어온 무측천은 고종의 총애를 한 몸에 받고 모두 4남 2녀의 자녀를 낳았다. 그리고 소숙비를 폐출시키고 비(妃)가 되었지만 야심만만했던 무측천은 이것으로 만족하지 않았다. 황후 왕씨에 반대하던 사람들을 끌어 모았고, 사람들을 매수해 황후의 일거수일투족을 감시했다. 그러던 중 무측천이 딸을 낳자 그 딸을 왕 황후는 너무 예뻐했다. 무측천은 이를 이용해 왕 황후를 제거하는 전략으로 사용했는데 바로 고육책이었다. 하루는 왕씨가 무측천의 딸을 보고 가자, 무씨는 딸을 목 졸라 죽이고 이불로 덮어두었다. 고종이 딸을 보러 왔다가 죽어 있는 것을 확인하사, 황후의 소행이라고 보함하여 결국 고종은 황후를 폐하고, 무씨를 황후로 삼았다.

박근혜 대통령에게 바란다(將有五危를 기저로)

1. 지나치게 용맹하여 죽기를 다해 싸우면 죽을 수 있다.

박근혜 대통령에 대해 국민들은 여성이면서도 결단력이 있고, 한다면 반드시 하는, 약속을 꼭 지킨다는 인식이 강한 반면, 독재자의 딸로서 소통이 부족하고 중요한 사안은 밀실에서 은밀히 이루어질 수 있는 위험이 있다고 인식한다. 국민들에게 안심하고 국정을 맡길 수 있다는 믿음을 주기 위해서는 우선 민의에 귀를 기울이는 자세가 무엇보다 중요하다. 따라서 민의를 파악할 수 있는 조직을 활발하게 운영하여 청와대 내에 인터넷을 24시간 전면 개방하고 실명에 의한 건전한 의견에 대해서는 반드시 비서진들이 성실한 답변을 주고, 중요한 사안에 대해서는 공개적인 의견 수렴과정을 거쳐서 정책을 수립하여 그 결정된 결과에 대해서는 동의와 이해를 구하는 절차가 필요하다. 그리고 이미 결정된 사안에 대해서는 '불통'의 자세를 취해야 한다. 또 다른 요구가 이어진다고 이미 결정된 사안에 대해 번복한다면 합의를 통해 내린 결정에 대한 권위를 상실하고 만다. 만약 국민적인 합의과정을 거치지 않고 너무 서둘러 용감하게 밀고 나가다가는 MB 정부의 전철을 밟을 가능성이 높고, 외부의 적이 아니라 내부의 외면에 의해 고사될 위험이 있다.

2. 죽음을 두려워해 살려고 하면, 적의 포로가 된다.

북한은 핵을 개발했고 장거리 미사일 발사에 성공했다. 앞으로 북한 경제상황이 어려워질 때마다 시도 때도 없이 계속 남한에 대해 공갈과 협박을 가할 것이다. 손자가 말한 "죽음을 두려워해 살려고 하면, 적의 포로가 된다"는 말은 만약 남한이 죽음을 두려워해 '퍼주기' 정책으로 일관하면 계속 북한의 포로가 된다는 말이다. 그러면 어떻게 대처를 해야 하나? 방법은 세 가지이다. 북한 핵을 폐기시키거나, 핵을 사용하지 못하게 하거나, 남한도 핵을 개발하는 방법일 것이다. 그러나 이 모두 쉽지 않다. 지금까지 나온 방법은 핵 발사 지점을 선제 타격하는 것이나, 정말 한심한 생각이다. 북한이 언제 어디서 핵을 발사할지 알아내기란 사막에서 바늘을 찾는 것처럼 어렵기 때문이다. 미국의 핵무기를 한반도에 배치해서 북의 핵을 제어하는 방법이 있으나 이 또한 녹록지 않다. 중국과 러시아의 반대 때문이다. 진퇴양난이란 바로 이런 상황을 두고 한 말인 것 같다. 그러나 박근혜 정부는 이런 어려운 상황을 돌파해야 한다. 돌파를 위해서는 이 문제를 공론화시켜 국민적인 단합과 용기 있는 결단이 필요하다. 국민들이 북한의 위협으로 인해 불안하면 박근혜 정부가 추구하는 '행복한 삶'도 없다.

3. 성을 잘 내고 조급하면, 적의 계략에 말려 수모를 당하게 된다.

중국의 유일한 여황제 무측천과 박근혜 대통령이 닮은 점은 아마도 강한 의지와 내공(內功)에 의한 냉철한 판단력일 것이다. 앞으로 미국은 미국대로, 중국은 중국대로 한국을 더욱 강력하게 끌어들이려고 노력할 것이다. 현재 미국은 중국 포위정책을 펴고 있다. 일본의 재무장을 종용·방조하고 있고, 남중국해 군도에서 중국과 주변국의 분쟁을 계기로 동남아시아 모든 나라들을 포섭하고 있다. 그리고 인도, 중앙아시아 심지어 몽고까지 중국을 견제하기 위한 수단으로 활용하고 있는 실정이다. 중국은 외롭다. 미국이 북한의 핵 위협으로부터 남한을 확실하게 보호해 주지 못하는 상황이 계속 전개된다면 굳이 MB 정권 때처럼 친미 일변도의 외교정책을 지향할 필요는 없을 것이다. 북한 핵을 제어하지 못한 데에는 분명 미국의 책임이 크다. 우리는 미국만 바라보고 있다가 "닭 쫓던 개 지붕 쳐다보는" 꼴이 되고 말았다. 미국이 보다 책임 있는 결과물을 제시할 수 없다면 중국과의 관계강화를 통해 방법을 모색해야 한다.

4. 너무 청렴결백하면, 오히려 모욕을 당하게 된다.

'약속 잘 지키기'는 현 정부의 트레이드마크처럼 되었다. 그러나 모든 약속을 다 지키려다 보면 오히려 이로 인해 발목을 잡힐 위험이 크다. 선거기간 동안 해 왔던 공약 중 실천 가능한 것과 불가능한 것을 우선 재검토해 볼 필요가 있다. 새 정부의 조각이 끝나고 어느 정도 안정적으로 정무를 시작할 단계에 이르러서 국무위원회의 최종 결정을 통해 국민들에게 실천하지 못할 사안에 대해서는 양해를 구하는 용기가 필요하다. 실천 불가능한 정책을 약속을 지키기 위해 계속 무리한 드라이브를 걸면 결국 실패하게 되고, 오히려 이로 인해 국민들의 지탄을 받게 될 것이다.

5. 지나치게 백성을 아끼면, 번거로움에 빠지게 된다.

박근혜 정부의 국정 비전은 '국민행복, 희망의 새 시대'이다. 그러나 여기서 '국민'이란 모든 국민을 의미해서는 안 된다. 행복과 희망을 원하는 국민이 되어야 한다. 행복과 희망을 위한 정치가 과거 공산주의의 배급제와 같은 평균주의적인 정책이 되어서는 안 된다는 말이다. 진정으로 행복과 희망을 위해 부단히 노력하는 국민에게만 그 혜택이 돌아갈 수 있도록 해야 한다. 노력하지 않는 사람에게 무상으로 지급되는 공짜 선심정책은 마약과 같다. 더욱 나태하게 만들고 급기야는 자립의 의지마저 빼앗고 만다. 이런 정책을 시행하기 위해서는 공정성이 기저가 되어야 한다. 공정한 경쟁을 통한 취업, 재활능력이 전혀 없는 사람에게만 돌아가는 복지 혜택 등과 같이 능력이 있는데 부당한 처우를 받거나 노력을 해도 전혀 살 방법이 없는 사람에게만 온정의 손길이 미치도록 해야 한다.

不勝其忿 불승기분 - 울분을 참지 못하면 진다

장군이 만약 성을 빨리 함락시키지 못해 초조해 하거나 울분을 참지 못한 나머지 병사들을 개미떼처럼 성벽에 기어오르는 방법으로 성을 공격해서, 병력의 3분의 1이 희생되고도 성을 함락시킬 수가 없었다면, 이것이야말로 성 공격으로 인한 재앙인 것이다. 따라서 성 공격이란 제일 미련한 방법이라고 할 수 있다.

將不勝其忿[1]而蟻[2]附[3]之 장불승기분이의부지, 殺士卒三分之一 살사졸삼분지일, 而城不拔[4]者 이성불발자, 此攻之災也 차공지재야. (제3편 謀攻篇)

1. 忿 : 울분
2. 蟻 : 개미
3. 附 : 붙다
4. 拔 : 뽑다, 함락시키다

    분노는 집착에서 온다. 성공과 명예에 대해 집착하다 보면 현재 눈앞에 전개되는 현상에 목숨을 건다. 성을 함락시켜 부하들이 외치는 승리의 함성, 충성을 맹세했던 군주에게 보다 빨리 승전보를 전하고 싶은 욕망, 적의 성을 함락시키고 보물 창고에 저장된 빛나는 황금을 바라보는 환상에 빠지게 되면 부하들의 희생쯤은 아랑곳하지 않게 된다. 따라서 부하들을 개미떼처럼 성벽에 기어오르게 하여 무수히 많은 병사들이 성벽을 기어오르다가 희생되게 된다. 만약 이런 희생을 치르고도 성을 빼앗지 못하게 되면, 이것이야말로 공격의 재앙이다.

  노자는 "집착하면 그것을 잃는다."고 했다. 부모들은 모두 자식들을 일등 학생으로 키우고 싶어한다. 그래서 아침부터 밤늦게까지 옆집 학생에게 뒤지지 않으려고 온갖 학원은 다 다니게 하고 항상 아이가 가져오는 성적표에 집착한다. 아이는 너무 지쳐서 왜 내가 이런 학원을 다녀야 하고 성적에 목숨을 걸어야 하는지도 모른 채 혹사당하기 십상이다. 아이는 점점 기력이 쇠진하여, 학업에 흥미를 잃고, 매사에 자신감 또한 잃게 된다. 이런 결과가 생기는 이유는 바로 부모가 아이를 자신의 소유물로 생각하며, 자신의 행동이 자식을 위하고 자식에게는 자신과 같은 고생을 대물림하지 않겠다는 명분 하에 이루어지는 만행이다. 그러나 이런 부모의 집착만큼 자식에게 독이 되는 것은 없다. 따라서 부모가 자식을 바라보는 시선도 냉정하고 객관적이어야 한다. 다른 아이에게 없는 내 아이만의 장점은 무엇인지, 무엇을 좋아하며 관심은 어디에 있는지 등을 관찰하고, 미래에 대한 설계는 어떻게 할 것인지에 대해 심도 있는 고민을 해야 그 아이를 위한 정확한 방향설정이 가능할 것이다.

  1928년 6월 장작림(張作霖)은 장개석(蔣介石)과 관내에서 작전에 실패하자 북경에서 열차를 타고 심양으로 돌아가고 있었다. 일본군은 장작림에 대한 불만이 쌓여 그를 제거하기로 결정했다. 4일 새벽 장작림이 탄 전용열차가 황고둔(皇姑屯)역을 지날 때 일본군이 묻어둔 폭탄이 터져 장작림은 현장에서 즉사했다. 6월 4일 아버지가 죽던 그날은 장작림의 아들 장학량(張學良)의 생일이었다. 그날 그는 마침 양우정(楊宇霆), 손전방(孫傳芳) 그리고 군벌의 고급 막료들과 북경의 모처에서 축하연을 하고 있었다. 그는 봉천에서 날아온 비보를 받고 대성통곡했다. 그러나 사안이 매우 중요하다는 점을 간파한 장학량은 신중하게 대응해 나아갔다. 그날 이후 십여 일 동안 장학량이 취했던 일련의 행동들을 보면 그가 얼마나 냉정하고 신중한지를 잘 알 수 있다.

우선 장학량은 양우정(楊宇霆) 등과 함께 상의하여 자신의 군대를 안전하게 철수시킨 다음, 군대의 지휘권을 양우정에게 맡기고 자신은 비밀리에 열차를 타고 봉천으로 돌아갔다. 사람들의 이목을 피하기 위해 머리를 자르고 회색의 사병 복장을 한 다음 일반 사병들이 타는 군용 열차에 몸을 싣고 봉천으로 돌아온 것이다. 장학량은 부친의 시신을 확인한 후에도 만약 비밀이 밖으로 새 나갈 경우 심각한 사태가 벌어질 것을 염려하여 슬픔을 눌러 참고 장례를 치르지 않기로 결정했다. 그리고 장작림이 비록 부상은 당했지만 그리 심각한 정도는 아니어서 생명에는 큰 지장이 없다는 소문을 퍼뜨렸다. 장작림의 침실은 절대 외부인의 출입을 금하고 매일 주방에서 요리를 해 식사를 들이게 하고 의사는 약을 처방해 장작림의 방으로 나르는 등 철저한 연막전술을 폈다. 일본군은 여러 차례 장작림의 동정을 살피기 위해 사람을 파견했지만 그때마다 적절하게 대처해 돌려보냈다. 장학량은 여러 방면 철지한 준비를 마친 뒤 6월 21일 정식으로 부친의 장례를 치렀고, 7월 4일에는 부친의 유업을 이어 동북보안군 사령관에 취임했다.

당시 일본군의 의도는 황고둔(皇姑屯)사건을 일으켜 이미 쓸모가 없어진 장작림을 제거하고 장작림이 죽은 후 야기되는 혼란을 이용해 동북지역의 패권을 쥐고자 했던 것이다. 그들의 계획은 혈기 왕성한 장학량이 부친의 죽음에 직면해 복수를 하려고 서둘러 도전해 올 경우 이 기회를 이용해 군대를 동북으로 진출시켜 무력으로 철저하게 짓밟는 것이었다. 그러나 전혀 뜻밖에도 장학량은 냉정을 잃지 않았고 침착하게 대처해 동북지역의 정세를 안정시켰던 것이다.

"대장의 성품은 침착하고 냉정해야 한다."는 격언이 있다. 전 세계를 놀라게 했던 황고둔(皇姑屯)사건은 동북지역의 안전을 책임지고 있었던 장학량에게는 일촉즉발의 실험대였다. 그 후 비록 일본군에 의해 동북지역이 점령당했지만 장학량의 냉정한 대처로 인해 10년의 세월을 늦출 수 있었다. 손자가 말한 지도자의 성품이 성숙되지 못해 야기될 수 있는 잠재적인 위험을 장학량은 잘 극복해 낸 것이다.

先知者勝 선지자승 - 정보는 리더의 생명이다

현명한 군주와 유능한 장수는 출병하면 반드시 적을 이기고, 남보다 뛰어난 공을 이루게 되는데, 그 까닭은 적의 정황을 먼저 알기 때문이다.

故明君賢將고명군현장, 所以[1]動而勝人[2]소이동이승인,
成功出於衆者[3]성공출어중자, 先知也선지야.(제13편 用間篇)

1. 所以 : 하는 까닭
2. 動而勝人 : 움직이면 적을 이기다.
3. 出 : 출중하다. 於 : 에서, 보다. 衆 : 대중, 일반인. 成功出於衆者 : 성공이 일반인보다 출중하다(직역).

예나 지금이나 경쟁에 있어서 정보는 바로 생명과 직결된다. 따라서 손자는 "적을 알고 나를 알면 백 번 싸워도 위태롭지 않다."고 했다. 적을 알게 되면 아군과의 전력 비교가 가능하고, 피아의 전력 비교 분석을 통해 적절한 대책을 세울 수 있으며, 나아가 승패를 예측하여 필승의 신념을 가질 수 있기 때문이다. 그러면 적정을 어떻게 파악할 수 있나? 그것은 바로 첩자를 이용하는 방법을 들고 있다. 손자는 첩자의 중요성에 대해 "10만 명의 군사를 동원하여 천리 머나먼 곳까지 출정시키려면, 백성이 부담해야 하는 비용과 국비가 하루에 천금에 이른다. 나라의 안팎이 소란하게 움직이고, 백성들이 식량과 군수 물자의 수송 때문에 피로에 지치게 되어 생업에 종사하지 못하는 인력도 70만 호에 이르게 된다. 완전 무장하고 몇 해를 대치하다가도 승패는 하루아침에 판가름이 나는 게 전쟁인데 사소한 작위, 봉록, 금전 등을 아낀 나머지 적의 정보에 밝지 못해 전쟁에서 패하게 된다면 매우 어리석은 일이다. 장수가 만약 이런 자라면 많은 사람의 지도자가 될 자격이 없고, 군주를 훌륭하게 보좌하지 못하며, 전쟁을 승리로 이끌 수 없을 것이다."고 했다.

첩자의 선발과 대우 그리고 활용에 대해 손자는 "첩자는 전군에서 제일 믿을 수 있는 부하에게 임무를 맡겨 제일 후한 대접을 해야 하고, 첩자의 활용은 무엇보다 비밀리에 이루어져야 한다."고 했다. 첩자를 잘 사용하여 성공한 예로는 "그 옛날 탕왕이 하나라를 멸하고 은나라를 세울 수 있었던 것은 바로 하나라의 신하였던 이윤을 기용했기 때문이고, 무왕이 은나라를 멸하고 주나라를 세울 수 있었던 것도 은나라의 고관이었던 여아(강태공)를 중용했기 때문이었다."고 했다.

간첩을 사용하는 방법 외에 작전을 통해 적정을 파악하는 방법으로, 손자는 "적의 정황을 수집하고 분석하여 적의 의도를 정확히 판단하는" 방법, "적을 자극시켜서 작전 행동의 일정한 규율과 방식을 알아내는" 방법, "적에게 거짓으로 아군의 형세를 드러내어 그들의 움직임을 관찰하여 포진한 지형과 진지의 장단점을 알아내는" 방법, "적황을 탐색하기 위한 국지적인 도발을 시행함으로써 병력 및 편제의 허실과 강약을 파악하는" 방법을 제시하고 있다.

또한 적의 정보파악을 위한 노력에 대비해서 나는 '무형'의 경지에 이르러야 한다고 했다. 이런 위장술의 중요성에 대해 손자는 "적을 드러나게 만들고 나는 드러내지 않으면 나는 힘을 집중할 수 있지만 적은 힘이 분산될 수밖에 없다. 내가 힘이 하나로 집중되고 적은 10으로 분산된다면 나는 10의 힘으로 적의 하나를 공격할 수 있게 되니, 나는 다수가 되고 적은 소수가 되는 것이다."[19]라고 설명하고 있다. 즉, 적을 아는 것도 중요하지만 나를 드러내지 않는 것도 더욱 중요하다는 것이다.

한국은 산업 스파이 각축장이다. 반도체·휴대전화 기술을 빼내가려는 자와 지키려는 자의 목숨 건 전투가 매일 전개되고 있다. 철통 보안의 삼성이 두 번이나 뚫렸을 정도로 '적'은 막강하다. 산업 스파이들이 노리는 한국의 먹잇감은 정보 통신 관련 기술이다. 그 가운데서도 세계 최고를 자랑하는 반도체와 휴대전화 기술이 주된 표적이다. 세계 경제포럼의 지난해 경쟁력 보고서에 따르면, 한국의 기술 경쟁력은 세계 6위, 특히 휴대전화·반도체 분야에서는 최고

---

19) 「손자병법」 제6편 虛實篇.

라고 한다. 그러나 보안 수준은 걸음마 단계이다. 그래서 산업 스파이들에게 한국은 더없이 훌륭한 먹잇감이다. 국정원에 따르면 1998년부터 적발된 산업 스파이 사건은 모두 46건으로, 유출되었을 경우 피해액은 무려 38조 원에 달했을 것이라고 한다.

뺏고 뺏기는 약육강식의 산업 스파이 전쟁이 치열해지면서, 각국은 서둘러 울타리를 강화했다. 1996년 미국은 외국인에게 산업 기밀을 유출할 경우 15년 실형 또는 50만 달러 벌금형에 처하는 경제 스파이 처벌법을 제정했다. 미국 연방수사국(FBI)은 외국 산업 스파이 활동을 감지하기 위해 해외본부를 20개에서 44개로 늘렸다. 또한 정부 부처 합동으로 국가방첩센터(NCIX)를 2001년에 설립해 3만 명이 산업 스파이를 색출했다. 이에 비해 한국은 이제서야 울타리를 치기 시작했다. 2011년 7월 발효된 부정경쟁방지법 법안에서 양벌 규정을 강화해 벌금을 이득액의 2배에서 최고 10배까지 부과하게 했으며, 그동안 미수범을 처벌할 수 없었는데 예비 음모에 대해서도 처벌 규정을 두게 되었다. 그리고 국정원의 주도하에 69개 기업이 참여하는 산업보안협회를 구축했다.

치열한 산업 스파이 전쟁은 국가 대리전 양상이 되고 있다. 산업 정보를 지키느냐 뺏기느냐 문제는 이제 죽느냐 사느냐 문제인 것이다. 제3차 산업 정보 전쟁에 휩싸인 대한민국은 이 보이지 않는 전쟁의 승패에 미래가 달려 있다.

三. 조직과 용병술

조직과 용병술이란 장군이 어떻게 하면 작전을 성공적으로 수행할 수 있을지에 대한 연구이다. 작전을 성공적으로 이행하기 위해서는 장군의 명에 따라 조직이 일사불란하게 유기적인 협력체계를 형성할 수 있을 때 가능한 것이다. 이를 위해 우선 조직의 법과 제도를 정비하고, 직제를 효율적으로 편성하여 직제 간에 유기적인 협력을 할 수 있는 명령체계를 만들어야 한다.

조직과 명령체계가 완비되면 다음은 장수와 병사들이 어떻게 하면 자발적으로 기꺼이 목숨을 바쳐 장군의 명령에 복종하고, 일당천(一當千)의 사기로 적진에 뛰어들 수 있는지에 대한 연구가 바로 용병술이다. 손자가 언급한 용병술의 원칙은 바로 목표를 분명히 정하고, 장군과 장수가 이 목표를 위해 솔선수범하며, 병사들을 자식처럼 사랑함과 동시에 잘못을 범할 경우에는 엄한 벌로 다스리고, 공과에 따라 신상필벌을 엄정하게 지키는 것이다. 그러나 이런 원칙은 모든 상황에서 항상 똑같이 적용해서는 안 된다. 때에 따라서는 파격적인 행동을 보여줌으로써 병사들의 사기를 진작시키거나 병사들을 사지로 몰아 위기의식을 고취시킨다든지, 상식을 깨는 상을 내려 병사들의 공명심을 자극하고, 적개심을 불러일으켜 복수의 의지를 북돋는 등의 심리적인 용병술도 매우 중요함을 강조했다.

修道保法 수도보법 - 법제 정비

용병에 능한 자는 공정한 제도를 시행해 내부적인 단결을 도모하고 군기를 엄정히 하기 때문에 승패의 주재자가 될 수 있는 것이다.

善用兵者 선용병자, 修道而保法[1] 수도이보법, 故能爲勝敗之政[2] 고능위승패지정

(제4편 軍形篇)

1. 修道而保法 : 정치가 공명하고 법을 잘 지키다.
2. 故 : 따라서. 爲 : ~이 되다. 政 : 주재자. 故能爲勝敗之政 : 승패의 주도권을 장악할 수 있다.

　　손자는 "다수의 병력을 소수의 병력처럼 다스릴 수 있는 것은 바로 조직편성(분수 : 分數) 때문이다."[20]라고 했다. 당시의 군 편제는 군(軍), 사(師), 여(旅), 졸(卒), 양(兩), 오(伍)로 되어 있었다. 다시 말해 5명의 오(伍)를 제일 작은 단위로, 5배인 25명이 양(兩), 그 4배인 100명이 졸(卒), 또 5배인 500명이 여(旅), 그 5배인 2,500명이 사(師), 또 5배인 12,500명이 군(軍)으로 되어 있어, 현대 군 편제로 계산해 보면 1개 분대 5명, 1개 소대는 5개 분대 25명, 1개 중대는 4개 소대 100명, 1개 대대는 5개 중대 500명, 1개 연대는 5개 대대 2,500명, 1개 사단은 5개 연대 12,500명인 셈이다. 현대 편제보다 더욱 세밀한 이유는 아마도 당시 사용했던 무기가 현재보다 단순했고, 보병위주의 전술에 분산과 집중을 보다 신속하게 하고 지휘를 민활하게 하기 위한 것이 아니었나 생각한다.

　　'공정한 제도를 시행한다'는 것은 신상필벌을 정확하게 실천하는 것이고, '군기를 엄정하게 시행한다'는 것은 조직원들이 자신의 직무를 철저히 시행하도록 하는 것이다. 한비자는 부하를 디스리는 방법으로 두 가지 큰 원칙을 제시했다. 군주는 반드시 두 가지 권한을 철저히 장악해야 된다는 것이다. 하나는 상벌을 주는 권한이고, 다른 하나는 '형명참동(刑名參同)'이다. 형명참동이란 부하가 아무리 좋은 일을 해도 자신의 직무에 벗어나면 처벌을 한다는 뜻이다.

---

20) 「손자병법」 제5편 兵勢篇.

첫 번째, 군주가 상벌을 주는 권한을 스스로 행하지 않고 신하에게 넘겨주면, 백성들은 군주를 두려워하지 않고 신하만 두려워해 군주를 무시하고 신하 주위로 모여들게 되어 결국 군주는 신하에게 부림을 당한다는 것이다.「한비자」에 나오는 '맹구지환(猛狗之患)' 이야기가 있다. 송나라에 인심이 넉넉하고 친절한 술집 주인이 있었다. 그래서 그 술집에는 손님이 늘 끊이질 않았다. 그런데 웬일인지 손님이 하나둘씩 뜸해지더니 급기야 손님의 발길이 뚝 끊어졌다. 마을의 노인에게 물어보니 바로 얼마 전에 산 사나운 개 때문이라는 것이다. 손님이 오면 사나운 개가 짖어대고, 심지어 어린 아이가 술 심부름을 오면 개가 물어뜯으며 위협하니, 누가 술을 사러 오겠느냐는 것이었다. 이는 바로 주인이 개에게 손님들의 들어오고 나가는 권한을 맡긴 결과로서 군주도 마찬가지로 상벌의 권한을 신하에게 맡기면 이런 결과가 온다는 것을 비유한 이야기이다. 그러면 군주가 상벌의 권한을 사용하는 목적과 방법은 무엇인가? 한비자는 삼류 군주는 자기 능력만 사용하고, 이류는 다른 사람의 능력을 이용하고, 일류는 다른 사람의 능력을 자신의 능력으로 만든다고 하였다. 즉, 상벌의 목적은 다른 사람의 능력을 자신의 것으로 만들기 위해서이다. 그리고 다른 사람의 능력을 자신의 능력처럼 활용하자면 상벌의 공정성을 잃어서는 안 된다. 만약 군주가 상벌의 공정성을 잃게 되면 이빨 빠진 호랑이와 같아서 뜻대로 움직일 수 없다고 했다.

두 번째, '형명참동(刑名參同)'은 바로 한비자의 '신상필벌(信賞必罰)'을 잘 보여주는 표현이다. 명(名)이란 직책이고 형(刑)은 달성한 결과이며, 참동(參同)은 일치한다는 뜻이다. 신하의 실적〔形〕만 가지고 평가하지 말고 실적〔刑〕과 직책〔名〕을 종합해서 조사해 보라는 뜻이다. 부하의 직무에 따라 업무를 주고 그 결과가 같게 나오면 상을 주고, 다르게 나오면 벌을 주는데, 직책과 다른 성과를 초과 달성하여도 벌을 받는다. 한나라 소후가 신하들과 잔치를 벌이다 술에 취해 잠이 들었는데 이때 모자(冠) 담당 관리가 옷을 덮어 주었다. 나중에 잠에서 깨어 옷이 걸쳐진 것을 보고, 자초지종을 들은 소후는 모자 담당 관리와 옷 담당 관리를 불러 둘 다 처벌하였다. 모자 담당 관리는 월권을 한 것이고 옷 담당 관리는 직무 태만을 했기 때문이다. 한비자는 이런 소후를 '형명참동'을 실천한 이상적인 지도자라고 극찬했다. 이 예화는 비록 극단적이기는 하나 모든 사람이 자기가 맡은 일에 최선을 다하는 것은 죄가 되지 않지만 남의 직무와 권리까지 침범하는 것은 잘못되었다는 것이다. 만약 모자 담당 관리가 옷 담당 관리에게 소후에게 옷을 덮어 주라고 했더라면 둘 다 상을 받았을 것이다. 현실적으로 회사의 관리부서 간부가 영업부서의 업무에 관여해 실적을 내려고 노력하는 것은 합당하지 않은 예와 동일하다고 하겠다.

20년 전 대학 총장을 보좌하는 일정으로 중국의 모 대학을 방문했을 때의 일이다. 공항에 도착 후 중국 학교 외사처장의 영접을 받고 대학으로 이동하는 길이었다. 얼마를 가자, 마중 나온 승용차의 기사가 배가 고프다며 식당 앞에 차를 세우더니 우리 모두를 내리라는 것이었다. 우리한테는 한마디 말도 없이 차를 세우더니 식당 안으로 들어가서는 자리를 잡고, 자기가 먹고 싶은 요리를 이것저것 시키는 것이었다. 처음 당하는 일이라 얼떨떨할 수밖에 없었다. 옆에 대동한 외사처장도 이런 기사의 행동을 전혀 개의치 않았다. 내막을 알고 보니 당시 중국은 개혁개방한 지 얼마 되지 않아, 과거 사회주의의 습관이 그대로 남아 있어, 대학 총장과 말단 기사의 봉급이 같고 권한도 평등하기 때문에 기사가 이런 행동을 한 것이었다. 밥을 다 먹고 난 기사는 우리더러 빨리 식사를 하라고 재촉해, 허겁지겁 식사를 마친 우리 일행은 기사가 이끄는 대로 차에 올라 출발할 수밖에 없었다. 학교에 도착해 또 이상한 풍경을 발견했다. 그날 비가 부슬부슬 내리고 있었는데 정원에서 한 여직공이 물뿌리개를 들고 꽃에 물을 주고 있었다. 하도 이상해 "비오는 날 왜 화단에 물을 주는 겁니까?"라고 묻자, 외사처장이 "그녀가 맡은 일이 물 주는 것이니까요!"라고 대답했다. 당시 느꼈던 감회는 우리의 현실과 너무 다르다는 것이었다. 지금은 이런 기사와 여직공은 어디에서도 찾아볼 수 없다. 사회의 제도에 따라 '형명참동(刑名參同)'도 상당한 차이가 난다는 것을 알 수 있다.

形圓不敗 형원불패 - 유기적인 협력체계는 승리의 필수요건

혼돈의 대접전 속에서도 원형인 대열이 끊어지지 않으면 패하지 않는다.

渾渾沌沌[1] 혼혼돈돈, 形圓[2]而不可敗 형원이불가패.(제5편 兵勢篇)

1. 渾渾沌沌 : 혼란하게 뒤섞인 모양
2. 形圓 : 전투 중 포진이 흐트러지지 않고 사면팔방으로 서로 호응할 수 있는 상태를 유지하다.

손자는 "실전에서 다수의 병력을 마치 소수병력처럼 일사분란하게 싸우도록 할 수 있는 것은 바로 '지휘〔形名〕'가 있기 때문이다."[21]라

---
21)『손자병법』제5편 兵勢篇.

고 했다. 형명(形名)의 '형(形)'은 깃발을 의미하며, '명(名)'은 소리로 명령을 하달하는 도구인 북과 징을 뜻한다. 또한 옛 병서인 「군정(軍政)」에 "구령을 하여도 병사들이 서로 듣지를 못해 징과 북을 사용하고, 보려고 해도 병사들이 서로 보지 못해 깃발을 사용한다."고 하였다. 또한 "징과 북 또는 깃발은 병사들의 이목을 통일시키기 위한 도구이다. 병사들의 행동이 하나로 통일되면, 용감한 자라도 제멋대로 전진하지 못하며, 비겁한 자도 홀로 후퇴하지는 못하니, 이것이 많은 병력을 지휘하는 방법이다. 그러므로 야전에서는 횃불과 북을 많이 사용하고, 주간 전투 시에는 깃발을 많이 사용하는데, 이와 같이 밤과 낮의 신호방법이 다른 것은 병사들의 눈과 귀의 능력이 변화하기 때문이다."[22)]라고 했다.

지휘통솔이 중요한 이유는 앞서 말한 부하들의 행동통일을 이루어 군대의 세(勢)를 만들어 병사 개인의 승리보다 부대 전체 승리를 추구하는 데 있다. 지휘통솔이 강조되는 더 중요한 이유는 바로 부대와 부대, 개인과 개인 간의 상호 보완적이며 유기적인 작전라인을 형성하는 데 있다. 손자가 강조한 형원(形圓 : 유기적인 협력체계)은 어느 조직에서든 반드시 유념해야 할 내용이다. 부서 간에 서로 다른 목소리를 내거나, 사건 발생 후 책임 회피를 위한 상호비방은 조직 내에 바로 이 '형원(形圓)'이 제대로 이루어지지 않음을 증명하는 것이다.

군대에서는 모든 장병들이 하나의 명령에 죽고 사는 획일성만 허용될 뿐 개인적인 영웅주의는 절대 용납되지 않는다. 군대는 모든 구성원이 무장을 하고 전투에 참가하는 집단이기에 엄격한 조직과

---

22) 「손자병법」 제7편 軍爭篇.

군기를 필요로 한다. 이 엄격한 조직과 강인한 군기는 전투력을 형성하는 두 축이라서 이 두 가지 중 어느 하나도 결여되어서는 안 된다. 손자는 이런 상황을 '제용약일(齊勇若一)'로 표현했다. 만약 천군만마를 마치 한 사람이 움직이듯 지휘할 수 있다면 어떤 강인한 적도 깰 수 있다고 한 것이다. 군대가 아니라 일반 조직에서도 필요한 내용이다. 특히 정책을 결정하는 수뇌부에서 서로 반목하고 파벌을 이루어서는 안 된다. 정책을 결정하는 과정에서 객관적이고 냉정한 판단에 의해서가 아니라, 감정적인 대립과 파벌 간의 이권다툼으로 중요한 정책이 결정된다면 이런 조직은 외부의 적에 의해서가 아니라 바로 내부의 분열에 의해서 괴멸될 것이다. "제일 위험한 적은 내 자신이고, 다음은 동일 조직 내의 동료고, 그 다음은 적이다."는 말이 새삼 의미 있게 다가온다.

현 '중국식 사회주의' 체제 속에서 공산당 수뇌부에서 제일 중시하는 대목도 바로 '형원(形圓)', 즉 유기적인 협력체계이다. 공산당 조직은 중앙에서 지방의 말단 조직까지 이어져 있는 혈관 조직처럼 되어 있다. 중앙에서 지방의 말단 조직까지 중앙의 정책을 전달하고 감시하고, 그리고 지방 말단 조직에서 중앙 조직으로 순차적으로 보고하는 체계가 정립되어 있는데, 이런 책임을 담당하는 간부를 '서기(書記)'라고 한다. 그리고 이런 서기들을 대표하는 사람을 '총서기(總書記)'라고 하는데, 현재 시진핑이 바로 새로 임명된 중국 공산당의 총서기이다. 따라서 지방 말단 서기들이 민생과 정치에 관한 사항을 중앙 공산당에 보고하면 이런 보고 내용을 모두 점검하고 우선 급한 사안을 추려 정책을 결정하는 식으로 국론이 정해진다. 이렇게 결정된 정책은 지방 말단 서기까지 전달되고, 행정을 책임지는 시장(市長), 성장(省長), 혹은 대학의 원장(院長) 등이 이런 정책에 입각하여 같은 부서의 서기와 행정의 우선순위를 논의해 실행계획을 중앙당에 보고한다. 그리고 실행 과정에 있어서도 항상 당서기의 통제를 받고 중요한 사안에 대해서는 협의를 통해 결정을 내려야 한다.

이런 조직의 특성은 국가의 정책을 일사불란하게 시행하고 조직 간의 마찰을 줄이고 유기적인 협력체계를 이루는 데 상당히 긍정적인 역할을 하고 있다. 그러나 경제가 발전하면서 국민들의 다양한 욕구와 사회의 다변화, 사업의 다각화를 추진하는 현 시점에 이르러서는 중앙의 정책과 지방행정 간, 정책결정 부서와 실무부서 간, 동일 부서 내에서도 행정책임자와 행정을 감독하는 당서기 간의 불협화음이 잦아져 시정을 요하는 목소리가 점차 커지고 있는 실정이다. 이에 반해 민주국가인 우리의 상황을 돌아보면 국민들의 여론을 다양하게 수렴하고 입법화하고 행정으로 이어지는 과정이 너무 더디다는 생각을 떨칠 수 없다. 그리고 지역과 당파 그리고 계층 간에 이익이 서로 상반될 경우에는 결정을 내리지 못하거나 아예 없었던 일로 처리하는 경우를 쉽게 볼 수 있다. 나라마다 제도에 따라 서로 장단점이 있지만 오랜 일제 강점기를 거쳐 동족 간에 전쟁을 치르고 지금은 남과 북으로 갈라져서 상호 적대적인 관계를 형성하고 있으며, 주변에는 세계 최강의 군사력을 확보하고 있는 러시아, 중국, 일본을 두고 있는 상황에서 어떻게 효율적으로 정책결정을 해서 국론을 통일시켜야 할지에 대해 보다 심도 있는 연구가 필요하다.

動而不迷동이불미 - 목표가 분명하면 미혹되지 않는다

그러므로 용병을 잘하기 위해서는 목적을 분명히 하여 갈팡질팡하지 말고, 상황에 따라 변화무쌍하게 조치를 취해야 승기를 잡을 수 있다.

故知兵者고지병자, 動而不迷[1]동이불미, 擧而不窮[2]거이불궁. (제10편 地形篇)

1. 動而不迷 : (군대를) 움직임에 있어 미혹됨이 없다, 목적을 분명히 한다.
2. 擧 : 일으키다, 거사하다. 窮 : 궁하다. 擧而不窮 : 작전에 임해 무궁무진한 변화를 추구하다.

지도자로서 조직을 이끌 때 무엇보다 중요한 것은 바로 목표를 분명히 제시하고 그 목표에 대해 정확하게 숙지하도록 교육하는 것이다.

우리는 언제부터인가 국가 발전의 목표와 비전에 대한 뚜렷한 정책을 볼 수 없게 되었고, 이에 대해 국민들도 무감각해지고 있다. 5년 임기의 정부가 들어설 때마다 국민들의 표를 의식해서인지 표를 얻기 위한 포퓰리즘적인 정책만 남발하고 앞으로 국가가 나아가야 할 방향과 장기적인 목표를 제시하지 못하고 있는 것이 현실이다. 우리의 나아가야 할 방향은 무엇인가? 앞으로 대한민국은 어떻게 될 것인가? 모두들 이에 대해서는 별로 관심이 없다. 국가가 지향해야 할 비전과 목표가 없는데 국민들을 단합시킬 수 있을까? "통일은 해서 뭘 해? 통일비용은 어떻게 감당할까? 차라리 이대로가 좋다"는 식으로 국민들을 호도해 와서 대한민국은 영원한 약소국의 운명을 감내할 수밖에 없다. 우리는 강대국이 될 수 없을까? 어떻게 하면 5천년 동안의 이 지긋지긋한 약소국의 운명을 벗어날 수 있을까? 통일이라는 큰 산을 넘지 않고 강대국으로 갈 수 있을까? 이에 대해 한

번 생각해 보는 의미에서 진나라가 2,300년 전 전국 7웅을 평정하고 통일을 이루기 위해 택했던 정책을 소개한다.

진(秦)나라 헌공(獻公)의 아들 효공(孝公 : BC361~BC338)이 즉위하자마자 부국강병에 전력했다. 상앙(商鞅)을 승상으로 앉히고 10년에 걸쳐 새 법령을 만들어 국내에서 군주를 제외하고는 어떤 특권층도 생기지 않도록 했다. 그리고 엄한 법집행과 상벌(重賞)을 병행하여 백성들이 나라를 위해 봉사할 수 있도록 했다. 호구 감시제를 도입하여 10가구를 대조, 5가구를 소조로 나누어 상호 감시하고 연대책임을 묻도록 했다. 조 내에 국가에 대해 반기를 드는 자가 있는데도 밀고하지 않을 시는 모두 참수토록 하고, 밀고한 자나 적의 수급을 가지고 온 사람에 대해서는 상을 내리고, 반국가적인 인물이나 이적 행위를 한 사람도 참수했다. 또한 증산을 장려하여 매 가구당 성인 남자 2인 이상이 거주하면서 분가하지 않을 경우는 세금을 배가하고, 노소를 불문하고 모두 생산에 종사하도록 했다. 생산대회에서 농사와 직포에 우수한 성적을 거둔 사람에 한해서는 종신토록 부역과 세금을 면제해 주었으나, 생산에 동참하지 않는 자는 공가의 노예로 삼았다. 종군을 장려하여 군공이 있는 자는 등급에 따라 제일 후한 상을 내리고, 종실인데도 군공이 없는 자에 한해서는 그 종적을 취소했다. 농지를 정리하여 전국의 도시와 촌락을 모두 합쳐 31개의 현으로 병합하고 예전의 봉읍을 없앴다. 또한 전국의 도·양·형을 통일하고 풍속을 개량했다.

진나라의 통일정책으로서 대외정책은 원교근공책(遠交近攻策)과 연형책(連衡策)이었다. 원교근공책은 지리적으로 멀리 떨어져 있는 나라와는 친교를 강화하고 가까운 나라부터 합병해 나가는 전략이었다. 그리고 연횡책이란 장의(張儀)가 제안한 것으로서 소진(蘇秦)의 합종책(合縱策)에 대항한 전략이다. 합종책이란 진의 동진정책이 급속히 진행되자 이에 놀란 제(齊)·초(楚)·연(燕)·한(韓)·조(趙)·위(魏) 여섯 나라가 한 나라처럼 똘똘 뭉쳐 공동방어에 나선다는 것이었다. 이에 대해 진나라는 연횡책으로 육국의 합종책을 교란하며 각개격파하기 시작하였다. 전국칠웅 중에서 가장 후진국이었던 진(秦)이 중원에서는 상상할 수조차 없었던 변법을 통해 일약 군사대국으로 성장하면서 전국 중반부터는 그 세력이 급속히 대외적으로 팽창하기 시작했다. 중국에서 기마전술을 최초로 중앙아시아의 유목민으로부터 도입한 사람은 조나라 무령왕이었으나, 이 기마전술의 효과를 최대한 활용한 것은 진나라였다. 기원전 4세기 말에 진나라 소양왕이 즉위하자 장군 백기를 등용하여 기마전술을 이용해 중원제국을 공격하기 시작했다. 결국 위(魏)의 하서지역을 탈취하고 황하를 소유하게 된 진은 국력이 날로 강해져, 여섯 나라를 차례로 합병해 결국 중국 최초의 통일 대국을 이루게 된 것이다.

현실적인 운용을 생각해 보자. 어린 시절의 스티븐 스필버그는 부모도 두 손 들 만큼 말썽꾸러기였다. 엉뚱한 행동을 해서 주변 사람들을 놀라게 하는 것은 다반사였고, 정전이 된 틈을 타 장난을 치다가 여동생을 기절시키기도 했다. 어른들은 그런 스필버그를 문제아 취급하며 고운 눈으로 보려 하지 않았다. 그러나 스필버그는 멈추지 않았다. 늘 새로운 상상을 하며 어떻게 하면 사람들에게 내 머릿속의 생각을 재미있게 보여줄 수 있을까를 고민했다. 그러던 중 우연한 기회에 카메라를 접한 그는 상상의 세계를 영상으로 담아내기 시작했다. 스필버그가 처음 영화를 만든 것은 13살 때였다. 친구도 없이 늘 텔레비전에만 붙어 있던 외톨이 꼬마는 영화를 통해 처음으로 사람들의 주목을 받게 되었다. 늘 손가락질 받던 자신의 상상이 사람들에게 즐거움을 줄 수 있다는 것을 알게 된 후로 내성적이던 성격은 점차 적극적으로 바뀌었고, 자신을 괴롭히던 친구들까지 한편으로 만드는 용기가 생겼다.

자신에게 새로운 가능성을 심어준 영화에 대한 열정을 키우던 스필버그는 20살에 미국 최대의 영화 촬영장 유니버설 스튜디오에 몰래 사무실을 차리기에 이른다. 그러나 영화감독으로 데뷔하는 것은 쉽지 않았다. 직접 제작한 작품들과 심혈을 기울여 집필한 시나리오는 번번이 퇴짜를 맞았고, 비웃음을 샀다. 실패와 좌절이 반복되었지만 포기하지 않았다. 결국 스필버그의 끈기와 재능은 유니버설 스튜디오의 제작자 시드 샤인버그의 눈에 띄게 되었고, 드디어 첫 작품을 연출할 기회를 얻는다. 몇 번의 실패가 계속되었지만 드디어 '죠스'라는 공포 영화로 주목받으며 인기 감독으로 우뚝 선다. 그리고 'E.T.', '쥬라기 공원', '쉰들러 리스트' 등 다른 사람들은 상상도 할 수 없었던 새로운 이야기를 영화로 만들어 내며 명실공히 세계 최고의 영화감독으로 인정받기에 이른다.

영화 역사상 10대 베스트셀러 영화 중 그의 작품이 4개나 들어갔다. 어떻게 이런 젊은 나이에 성공할 수 있었을까? 자신이 가장 잘할 수 있는 것을 발견했고, 그 꿈만을 향해 끝없이 전진해서 말썽꾸러기 소년이 결국에는 세계에서 가장 존경받는 거장이 되어 촬영장을 누비게 된 것이다. 스필버그의 성공은 추구해야 할 목표를 분명히 정했고, 새로운 꿈에 도전하며 어떻게 이루어 나가면 좋을지 끊임없이 배우려고 노력했기 때문이다. 일반인들이 성공하지 못하는 이유는 바로 능력이 부족해서가 아니라, 명확한 목표와 이 목표를 달성하기 위한 정확한 방향 설정과 이를 위해 기울이는 열정이 부족해서이다.

與衆相得여중상득 - 솔선수범하지 않으면 따르지 않는다

평소에 법령을 잘 지키면서 병사들을 교육한다면 병사들은 복종하지만, 평소에 법령을 잘 지키지 않으면서 병사들을 교육하면 복종하지 않는다. 평소에 법령이 잘 지켜진다는 것은, 병사들과 더불어 신뢰가 형성되었다는 것을 뜻한다.

令素行[1]以敎其民[2]영소행이교기민, 則民服즉민복 ;
令素不行以敎其民영소불행이교기민, 則民不服즉민불복.
令素行者영소행자, 與衆相得[3]也여중상득야. (제9편 行軍篇)

1. 令素行 : 법령이 평소에 잘 시행되다.
2. 民 : 병사
3. 相得 : 서로 얻다, 서로 신뢰가 형성되다.

병사들을 잘 지도하기 위해서 지도자가 우선 솔선수범해야 부하들의 모범이 될 수 있다. 「논어(論語)」에 "자신의 품행이 단정하면 명령하지 않아도 따르고, 품행이 단정하지 못하면 명령해도 따르지 않는다."[23]고 했다. 이 말의 뜻은 지도자는 반드시 품행을 단정히 하고

---

23) "其身正, 不令而行 ; 其身不正, 雖令不從."

신중하게 일을 처리해서 모든 사람의 모범이 되어야 한다는 뜻이다.

「사기」 '사마양저열전'에 다음과 같은 기록이 있다.

춘추시대 제나라에 위기가 찾아왔다. 진(晉)나라가 아읍(阿邑)과 견읍(甄邑)을 치고 연(燕)나라가 황하 부근을 공격했다. 제나라는 연이은 패배와 오랜 전쟁으로 군사들이 모두 지친 상태였다. 초조해하는 경공에게 재상 안영이 전양저(田穰苴)를 추천했다. 비록 그는 벼슬이 높지 않았지만 문무에 뛰어났다. 경공은 양저를 만나보고 마음에 들어, 즉시 양저를 장군으로 임명하고 연나라와 진나라의 침략을 막도록 했다. 그러나 양저가 하루아침에 장군직에 올라 병사들이 따르지 않을 것을 염려하여, 백성들이 존경하며 경공이 총애하는 사람을 감군(監軍) 자리에 내세우면 도움이 되겠다고 하자, 경공은 장고(莊賈)를 추천했다. 양저는 다음 날 정오에 군문(軍門)에서 만나기로 장고와 약조했다. 이튿날 양저는 군영에 먼저 가 장고를 기다렸다. 그러나 장고는 시간이 지나도 오지를 않았다. 사실 장고는 왕의 총애를 받아 오만해져 있었다. 그래서 군대를 감독하는 자신은 제 시간을 지키지 않아도 된다고 생각한 것이었다. 마침 전쟁터에 나간다는 말을 전해 들은 친지들이 그 전날 밤에 찾아와 송별연을 열어주어 먹고 마시고 취해 늦게 기침했던 것이다. 저녁 무렵 취기로 눈이 몽롱하게 풀린 장고는 거들먹거리며 나타났다. 양저가

"시간 약속을 정해 놓았는데 어찌 늦으셨소?"라고 묻자,

"친지와 벗들이 송별연을 열어주는 바람에 이렇게 되었소!"라고 당연한 듯 둘러댔다.

양저는 "삼군의 군관은 출전명령을 받는 순간부터 가족을 잊어야

하며, 군중에서 출전을 준비하는 과정에서는 사사로운 정을 잊어야 하오! 그리고 진군을 알리는 북소리가 울리고 전황이 급하면 자신의 안위도 잊는 법이거늘! 지금 적이 침략해 전방의 군대는 궤멸했고, 민심은 불안에 떨고 있으며, 주상은 근심으로 먹지도 자지도 못하는 처지에 놓였소이다! 온 나라 백성의 운명이 당신 한 사람의 손에 달렸거늘, 친지와 벗의 환송을 받을 흥이 났단 말이오!?"

말을 마친 양저가 법무관에게

"군법에 시간약속을 어기면 어떻게 처벌하도록 되어 있소?"라고 묻자,

"참수토록 되어 있습니다!"라고 했다.

이 말에 깜짝 놀란 장고는 사람을 보내 경공에게 구원을 요청했다. 그러나 양저는 그 심부름꾼이 돌아오기도 전에 장고의 목을 치고 군문에 효시했다.

한참 지난 후 장고의 심부름꾼이 경공이 보낸 사자를 대동하고 마차를 몰고 군중으로 달려 들어왔다. 그리고 왕이 장고를 사면한다는 명령을 전하자, 양저는

"군중에서 장군은 왕의 명령을 거절할 수도 있소!"라고 대답하고는 법무관에게 또 물었다.

"마차를 몰고 군영에 무단출입한 사람은 어떻게 처벌하도록 되어 있소?"

"그 자리에서 참수하도록 되어 있습니다!"

"왕의 사자는 죽일 수 없으니 마부의 목을 베어라!"고 명했다.

마침내 양저는 군대를 출정시켰다.

전쟁터에 나가 보니 사기가 땅에 떨어질 대로 떨어져 있었다. 행

군을 하거나 주둔을 하며 양저는 군사들이 마실 우물물이나 세끼 식사를 직접 챙겼고, 환자와 부상병들의 치료를 도와주며 그들을 위로했다. 양저는 병사들을 몸소 보살피며 그들의 어려움을 직접 거들어주고, 입고 먹는 것도 병사들과 똑같이 했다. 양저의 이런 모습은 군사들의 용기를 진작시키고 일치단결하게 만들었다. 병사들은 서로 선봉에 서겠다고 다투는 등 사기가 충천해지기 시작했다. 진나라와 연나라 군대는 저돌적으로 달려드는 제나라 병사들에게 기가 질려 달아나거나 흩어졌다. 양저는 그들을 추격해 예전에 빼앗긴 땅을 모두 되찾고 승전고를 울리며 돌아와 대사마(大司馬)로 승진하여 백성들의 존경을 한 몸에 받게 되었다.

훗날 한나라의 한신(韓信)은 이 사마양저의 전형을 그대로 모방해 군기를 잡는 데 활용했다. 왕의 총신인 장고의 목을 치며 몸소 군율을 지키는 양저의 모습에서 병사들은 군법의 존엄함을 느끼게 되었고, 전장에서 병사들과 동고동락하는 솔선수범에 모두 감복하여 목숨을 걸고 싸울 수 있었던 것이다.

視卒如子 시졸여자 - 사랑받고 복수하는 법은 없다

장수는 병사들을 어린아이처럼 보살펴야 한다. 그러면 병사들은 장수를 따라 위험한 깊은 골짜기도 함께 뛰어든다. 병사들을 사랑하는 아들처럼 대하라. 그러면 더불어 죽음을 불사하리라.

視卒如嬰兒[1]시졸여영아, 故可以與之赴深溪[2]고가이여지부심계 ;
視卒如愛子[3]시졸여애자, 故可與之俱死[3]고가여지구사. (제10편 地形篇)

1. 嬰兒 : 어린아이
2. 與之 : 더불어. 赴 : 달려나가다. 深溪 : 심산유곡, 위험한 지형
3. 俱 : 함께

    손자는 장수의 부하사랑에 대해서 "병사들을 사랑하는 아들처럼 대하면 더불어 죽음을 불사하지만 너무 지나치게 사랑하여 군기를 어지럽히는데도 이를 바로잡지 못한다면 마치 버릇없는 자식처럼 전투에는 아무런 쓸모가 없다."고 하여, 유가의 중용적인 입장을 취한다고 할 수 있다. 중국의 병서에서는 모두 부하에 대해 중용적인 사랑을 강조했다. 중국의 대표적인 병서로 무경칠서(武經七書)가 있다. 무경칠서란 「육도(六韜)」, 「삼략(三略)」, 「손자병법(孫子兵法)」, 「오자병법(吳子兵法)」, 「사마법(司馬法)」, 「울요자(尉繚子)」, 「이위공문대(李衛公問對)」로 송나라 신종 때 공포되어 천년이 넘게 중국 군인들의 필독서가 되어 온 책들이다. 그리고 한 가지 더 꼽는다면 1972년 중국 산동성 임기현(臨沂縣) 은작산(銀雀山)에서 출토된 「손빈병법(孫臏兵法)」을 들 수 있다. 이들 중 「오자병법(吳子兵法)」은 「손자병법(孫子兵法)」과 더불어 '손오병법'이라고 불릴 정도로 지금까지 매우 중요시되고 있는 병서이다.

    오자의 이름은 오기이다. 오기에 관한 재미있는 고사를 하나 소개하면, 어느 날 오기가 순시를 하다가 발에 종기가 나서 고생을 하고 있는 병사를 발견했다. 오기는 그 병사의 종기를 직접 입으로 빨아 고름을 뽑아내 주었다. 이 이야기를 들은 병사의 어머니는 갑자기 대성통곡을 하기 시작했다. 이에 옆에 있던 사람이 병사의 어머니에게 물었다.

"장군님이 우리같이 천한 병사의 고름을 빨아내 주셨는데 감사를 드려야지 왜 우십니까?" 그러자 병사의 어머니는 울며 답했다.

"그 애의 애비도 오기 장군님의 부하였습니다. 작년에 그 양반이 등창을 앓아 애를 먹자 그때도 오기 장군님이 입으로 종기를 빨아주셨습니다. 그러자 그 양반은 전쟁터에 나가서 오기 장군님의 은혜에 보답하려고 앞장서서 싸우다가 죽고 말았습니다. 이제 오기 장군님께서 아들놈의 종기도 빨아 주셨다니 어찌 억장이 무너지지 않겠습니까? 남편을 잃고 이제 자식까지 잃게 생겼으니 나는 누구를 의지하고 살아야 한단 말입니까!"

부모의 입장에서 보면 오기의 행동은 잔인하기 이를 데 없지만, 군대의 전력 차원에서 보면 병사들의 사기를 진작시켜 충성심을 유발하고 전력을 극대화시킬 수 있는 방법이었던 것이다. 오기는 이밖에도 진심으로 부하들을 아끼고 사랑했다. 부하들과 항상 같이 입고, 같이 자고, 똑같은 음식을 먹었다. 장군이라고 권위적으로 명령하지 않고 부하와 동거동락했던 것이다. 그 결과 실전에서 76번을 싸워 무패의 기록을 남겼다.

取敵之利 취적지리 - 상 받으면 고래도 춤춘다

적의 물자를 빼앗으려면 병사들에게 재물로 포상하여 전투에서의 사기를 북돋아라.

取敵之利者[1] 취적지리자, 貨也[2] 화야. (제2편 作戰篇).

1. 取敵之利者 : 적의 물자를 빼앗다.
2. 貨也 : 병사들에게 재물로 포상하여 전투에서의 사기를 북돋아라.

세상에 잘난 사람은 두 종류이다. 하나는 홀로 잘난 사람이고, 다른 하나는 남과 더불어 잘날 줄 아는 사람이다. 전자의 대표적인 인물로는 초한지에 나오는 초왕(楚王) 항우(項羽)를 들 수 있고, 후자로는 한왕(漢王) 유방(劉邦)을 꼽을 수 있다. 항우는 천하의 명장으로서 싸움에서는 유방이 절대 이길 수 없는 맹장이었다. 유방은 계속 항우를 피해다닐 수밖에 없었다. 그런데 유방이 항우보다 뛰어난 부분은 부하들의 재능을 인정하고 공이 있는 부하들에게 천하를 나누어 줄 줄 아는 도량이었다. 그에 반해 항우는 부하들의 잘난 꼴을 보지 못하는 독불장군인 성격에다, 공을 세운 부하들에게 매우 인색했다. 그래서 항우의 수하에 있었던 유능한 맹장과 지략가들이 대거 항우를 떠나 유방의 수하로 귀순하는 결과를 낳았는데, 대표적인 인물이 바로 한신(韓信)과 진평(陳平)이었다. 결국 이 두 맹장과 지략가에 의해 처음에는 절대 우세의 전력을 가지고 있었던 항우가 결국 오강에서 한나라 군사들에게 포위당해 패망하게 된 것이다.

도둑의 종류에는 다음과 같이 세 부류가 있다. 남의 것을 훔치는 도둑, 남의 공을 가로채는 도둑, 분명히 조직을 위해 공을 세웠는데도 상을 주지 않는 도둑이다. 이 세 부류 중 앞의 두 부류에 의해 피해를 본 사람은 법으로 보호를 받을 수 있지만, 세 번째에 당한 피해자는 법으로 보호를 받지 못하고, 이런 피해자가 많아질수록 이 조직은 무기력해져서 실제로는 조직에 제일 큰 피해를 주게 된다. 조직의 리더는 세 번째 도둑질을 지금 하고 있지 않나 돌아봐야 한다. 이런 도둑질은 피해자가 누구한테도 하소연할 수 없어 구성원들의 의욕을 저하시키고, 겉으로는 표가 나지 않지만 조직을 서서히 무기력하게 만들어 와해시키게 된다.

춘추시대 춘추오패 중 첫 번째로 패왕이 된 제(齊)나라 환공(桓公)에게는 유능한 재상 관중(管仲)이 있었다. 어느 날 관중이 제환공에게

"작년에 거둬들인 세금 중 42,000냥이 남았는데, 앞으로 전쟁이 발발할 경우를 대비해 이 돈을 병사들에게 미리 나누어 주어 사기를 진작시켜 놓는 게 어떻겠습니까?"라고 하자, 제환공은 흔쾌히 수락했다. 그래서 관중은 전군을 소집해 놓고,

"전쟁은 앞으로 언젠가 반드시 일어날 것이다. 따라서 앞으로 일어날 전쟁에 대비해 나는 미리 여러분들에게 적을 죽이고 공을 세울 사람을 우선 예약받도록 할 테니, 희망자는 즉시 나와서 상을 받도록 해라!!"라고 하자, 병사들은 믿기지 않는다는 듯 수군수군거렸다. 잠시 후 한 병사가 일어나

"도대체 몇 명을 죽여야 상을 받을 수 있습니까?"라고 묻자, 관중은

"100명이다!"라고 대답했다. 그러자 그 사병이

"그러면 제가 한번 해 보겠습니다!"라고 하자, 관중은 그 자리에서 1,000냥을 주었다. 상황이 이렇게 되자 장수와 사병들이 너도나도 앞다투어 예약을 하기 시작했다. 이런 광경을 지켜보고 있던 제환공이 관중에게

"그들에게 이렇게 많은 황금을 나누어 주었는데, 만약 이를 지키지 않으면 어떻게 하겠소?"라고 묻자, 관중은

"그럴 리 없습니다. 걱정하지 마십시오. 장병들이 이 돈을 가지고 집으로 돌아가 가족들을 위해 풍족한 생활을 하게 한다면, 일단 유사시에는 자신의 명예를 지키고 국가에 보답하기 위해 목숨을 바쳐

싸울 겁니다. 전쟁에서는 사병들의 사기만 오르면 승리할 수 있습니다. 이 42,000냥을 가지고 전쟁의 승리를 얻을 수 있다면 남는 장사지요!!"라고 했다.

과연 반년이 지날 무렵 제나라와 채(蔡)나라 간에 전쟁이 일어났다. 관중이 예상한 대로 먼저 상을 받은 장병의 부모, 형제, 처자들이 출전하는 병사들에게

"이런 큰 은혜를 받았으니 반드시 국가에 보답해야 한다. 사내대장부로서 절대 비겁하지 말아라! 반드시 네가 약정한 대로 나아가 적을 무찔러 나라에 보답해라!!"라고 부추겼다. 전쟁터에 나온 이 제나라 병사들은 가족들의 응원에 힘입어 사기가 올랐고, 이런 여세를 몰아 제나라는 채나라를 단숨에 격파했다. 결국 채나라는 국토를 일부 떼어주며 화해를 요청해 나라의 멸망을 막을 수 있었다.

이런 사례는 중국 속담에서 말하는 "군대에서는 재물을 쓰지 않으면 군사를 모을 수 없고, 상을 주지 않으면 병사들은 전진하지 않는다. 향기로운 미끼로 고기를 잡을 수 있듯이, 상을 후하게 내리면 병사들이 용감해진다."는 내용과 '일맥상통(一脈相通)' 한다.

驕子無用 교자무용 - 너무 잘해 주면 습관된다

그러나 너무 후대하여 마음대로 부릴 수 없거나, 지나치게 사랑하여 명령을 내릴 수 없거나, 군기를 어지럽히는데도 이를 바로잡지 못한다면, 이런 병사들은 마치 버릇없는 자식처럼 전투에는 아무런 쓸모가 없는 것이다.

厚而不能使[1]후이불능사, 愛而不能令애이불능령, 亂而不能治난이불능치, 譬如驕子[2]비여교자, 不可用也불가용야.(제10편 地形篇).

1. 厚而不能使 : 장군이 병사를 후덕하게만 대우하면 부릴 수 없다.
2. 譬 : 비유하다. 譬如 : 마치 ~처럼. 譬如驕子 : 마치 버릇없는 자식처럼

군에서 부하들을 지휘할 때 군기를 확립하기 위해 저지른 죄에 대해서는 반드시 벌을 내린다는 사실을 우리는 잘 알고 있다. 그리고 사회에서도 이런 벌칙이 모든 조직에서 적용되고 있다. 만일 이런 벌칙이 분명치 않은 조직은 스스로 문제를 야기할 가능성이 높다고 할 수 있다. 그러나 벌칙보다 더 무서운 방법을 든다면, 그것은 바로 조직원들의 경쟁을 유도하는 방법이다. 이 경쟁을 유도하는 방법은 겉으로 보기에는 미약하고 부드럽지만 실제로는 제일 무서운 방법이다. 처벌 위주의 행정에서는 회사에서 잘못을 저질렀을 경우 벌칙을 적용해 처벌을 하면 처벌이 끝나는 순간 원위치를 의미하지만, 경쟁체제의 행정에서는 낙오가 되면 다른 기회가 없음을 의미한다.

이런 방법을 제일 효율적으로 적용한 사람은 바로 히딩크 전 국가대표 축구감독이었다. 2002년 월드컵이 시작되기 전까지 모든 포지션에서 2~3명의 선수들을 서로 경쟁시켰다. 개막전이 시작되기 얼마 전까지 누가 이 엔트리에 선발될지 모르고 사력을 다해 경쟁한 결과, 짧은 기간 동안 팀의 수준은 몰라보게 높아졌고, 선수들의 체력도 눈에 띄게 향상되었다. 그 결과는 우리가 잘 알다시피 유사 이래 최고의 성적으로 나타났다.

북한의 대남 보복 도발은 지금까지 줄곧 일관된 정책이다. 박정희

대통령 시절 무장간첩을 파견하여 대통령을 사살하려는 시도를 했던 것 외에도, 북한은 줄곧 남한에 대해 보복성 도발을 자행하고 있다. 국민정부 시절 모 TV 대담 시간에 김정일의 친척뻘 되는 사람이 출연한 적이 있었다. 이 친구는 재미있는 이야기를 한답시고 김정일에 관한 험담을 한참 하고 돌아갔는데, 그 다음 날 분당의 자택에서 북에서 파견된 간첩의 손에 의해 살해되었다. 이 간첩들은 끝내 잡지를 못하고 말았고, 이후로는 누구하나 김정일에 대해 공개적으로 욕하는 사람을 보지 못하게 되었다. 지금까지도 많은 사람들이 그 때의 공포를 기억하고 있다. 이런 현상은 결국 자국의 대통령에 대해서는 '××새끼' 등 그야말로 입에 담을 수 없는 욕설을 퍼부으면서도, 김정일에 대해서는 항상 '김정일 국방위원장'이란 존칭(?)이 따라 붙어, 무엇이 어떻게 되어 가는지 좀처럼 감을 잡을 수 없는 가치관의 혼란을 야기했다. 또 북한은 얼마 전 김관진 국방장관이 북의 도발에 대한 강경발언을 하자, 간첩을 파견하여 살해하려 했지만, 입국과정에서 적발이 되어 실패로 끝났다. 북한은 이와 같이 대남정책으로 한결같이 보복 위주의 전략을 구사하고 있다.

    이런 북한에 대해 우리가 취할 수 있는 대응책은 과연 어떠해야 될지 신중하게 생각해야 한다. 얼마 전 '내셔널 지오그래픽' 채널에서 미국의 선교단체가 북한에 들어가 북한 주민들을 대상으로 백내장 수술을 해주는 장면을 방영했다. 미국 선교단체가 수술을 마치고 수백 명의 환자들 눈에 감은 붕대를 풀어주니까 북한주민 모두 한결같이 강당 앞으로 나와 김정일 사진 앞에서 "경애하는 김정일 지도자 동지 감사합니다!"라고 하면서 절을 올리는 장면을 볼 수 있었다. 이 광경을 바라보던 미국 선교단원들은 모두 하나같이 넋을 잃은 모습이었다. 이런 체제 속의 사람들에게 어떤 대북정책이 필요할지 그리고 과거의 '햇볕정책'이 손자가 말한 '버릇없는 자식'으로 만든 결과가 되지 않았는지에 대해 한번 더 숙고할 필요가 있다.

令之以文 영지이문 - 명령도 예의 없으면 기분 나쁘다

병사들에게 합리적으로 명하고 위엄으로 다스리면, 가히 필승의 군대라고 할 수 있다.

故令之以文[1]고령지이문, 齊之以武[2]제지이무, 是謂必取시위필취.(제9편 行軍篇)

1. 文 : 여기서는 예의란 뜻. 令之以文 : 예의를 갖추어 명을 내린다.
2. 齊 : 다스리다. 武 : 군기, 군법. 齊之以武 : 군기로 다스리다.

    우리 귀에 익은 송나라 때의 명인으로는 아마도 '판관 포청천'과 '악비 장군'일 것이다. 우선 송(宋)의 역사를 간단히 소개하면, 송이 전국을 통일하기 이전 오대십국(五代十國)은 당이 멸망하고도 54년의 혼란국면이었다. 이들을 평정하고 송을 세운 인물은 바로 조광윤으로 하북(河北) 축현(逐縣) 사람이다. 부친과 함께 후진(後晋)·후한(後漢)·후주(後周) 3대에 걸쳐 금군(禁軍)의 장령(莊領)을 지냈다. 금군은 바로 천자 직속의 군대로 후주의 마지막 황제 세종은 이 금군을 강화하는 데 적극적으로 힘을 쏟았다. 그러나 세종이 요(遼)를 친정하는 도중 사망하자 나이 어린 공제(恭帝)가 즉위하게 되었다. 이를 지켜본 금군의 장수들이 국가의 미래를 염려하여 평소 존경했던 조광윤을 황제로 추대해 개봉(開封)에 도읍을 정하니, 이것이 바로 송(宋)의 건국이다.

송나라 태조는 개국 이전에 절도사 출신이었고, 당말 지방 군벌들의 횡포와 혼란을 직접 목격했기 때문에 개국과 동시에 지방군벌의 해체를 통한 중앙집권제의 확립과 문치관료주의 그리고 분할통치의 원칙을 채택했다. 따라서 개국 공신이었던 금군도 3계통으로 분할하여, 3인의 도지휘사(都指揮使)에 의해 통솔되었고, 이들 모두 천자에 귀속시켰다. 또한 이들 도지휘사들은 모두 단순한 부대장으로의 역할을 수행할 뿐 작전입안에는 참석할 자격이 없었으며, 주요 작전은 문관으로 구성된 추밀원(樞密院)에서 담당했으므로, 황제에게 고분고분 잘 순종했지만 군대의 조직과 사기는 극도로 저하되었다. 또한 지방의 절도사들은 재량권을 잃게 되자 전의가 떨어져, 결국 송나라는 요(遼)와 금(金)이 침략하자 화친을 맺고 조공을 바쳤다.

북송시대 명장이었던 악비(岳飛)는 요나라와 금나라의 침략에 맞서 끝까지 항전할 것을 주장하며 전장에서 용맹을 떨쳤던 용장이다. 그리고 평시에는 부하들을 예의와 위엄으로 지휘한 것으로 유명하다. 악비는 군대를 통솔할 때 매우 엄격했고 병사들을 훈련할 때는 병사들과 함께 동고동락했다. 격전 시에는 제일 선봉에서 진격하며 기수 역할도 담당하여 수만 명의 병사들의 일거일동이 모두 이 깃발에 집중되어 진격이면 진격, 후퇴면 후퇴 일사불란하게 움직였다. 매번 조정에서 상을 내릴 때마다 그는 "전군의 모든 병사들이 함께 이룬 것이지 제가 무슨 공이 있습니까?"라고 사양했다.

부하들을 훈련시킬 때는 항상 군대의 진용이 엄정했고 완전군장을 한 기병들이 가파른 언덕을 달려 내려와 해자를 건너뛰는 등의 힘든 훈련을 반복했다. 한번은 아들 악운(岳云)이 가파른 언덕을 달려 내려오다 낙마하자 악비는 화가 나서 채찍으로 아들을 때렸다.

또 한번은 사병 하나가 민가의 짚단을 가져다 가축에게 먹인 사실이 발견되자 악비는 그 사병의 목을 쳐서 효시해 절대 민폐를 끼치지 않도록 했다. 사병들이 밤에 야영을 할 때 인근 백성들이 집 문을 열어 놓고 병사들에게 들어와서 자라고 권해도 한 사람도 그렇게 하는 자가 없었다. 그래서 악비의 군대는 "얼어 죽어도 민가에 들어가지 않고 굶어 죽어도 민폐를 끼치지 않는다."는 평가를 받았다. 그러나 사병이 병이 들면 악비는 손수 약을 달여 주었고, 장수들이 원정길에 오르면 악비는 자신의 처자를 보내 그들의 가족을 위로했다. 또 부하들이 전쟁터에서 죽으면 진심으로 슬퍼했으며 전사한 부하들의 고아들을 거두거나 그들의 딸을 며느리로 맞이하곤 했다. 그리고 조정에서 상을 내리면 악비는 부하들에게 모두 골고루 나누어 주고 자신은 하나도 챙기지 않았다.

악비는 자신의 친족들은 매우 엄격하게 관리했고, 부하들을 은혜와 위엄으로 다스렸다. 그의 아들 악운은 모든 부하 장수들 가운데 제일 용감했다. 매번 전투에 참가할 때마다 악비는 아들에게 제일 선봉에 서도록 했고 공을 세워 논공행상을 할 때는 제일 뒤로 안배했다. 수주(隋州), 정주(鄭州), 양한(襄漢)의 전투에서 제일 공로가 많았으나 조정에 유공자를 추천하는 상소문에서는 아들 이름을 찾아볼 수 없었다. 한번은 악운이 혁혁한 공을 세운 사실을 안 황제가 특별히 악운에게 직접 3등급 특진을 하사하자 악비는 여러 차례 상소를 올려 끝내 명을 거두게 하고 말았다. 영창(穎昌)대전 때에 악운은 생사의 기로에서 십여 차례 포위망을 돌파하느라 백여 곳에 상처를 입고 갑옷과 의복 모두 피범벅이 되면서 큰 공을 세우자, 조정에서 그를 충주방어사(忠州防禦史)로 임명하려고 했을 때도 악비는 끝내 사양하고 말았다. 악비가 그의 아들을 전장에서는 최선봉에 서도록 하고 논공행상에서는 최후미에 놓은 이런 행위는 바로 부하들에게는 커다란 채찍이자 자극이었다.

악비 군대의 대장이었던 양재흥(楊再興)은 원래 조성(曹成) 수하의 부장이었다. 1132년 조성이 난을 일으키자 악비가 군대를 이끌고 공격하여 막사관(莫邪關)에 이르렀을 때 악비의 아우인 악번(岳翻)이 양재흥에게 살해되었다. 그리고 양재흥은 패주하여 산속으로 들어가자 악비 수하의 대장 장빈(張賁)이 이를 뒤쫓아 사로잡아 살해하려고 했다. 다급해진 양재흥은 "우선 악공을 먼저 한 번 뵙도록 해주시오! 그리고 죽여도 늦지 않지 않소?!"라고 해서 악비에게 끌고 갔다. 악비는 이 양재흥을 만나보고는 정의감이 투철하고 무예가 뛰어나며 대장부의 기개와 영웅적인 모습이 마음에 들어 동생의 원수임을 더 이상 따지지 않고, 그를 부장으로 받아들이고 깊이 신뢰했다. 이로부터 양재흥은 악비 군대의 용맹한 장수가 되어 전쟁 때마다 혁혁한 공을 세우고 악비에게 충성을 다하다가 끝내 금(金)나라와의 전쟁에서 용감하게 싸우다 전사했다.

악비의 이와 같이 개인적인 원한을 뒤로 하고 의리를 중시하며 정성을 다해 부하들을 대하는 모습에서 많은 인재들이 그의 수중으로 모여들었다. 또한 신상필벌이 공정하고 남을 우선 배려하는 덕은 부하들을 감동시켜 모든 장병들은 평소 군기가 엄하고 전쟁에 나가면 기꺼이 목숨을 바쳐 용감하게 싸워 최상의 전투력을 유지할 수 있었다. 금(金)나라의 철기군(鐵騎軍)이 여러 차례 물밀듯이 악비 군대를 공격했지만 결국 성공을 거둘 수 없었던 것은 바로 이와 같은 악비의 용병술 때문이다.

深入則拘 심입즉구 - '나가수'는 손자병법

어떤 역경에 처하더라도 두려워하지 않고, 도망갈 길이 없으니 더욱 굳은 각오로 항전한다. 적지에 깊이 들어가면 갈수록 병사들의 행동은 더욱 긴장하고 단결하며, 어쩔 수 없는 상황에서는 죽기로 싸우게 된다. 이런 상황 속에서는 병사들은 지시를 하지 않더라도 자발적으로 경계하고, 하라고 하지 않더라도 임무를 완수하며, 서로 약속하지 않아도 친해지며, 명령을 내리지 않아도 규정을 지키게 된다. 미신을 금지하고 유언비어를 막으면 사경에 빠져도 동요하지 않는다.

兵士甚陷[1]則不懼[2]병사심함즉불구, 無所往則固[3]무소왕즉고, 深入則拘[4]심입즉구, 不得已則鬪[5]부득이즉투. 是故其兵不修而戒[6]시고기병불수이계, 不求而得불구이득, 不約而親불약이친, 不令而信불령이신, 禁祥去疑[7]금상거의, 至死無所之지사무소지.(제11편 九地篇)

1. 甚 : 심하다. 陷 : 빠지다
2. 懼 : 두려워하다
3. 固 : 굳을 고, 공고하다
4. 深入則拘 : 적국에 깊이 침투하면 단결한다.
5. 鬪 : 싸우다
6. 修 : 다스리다. 戒 : 경계하다
7. 禁祥去疑 : 미신을 금기하고 의심하지 못하게 하다.

얼마 전 국내에서 한참 인기리에 방영되었던 '나는 가수다'란 프로가 있다. PD가 손자병법을 공부했는지 모르겠지만 프로그램의 진행을 보면 가수들을 모두 벼랑 끝으로 몰아 위기의식을 고취하는 방식을 취하고 있다. 연속해서 두 번의 경연 순위를 합산하여 제일 순위가 낮은 사람을 탈락시키는 방식인데, 이 프로에 참가하는 가수들은 모두 유명한 사람들이라서 만약 탈락할 경우에는 본인의 인기에 적지 않은 타격을 입을 뿐 아니라 자존심에도 손상을 입을 수 있다. 따라서 참가가수들 모두 매번 긴장하고 최선을 다하는 모습이라, 이를 감상하는 시청자들 역시 긴장하고 순간순간 몰입하며 즐거움을 더하고 있다.

전쟁에서 적국 깊숙이 들어가면 병사들은 긴장하게 되고 시키지 않아도 자발적으로 단결하고 경계하며 명령을 내리지 않아도 규정을 지키게 된다. 이렇게 적국 깊은 곳을 손자는 '중지(重地)'라고 정의하고 있다. 현재 우리들도 치열한 경쟁 속에서 1등만이 살아남는 전장 한복판인 중지(重地)에 살고 있다. 그러나 어느 누구도 이런 경쟁의 소용돌이를 심각하게 느끼지 않는 데 문제가 있다. 어제도 잘했고, 오늘도 변함없이 잘하고 있는데 무슨 문제가 있단 말인가?라고 모두들 안일하게 생각하고 매일 일상적인 업무를 반복하며 변화를 두려워하고 귀찮아한다. 기업도 1등이 되지 않으면 앞으로 살아남을 가능성이 희박하다. 1등 기업들은 다가오는 미래의 위기를 슬기롭게 극복할 수 있는 준비가 되어 있는 기업이다. 1등 기업이 되기 위해서는 항상 새로운 도전에 목말라야 된다. 그리고 구성원들이 매너리즘에 빠지지 않고 새로운 도전을 과감히 할 수 있는 위기의식을 고취해야 한다. 이런 위기감을 조성하기 위해서는 현실을 냉정하고 객관적으로 알리고 변화가 절대적으로 필요하다는 공감대를 형성해야 한다. 그리고 공감대를 형성하기 위해서는 위기의 요인을 개발하여 구성원들이 위기의식을 느끼도록 독려해야 한다.

진시황이 전국을 통일하고 법가사상으로 가혹한 형벌을 가하자 백성들의 불만이 팽배해지기 시작했다. 그러다 진시황이 죽자 전국에서 의병들이 일어났다. 초나라에서는 그 유명한 항우가 군대를 일으켰다. 그는 장하(漳河)를 건너자 타고 건넜던 모든 배에 구멍을 뚫어 가라앉히고 솥을 전부 깨부수었다. 그리고 병사들에게는 사흘치 양식밖에 나누어 주지 않았다. 이 고사를 '파부침주(破釜沈舟)'란 사자성어로 정의하고 있다. 병사들은 그 현장을 목격하고 이 전쟁은 반드시 치러야 하며 전진만 있을 뿐 후퇴는 없다는 사실을 깨닫기 시작했다.

격렬한 전쟁은 이렇게 시작되었다. 초나라의 군사들이 산에서 달려 내려오는 범과 같은 무서운 기세로 내달리며 소리를 지르자 천지가 요동쳤다. 그들의 맹렬한 기세에 진나라 장한의 20만 군대는 추풍낙엽처럼 쓰러졌다. 초나라 병사 한 명이 진나라 병사 10명을 베어버리자 전쟁터는 삽시간에 진나라 병사들의 시체로 산을 이루고 피바다가 되었다. 다른 나라의 의병들이 구원하러 와서는 이 광경을 보고 감히 싸움에 끼지도 못하고 먼발치에서 벌벌 떨며 지켜볼 뿐이었다. 결국 초나라 항우의 군대는 아홉 번 싸워서 모두 승리를 거두고 장한의 군대는 모두 투항하기에 이르렀다. 이 싸움에서 항우의 명성은 전국에 퍼졌고 제후들도 감탄해 마지않았다.

한(漢)나라의 맹장 한신(韓信)이 조(趙)나라를 공격할 때의 일이다. 한신은 정형구(井陘口)란 곳에 군사를 이끌고 도착했다. 정형구란 지명대로 사방이 높은 산악지대로 둘러싸여 있었고 가운데는 우물 바닥 같은 분지의 형태였다. 정형구의 아래로는 지수(泜水)가 흐르고 있었고, 강 건너편에 정형성(井陘城)이 있어 조나라 장수 진여가 지키고 있었다. 한신의 군대는 5만 명이 채 안 되는 오합지졸들이었는데 반해, 진여의 군대는 정병이 20만이나 되었다. 한신은 정면전으로는 도저히 조나라 군대를 이길 수 없음을 확인하고 전략으로 승부를 거는 수밖에 없었다. 밤이 깊어지자 한신은 가볍게 무장한 병사 2천 명에게 붉은 깃발을 한 개씩 들고 정형성이 내려다보이는 산기슭에서 대기하라고 명하고 작전을 지시했다. 그리고 선발대 2만 명은 정형성을 마주보고 있는 벌판으로 나아가 지수(泜水)를 등지고 진을 치라고 했다. 이 명을 받은 장수들은 깜짝 놀라

"그렇게 되면 '배수진(背水陣)'이 되지 않습니까?"라고 항의했다. 물을 등지고 진을 친다는 것은 병법에서는 금기 사항이었다. 이유는 퇴로가 막혀 전세가 불리할 때 도주할 길이 없기 때문이다. 그러나 한신의 명을 받은 장수들은 모두 그대로 따르는 수밖에 없었다. 한신은 나머지 병력 2만 명을 산기슭에 매복시키고 측면 공격을 준비했다.

날이 밝자 이런 한나라 군대의 모습을 바라본 조나라 군사들은 모두 한신을 비웃었다.

"한신이란 놈은 정말 병법도 모르는군! 어떻게 배수진을 친단 말인가? 저 놈이 전쟁에 승리를 거둔 것은 운이 좋았기 때문이야!!"라며 한결같이 비웃었다.

한신은 깃발을 앞세우고 북을 울리면서 정형성을 향해 진군했다. 조나라 군대는 기다렸다는 듯이 성문을 열고 공격해 나왔다. 한신은 적을 속이기 위해 제일 선두에 서서 진두지휘하며 적과 혈전을 벌였다. 그러나 조나라의 막강한 전력에는 도저히 당할 방법이 없었다. 한신은 퇴각명령을 내리고 본인은 서둘러 앞장서서 도망치기 시작했다. 한신의 이런 모습을 본 조나라 군대는 사기가 올라 성을 비워

둔 채 한신의 군대를 추격했다. 한신이 지수 가까이 이르렀을 때 깃발을 흔들어 산기슭에 매복해 있는 2천 명의 군사에게 신호를 하자 모두 재빨리 정형성의 성벽을 타고 올라가 조나라 깃발을 한나라의 깃발로 바꾸어 달았다.

후퇴하던 한신의 군대는 모두 지수 강변에 이르게 되었다. 도망칠 퇴로는 없고 뒤에서는 조나라 군대들이 추격해 오자 뒤로 돌아서서 죽기 살기로 싸우게 되었다. 혼신의 힘을 다해 사지에서 살아남기 위해 발버둥치는 한신의 군대는 더 이상 밀리지 않고 점점 조나라 병사들을 베기 시작하더니 급기야는 조나라 병사들이 뒤로 한발 한발 밀리기 시작했다. 이런 광경을 목격한 한신이 다시 한 번 깃발로 신호를 하자 산기슭에 매복해 있던 2만 명의 병사들이 뛰어 나와 조나라 군대의 옆구리를 들이치기 시작했다. 필사의 몸짓으로 달려드는 한신의 병사들에게 점점 밀리던 조나라 군대는 옆에서 한신의 기병들이 치고 들어오자 당황하여 우왕좌왕하기 시작했다. 병력의 숫자만 월등히 많았지 자신들끼리 부딪치고 자빠지고 일대 혼란이 일었다. 그런데 뒤를 돌아보니 이게 웬일이란 말인가? 정형성 성곽에 한나라 깃발이 펄럭이는 것이 아닌가? 조나라 병사들은 이미 정형성이 함락되었다고 생각하고 도망가는 병사들이 꼬리를 물더니 하나둘씩 투항해 왔다. 한신 군대의 대승이었다.

전투가 끝나고 장수들이 한신에게

"병법에 구릉은 오른쪽이나 뒤에 두고, 물은 앞이나 왼쪽에 두어야 한다고 나와 있는데, 이번 전쟁에서는 물을 뒤에 두는 배수진을 치게 하셔서 우리는 매우 이상하게 생각했습니다. 그런데 전쟁의 결과는 승리로 끝났으니 이것은 어떤 전술입니까?"라고 묻자, 한신은

"이것도 병법에 있다. 나는 그동안 부하들을 제대로 훈련시키지 못해 모두 오합지졸들이고 적의 군대는 정병으로 우리와는 상대가 되지 않을 정도로 우세했다. 그래서 하는 수 없이 극단적인 방법을 쓴 것이다. 손자병법에 '군대는 멸망의 땅에 투입된 후에야 존재하는 법을 배우게 되고, 사지에 빠진 후에야 생존의 법을 알게 된다. 또한 위험에 빠진 후에야 승부를 추구하게 되는 것이다'[24)]라고 했듯이 나는 우리 병사들을 사지에 빠뜨려 놓고 싸우게 했던 것이다. 만약 우리 병사들을 생지(生地)에 포진시키고 싸우게 했더라면 모두 겁을 먹고 패주했을 것이다!'라고 했다.

한신은 전략의 귀재였다. 도저히 이길 수 없는 상황에서 승리를 거두었다. 한신은 병력의 수에서 열세였고, 군사들은 훈련되지 않은 오합지졸인 데 반해 조나라는 정병들이었기 때문에 절대 이길 수 없는 전쟁이었다. 또한 조나라 군대는 성안에서 엄폐물에 의지해 지키고 싸우지 않으면 한신의 군대는 식량이 떨어져 퇴각할 수밖에 없는 상황이었다. 그러나 한신은 이런 불리한 상황에서 '배수진'이란 가형(假形)을 이용해 적을 유인했고, 부하들을 벼랑 끝으로 몰아 잠재능력을 극대화했다. 또한 치밀한 작전을 통해 적의 성을 쉽게 점령함으로써 적이 전의를 상실하도록 했던 것이다.

---

24) "投之亡地然後存, 陷之死地然後生. 夫衆陷於害, 然後能爲勝敗." (제11편 九地篇)

無法之賞 무법지상 - 상식을 깨는 파격도 필요하다

장수는 관례를 깨뜨리는 상을 주기도 하고, 상식을 초월한 명령을 내리기도 하여, 전군을 마치 한 사람처럼 부릴 줄 알아야 한다.

施無法之賞 시무법지상, 懸無政之令[1] 현무정지령.
犯三軍之衆[2] 범삼군지중, 若使一人[3] 약사일인. (제11편 九地篇)

1. 施 : 베풀다. 懸 : 매달다. 施無法之賞, 懸無政之令 : 법에도 없는 상을 주고 평상시와는 다른 명령을 내리다.
2. 犯 : (강압적으로)부리다
3. 若 : 마치. 使 : 부리다

손자는 "패왕의 용병은 적을 공격할 때 아무리 큰 나라 하더라도 병력을 미처 동원하지 못하도록 틈을 주지 말고, 적에게 위압을 가하여 그 위엄으로 다른 나라와 동맹을 맺지 못하게 만든다. 또한 패왕의 국가는 타국과 동맹을 맺는 외교를 펴려고 다투지 않고, 천하의 권세를 쟁취하려고 타국 내에 자신의 세력을 확장하려 애쓰지도 않는다. 이 패왕의 국가는 자신의 힘만으로 적에게 위협을 가하기만 해도 성을 함락시킬 수 있고, 나라를 멸망시킬 수도 있는 것이다."라고 했다. 바로 전쟁에 있어서 충분한 전력과 주도권이 제일 중요하다는 내용이다. 이런 주도권을 잡기 위해서는 관례를 깨뜨리는 상을 주기도 하고, 상식을 초월한 명령을 내리기도 하여, 전군을 마치 한 사람처럼 부릴 줄 알아야 한다. 부하에게 임무를 명할 때는 그 이유를 설명해서는 안 되고, 임무의 유리함은 설명하되 해로움은 알리지 말아야 한다는 방법론을 제기했다.

초장왕 이야기다. 어느 날 밤 장왕이 대신들과 함께 연회를 벌일 때의 일이다. 장왕이

"오늘밤은 어느 누구에게도 구애받지 말고 마음껏 놀아라!"고 하자, 대신들은 모두 술에 흠뻑 취해 춤을 덩실덩실 추면서 흥을 다하고 있었다. 그런데 갑자기 불이 꺼졌고 어둠 속에서 왕의 애첩이 소리를 질렀다.

"주상! 누가 저를 희롱했어요! 빨리 불을 켜 주세요! 제가 그 놈의 관끈을 잘랐으니 관끈이 없는 자가 범인이에요!"

그러자 장공은 어둠 속에서

"그럼 우리도 모두 관끈을 잘라 버리고 마음껏 놀아보자!"라고 소리를 질렀다. 이 말을 들은 대신들은 모두 관끈을 자르고 어둠 속에서 질탕거리며 춤을 추었다. 잠시 후 불이 켜졌다. 그런데 모두 하나같이 관끈이 없었다. 결국 누가 왕의 애첩을 희롱했는지 알 길이 없었다.

그 후 2년이 지나, 진(晉)이 대군을 거느리고 초를 공격했다. 그 때 제일 선두에 서서 용맹하게 싸우는 자가 있었다. 이 장수의 활약으로 진나라의 대군을 격파할 수 있었는데, 장왕은 전쟁이 끝난 후 성대한 연회를 열어 승리를 자축했다. 그리고 제일 공로가 큰 이 장수를 불러 치하하며 술을 하사하자, 이 장수는

"저는 벌써 죽어야 했을 몸이었습니다. 2년 전, 전하께서 연회를 베푸실 때 전하의 총희를 희롱하다가 관끈이 잘린 자가 바로 저이옵니다. 전하의 넓으신 아량으로 목숨을 부지할 수 있어, 오늘 그 은혜에 보답하고자 목숨을 바칠 각오로 전쟁에 임했던 겁니다!"라고 말했다. 장공은 상을 내리고 그를 더욱 중용했다.

만약 장공이 연회석상에서 관끈이 잘린 자를 적발하여 처형했더라면, 그 다음부터는 누구도 감히 연회에서 마음 놓고 군주와 한 마음이 되어 회포를 풀지 못했을 것이고, 신하보다 총희를 더욱 아낀다는 갈등을 조성했을 것이다. 그리고 신하들 사이에서도 이런 무례한 자를 처형해야 한다는 아첨의 무리들과 선처해 줄 것을 간곡하게 아뢰는 두 부류로 나뉘어 갑론을박을 시작했을 것이다. 그러나 장공이 이런 파격적인 행동을 보여줌으로써 신하들은 군주의 도량에 감동해 충성을 다짐할 수 있는 계기가 되었다. 또한 총희에게도 술에 취한 행동이었다는 여지를 남겨 서로 반목하지 않도록 하여 어색한 분위기를 잘 넘길 수 있었다. 이런 장왕의 행동은 신하와 총희 모두를 포용할 수 있었던 지혜로운 판단에서 비롯된 것이다.

殺敵者怒살적자노 - 상만 가지고는 적을 죽일 수 없다

적을 죽이려면 적개심을 불러일으킨다.

故殺敵者[1]고살적자, 怒也[2]노야.(제2편 作戰篇)

1. 故 : 따라서
2. 怒 : 노하다

"적을 죽이려면 적개심을 불러일으킨다."는 것은 일종의 격장법(激奬法)으로서 소기의 목적을 달성하기 위해 병사들을 분노하도록 만드는 방법이다. 부하들이 분발하도록 하는 방법은 상당히 많다. 상금을 주는 방법, 훈장을 달아주는 방법, 승진을 시켜주는 방법 등등이 있다. 그러나 이들 방법을 통해 적의 목숨을 빼앗는 데는 어느 정도 한계가 있다. 그러나 부하들에게 원한을 심어 주면, 분노하여 적의 생명도 기꺼이 빼앗으려 한다는 점이 이 방법을 사용하는 이유이다.

고대 전쟁사에 많이 등장하는 인물 중 전단(田單)이란 제나라 명장 이야기이다. 기원전 279년 연(燕)나라가 제나라를 공격해 제나라는 거의 멸망지경에 이르렀다. 즉묵(卽墨)을 지키고 있었던 전단은 병사들의 사기가 너무 떨어져 전의를 상실했음을 보고 계책을 강구했다. 그래서 전단은 다음과 같은 유언비어를 살포했다.

"우리 제나라 병사들은 모두 연나라에 사로잡혀 코가 잘릴까 두려워하고 있다. 만약 코가 잘려 전투 시 제나라 포로들이 연나라 군대의 맨 앞줄에 도열하여 나오면 제나라 병사들은 혼비백산하여 남아있는 즉묵성도 버리고 도망칠 것이다."는 내용이었다.

연나라 장군이 이 말을 듣고 포로들의 코를 모두 잘라 전투대열의 맨 앞에 도열시키고 즉묵성 가까이 접근시켰다. 이 광경을 지켜보고 있던 성안의 제나라 백성들과 군사들은 모두 분노하여 성을 지키겠다는 의지가 더욱 강해져 싸우다 죽으면 죽었지 항복하거나 적에게 포로로 잡히지 않겠다는 결사항전의 의지를 다졌다.

상황이 이렇게 전개되자 전단은 한 술 더 떠서 "제나라 병사들은 성 밖에 있는 조상들의 묘가 파헤쳐져 유해들이 욕을 볼까 모두 두려워하고 있다."는 말을 퍼뜨리자, 연나라 군사들은 이 말을 듣고 분묘같이 생긴 것들은 하나도 남김없이 모두 파서 유골들을 꺼내 때리고 불살랐다. 즉묵성 안에 있던 모든 사람들이 성곽에 올라가 이 광경을 바라보며 눈물을 흘리고 이를 갈았다. 모두 한결같이 성 밖으로 나가 생사의 일전을 벌이자고 아우성이었다. 결국 전단은 연나라 군대의 방어가 소홀한 야음을 틈타 성문을 열고 소꼬리에 불을 붙여 소 떼를 몰고 기습하자 연군은 허둥지둥 도망치고 말았다.

"적을 죽이려면 적개심을 불러일으킨다."는 전략은 전쟁이 아닌 평상시에도 자주 사용되고 있음을 우리는 종종 목격할 수 있다. 내부의 불안을 해소하기 위해 국민들의 불만의 화살을 다른 대상으로 쏠리게 하는 방법이 그것이다. 북한이 화폐개혁에 실패하자 실무책임자를 공개 처형하고, 그래도 진정기미가 보이지 않자 그 화살을 남한과 미국으로 돌려 한미군사훈련을 빌미로 천안함 사건을 일으키고 연평도를 공격했다. 매스컴에서는 매일 전쟁을 방불케 하는 공포분위기를 조성하여 백성들을 격분시켜 불만을 다른 곳으로 돌린 것이다. 중국에서도 종종 이런 정치수법을 목격할 수 있다. 한류가 중국에서 성행하자 젊은이들이 한국 가수와 배우들의 몸짓에 열광하는 장면을 근심어린 눈으로 지켜보던 성인들이 한류에 반대하는 캠페인을 전개하고 이 운동에 서명하는 일까지 벌어졌는데, 이 운동에 제일 앞장섰던 인물이 우리들이 좋아하는 성룡이었다는 사실은 아마 거의 모를 것이다.

이런 한류 반내운동의 전개는 두 가지 유형으로 발전했는데, 하나는 한국 가요, 영화, 드라마 배우기였다. 그래서 한동안 한중합작의 영화와 드라마가 제법 출시되었는데 그중 대표적인 영화가 김희선과 성룡이 주연으로 나온 '신화(神話)'라는 영화였다. 다른 하나는 한국의 영화와 드라마는 '항상 울고 짠다'는 정형 만들기이다. 즉, 한국 영화와 드라마는 '항상 울고 짠다'는 정형을 만들어 거부감을 은연중에 확산시키는 방법이다. 중국의 영화와 드라마 수입은 모두 공산당 선전부에서 관장하는데, 한국 드라마와 영화 중 여러 장르의 훌륭한 작품이 있음에도 불구하고 유독 애정물이 다수를 이루고 있다. 중국에 거주하는 동안 한국 드라마와 영화 중 정치물, 첩보물, 고전물은 거의 볼 수 없었다. 특히 사극 중 고구려와 부여에 관한 드라마나 영화는 한 번도 중국에서 방영되지 않았다.

외 편

1. 전 략
2. 임기응변
3. 승리요결

一. 전 략

손자의 전략을 분석해 보면 크게 '궤도(詭道)'라는 대원칙하에 6가지의 소원칙을 제시했다고 할 수 있다. 바로 선제(先制)·목표(目標)·기습(奇襲)·분합(分合)·공방(攻防)·융통성(融通性)이다. 선제란 주도권 장악을 말하며, 나의 방식대로 내가 유리한 조건 속에서 적을 끌고 다니며 능동적으로 전쟁을 수행하기 위한 전략을 말한다. 이 주도권 장악은 모든 전술의 제일 기본이 된다고 할 수 있다. 다시 말해 다른 원칙, 즉 목표·기습·분합·공방·융통성의 원칙은 모두 주도권을 잡기 위한 일환이자, 주도권을 빼앗기지 않은 상태에서만 성공할 수 있는 전략이다.

목표란 공격과 방어의 목표를 말한다. 공격 목표는 한마디로 적이 예기치 못한 곳과 방비가 허술한 곳이고, 방어의 목표는 적이 어디를 공격할지 모르게 만들어 공격 목표를 정하지 못하게 하는 데 있다. 즉, 아군은 적의 허점을 알아내 공격 목표로 잡고, 적은 아군의 허점을 알지 못하도록 해서 공격 목표를 설정하지 못하도록 한다는 것이다.

기습이란 피아가 대치한 상황에서 정규군의 정면전의 양상이 아닌 다른 형태의 작전을 의미한다. 손자는 이런 정공법과 기공법에 대해 "삼군의 많은 군사가 적을 만나 절대로 패하지 않도록 할 수 있는 것은 '기(奇 : 기습작전)'와 '정(正 : 정면전법)'에 의해서이다."라고 정의를 내리고, 피아 공방의 모든 형태는 바로 이 두 가지에 의해 이루어진다고 했다. 기공법은 적이 예상치 못한 장소, 시기 및 방법 등을 이용해 승기를 잡을 수 있는 방법으로서, 세(勢)와 절(節)로써 해야 한다고 했다. 세는 강력한 전투력이고 절은 짧은 순간에 집중되는 힘을 말한다.

분합이란 적은 분산시키고 우군은 집중될 수 있도록 유도하는 전략을 말한다. 일단 적의 약한 곳이 발견되어 공격 목표를 정하면, 상대적으로 우세한 전력을 견지할 수 있도록 아군의 모든 능력을 집중시키고 적을 분산시킨다. 적의 분산을 유도하는 방법은 우선 아군이 분산되어 적의 분산을 유도하고, 적이 분산되면 다시 적의 취약 지점을 공격하기 위해 집중하는 '아군의 분산 → 적의 분산 → 아군의 집중'이라는 순서로 진행된다.

  공방이란 공격과 방어 능력을 모두 항상 구비하고, 어느 한쪽도 결여되어서는 안 된다. 전력이 여의치 않을 때는 방어 위주의 전법을 구사하고, 여유가 있을 때는 공세를 취하는 것이 공방의 원칙이다. 또한 공방은 4가지의 심리적인 요소를 활용하는 방법론(사치(四治))을 제기했다. 사치(四治) 중 치기(治氣)는 예리한 기로 나른하거나 쉬고 싶어하는 기를 치심(治心)은 안정되고 편안한 마음으로 혼란하고 어지러운 적의 마음을 공격하는 것이다. 치력(治力)은 비축된 힘으로 피곤하고 지친 적을 공격하는 것이고, 치변(治變)은 적의 변화에 따라 적절한 변화를 추구하는 것을 말한다. 이와 같이 공방의 원칙은 항상 가변적인 적의 상황에 맞서 그에 적절한 상대적 대응 전술을 말한다.

  융통성이란 변화하는 상황에 따라 지체 없이 전략에 변화를 주고, 실행에 옮기는 능력을 말한다. 즉, 사전에 준비된 여러 계획을 그 상황에 따라 임기응변적으로 적용하는 능력을 말한다.

兵者詭道병자궤도 - 국정원 여직원 사건

전쟁이란 속임수다.

兵者병자, 詭道¹也궤도야. (제1편 始計篇)

1. 詭道(궤도) : 속임수

우리나라에서 발표된 유가사상과 도가사상에 관계된 석·박사 논문이 수천 편에 이르는 반면 손자병법에 관한 석·박사 논문이 16편이라는 사실에 대해 아마 의외라고 생각할 것이다. 손자병법을 공부하면서 이 풀리지 않는 문제에 대해 생각하다 이 '궤도(詭道 : 속임수)'란 항목에 시선이 집중되었다. 진리를 탐구하는 학문을 추구하는 사람들에게 아마도 이 '궤도'는 매우 거슬리는 영역이었을 것이다. 학교에서 손자병법을 가르치면서 항상 뒤가 걸리는 부분도 바로 이 '속임수'란 단어이다. 백의민족으로서 항상 완벽한 진리를 중시해 왔기에 이 '속임수'란 단어는 순수 학문에 있어 도저히 수용하기 힘든 연구 대상이었으리라는 생각을 하게 되었다.

현실은 경쟁사회이다. 경쟁의 가장 기본 원리는 상대를 속이는 것으로부터 시작한다. 축구를 할 때 페인트 모션, 야구에서 투수가 공을 던질 때 타자와의 두뇌 싸움, 권투를 할 때 스트레이트를 치는 척하면서 올려치는 어퍼컷 등등 모두 '페인트'란 용어의 이 속임수를 의미한다. 그러나 왜 학문의 영역에서만 이 '속임수'의 원리를 외면하는 것일까? 손자병법은 전쟁의 보편적인 진리를 연구한 책으로서, 비록 그 내용이 피비린내 나는 전쟁이란 속성으로서 순결한 진리는 아닐지라도, 인간이 생존하는 한 전쟁은 어느 한순간도 그치지 않는 대명제임을 감안할 때 더욱더 연구해야 할 영원한 진리라고 생각할 수 있다.

　전쟁에서는 적을 속일 수 있을 때 내가 살고, 적을 속이지 못하면 내가 죽기에 이 '궤도' 야 말로 중요한 과제인 것이다. 손자는 이 궤도에 대해 '시계편' 에서 14가지를 언급했다. 궤도(詭道)에 대해 보다 구체적이고 종합적으로 정리한 것은 '삼십육계' 라고 할 수 있다. 이 '삼십육계' 는 지금부터 1500여 년 전 남북조시대 송나라 왕 유유(劉裕)의 개국공신이었던 단도제가 제일 먼저 사용한 것으로 전해지나, 아직도 그 저작 연대와 저자에 대해 밝혀지지 않은 상태이다. 삼십육계의 내용을 종합해 보면 모두 적을 기만하는 전술〔詭道〕에 그 기초를 두고 있지만, 좀 더 세분해 보면 다음과 같은 4가지로 나눌 수 있다. 위협, 기만, 분열, 임기응변이 바로 그것이다. 첫 번째 위협은 있지도 않은 전력을 부풀려서 적을 위협해, 싸우지 않고도 적을 제압할 수 있다면 최상의 계책이라고 할 수 있다. 만약 이 방법이 통하지 않을 경우는 두 번째 수단인 기만술을 쓰는데, 기만술이란 적의 판단에 착오를 일으켜 전세를 아군에 유리한 방향으로 이끄는 것을 말한다. 만약 기만술도 여의치 못하면 세 번째 단계인 분열술을 쓴다. 분열술은 모든 방법을 다 동원하여 상대방의 동맹관계를 흔들어 놓거나 내부 조직을 분열시켜, 주요 목표물을 고립시킨다든지, 서로 의심하고 싸우게 만드는 술책이다. 마지막으로 임기응변은 적의 변화에 따라 바로바로 승기를 잡을 수 있는 대책을 말한다.

국정원 여직원 사건

18대 대선기간 중 제보자에 의해 국정원 3차장 산하 심리조작국의 3개 팀 70여 명이 대선에 개입해 문재인 후보의 낙선을 위해 인터넷상에서 댓글작업을 하는 등 불법 선거운동을 한다는 의혹이 민주통합당에 접수되었다. 이에 민주통합당은 일주일간 잠복미행을 하고 고의로 차량충돌 사고를 내는 등의 행위로 혐의가 있는 국정원 여직원의 오피스텔 동 호수를 알아내고, 수십 명의 당직자와 관계자들을 동원해 현장을 급습하여, 증거 확보와 현행범 체포에 나서겠다며 국정원 여직원을 외부에서 감금했다. 경찰이 여직원의 동의를 얻어 집 문을 열고 들어가 보니 혼자 사는 집에 홀로 있어 댓글작업이 의심되는 노트북만 받아갔다.

이 과정에서 민주통합당 관계자가 TV조선 취재기자를 폭행하고, 선거법 위반 여부를 조사하고 고발권한을 가지고 있는 선관위가 불법 선거운동 혐의의 정황이 없다며 철수한 상황에서도 불법 감금은 지속되었다. 국민여론이 악화되자 슬그머니 철수하면서도 국정원의 불법 선거운동 혐의는 닉슨의 워터게이트 사건에 버금가는 범죄행위라고 주장했다.

이때까지 민주통합당은 제보자의 신원을 공개하지 않은 것은 물론 구체적인 제보 내용의 신뢰성을 보여주는 증거를 하나도 제시하지 못하였다. 이런 상황에서 3차 대선후보 TV토론에 나온 문재인 후보는 국정원 여직원을 피의자로 규정하며 수사 중인 사건에 영향력을 행사하려 한다며 박근혜 후보를 질타했다.

경찰의 중간수사 발표는 '혐의 없음'이었다. 하지만 사안의 중대성을 감안한 탓인지 미진한 부분에 대한 계속수사 방침을 밝히고 선거에 들어가게 되었다. 이 과정에서 범죄 심리 전문가라는 경찰대 교수 표창원 씨가 나서 강제 수사에 착수하지 않은 후배 경찰들을 비난했다.

선거가 끝나고 경찰청은 국정원 여직원이 16개 아이디를 이용하여 특정 사이트에 접속하여 게시된 글에 찬반을 표현하는 방식으로 인터넷 활동을 한 흔적이 드러났으며, 공무원의 정치적 중립 의무와 선거법에 위반되는지 여부를 따져볼 필요가 있다는 발표를 하였다. 선거는 끝났다. 민주통합당의 문재인 후보는 패배했고 새누리당의 박근혜 후보는 18대 대통령으로 당선됐다.

이 사건을 지켜보면서 의혹을 가졌던 내용은 다음과 같다.

1. 과연 제보자는 누구인가? 국정원 내 친 민주당계의 인사인가? 아니면 새누리당의 전략에 의한 허위 정보인가?
2. 왜 하필이면 남자 직원이 아닌 여직원인가?
3. 민주통합당은 무슨 근거로 그렇게 확신에 찬 행동을 할 수 있었을까?
4. 만약 새누리당이 전략적 허위 정보를 흘려 민주당을 움직이게 했다면 어떻게 그렇게 확신을 줄 수 있었을까?
5. 이 사건으로 인해 득을 본 쪽은 어느 낭인가?

여기서는 다만 가정이 가능할 뿐 정론은 불가할 것이다. 만약 민주통합당의 수뇌부가 바뀌지 않는다면 이 사건은 영원히 미궁 속으로 빠질 가능성이 크다. 경찰수사 발표가 이미 끝난 상황이고, 설사 새누리당의 전략에 의해 민주당이 당했다 하더라도 더 이상 문제 제기를 하지 못할 것이다. 왜냐하면 너무 부끄럽기 때문이다.

만약 이 사건으로 새누리당이 득을 봐서 승리에 결정적인 역할을 했고, 새누리당의 전략에 의해 이루어진 사건이라고 가정해 본다면, 바로 손자병법의 궤도(詭道)와 일치한다고 할 수 있다. 손자병법의 궤도의 진행 방법은 "사전에 철저한 준비를 갖춘다 → 미끼(假形)를 던진다 → 미끼를 물도록 확신을 준다 → 일단 미끼를 물면 맹공을 퍼붓는다"이다. 이 사건을 지켜보면서 시종 새누리당이 주도했을 가능성이 크다는 생각이 들었다. 그 이유는 새누리당에서 선정한 '국정원 여직원'이란 미끼[1]가 정말 절묘했기 때문이다. 국정원은 과거 정치에 개입한 오점을 안고 있어 국민들의 반감이 심해, 민주당 측에서도 선거를 뒤집을 수 있는 호재라고 여기기에 충분했고, 새누리당 측에서는 만약 이 작전이 성공할 경우 남자 직원보다 여자 직원이 파급효과가 더욱 크다고 생각했을 것이다. 그리고 이런 작전은 만약 실패하더라도 새누리당은 전혀 손해 볼 게 없었다. 문제는 어떻게 민주당에게 확신을 줄 수 있었느냐는 부분인데, 그것은 아마 반간계(反間計)를 썼을 가능성이 크다. 국정원 내의 고위급 간부 중 민주당과 계속 관계를 유지하고 있었던 인사를 선정하여 매수하거나 허위 정보를 흘리는 방법을 썼을 공산이 크다. 결과적으로 이 사건 과정을 지켜봤던 시청자들은 아마 '반대를 위한 반대, 떼만 쓰는 민주당'이란 인상을 강하게 받았을 것이다.

---

[1] 국정원 여직원 본인에게는 정말 미안한 표현이지만 신상이 공개되지 않은 관계로 손자병법의 원전의 의미를 그대로 살리기 위해 사용했으니 양해 바랍니다.

知彼知己 지피지기 - 계란으로 계란을 치면 둘 다 깨진다

적을 알고 나를 알면 백 번 싸워도 위태롭지 않다. 적을 알지 못하고 나를 알면 승률은 반반이고, 적도 모르고 나도 모르면 싸울 때마다 위태롭다.

故曰고왈：知彼[1]知己지피지기, 百戰不殆[2]백전불태;

不知彼而知己부지피이지기, 一勝一負[3]일승일부;

不知彼不知己부지피부지기, 每戰必殆매전필태.(제3편 謀攻篇)

1. 彼：저, 적. 己：나, 자신
2. 殆：위태롭다
3. 負：지다

　마오쩌둥은 손자의 '지피지기' 사상에 대해 "전쟁은 신이 아니라 인간이 벌이는 필연적인 현상으로서 '적을 알고 나를 알면 백 번 싸워도 위태롭지 않다'는 말은 과학적인 진리이다."라고 말한 바 있다. 그는 또 "손자의 이 말은 학습과 응용 두 단계를 논한 것으로, 실제하고 있는 현상의 발전 법칙을 파악하여, 이 법칙에 따라 적을 제어하기 위해 자신의 행동을 결정하는 것이다. 따라서 이 말을 절대 경시해서는 안 된다."고 했다. 수천 년 동안 손자의 이 '지피지기' 사상은 전쟁에서뿐 아니라 정치·경제·외교 등 넓은 영역에서 통용되는 보편적인 가치를 인정받는 지도이념으로 인정받기에 이르렀다.

　'지피지기(知彼知己)면 백전백승(百戰百勝)'이란 말을 자주 듣는데, 손자병법에는 없는 말이다. 백번 싸워 백번 이긴다는 말은 인간으로서는 도저히 장담할 수 없는 오만한 자신감이기 때문이다. 이 백전백승과 비슷한 문장은 손자병법 내에 "적을 알고 나를 알면 승리는 위태롭지 않고, 천시(天時)와 지리(地利)까지 알면 승리는 완전하게 된다."[2]는 구절이 있다. 천시와 지리까지 알아도 백전백승이란 용어는 사용하지 않은 것으로 미루어 손자는 매우 신중하고 인간 능력의 한계를 분명히 인식한 사람이라는 점을 알 수 있다. 또한 '백전불태(白戰不殆)'의 '불태'는 "승리는 거두지 못하더라도 크게 패하지는 않는다."고 해석해야 할 것이다.

남송(南宋) 초기 중국 민족의 영웅인 악비(岳飛)는 여러 차례 금나라 군대를 물리쳤다. 금나라 대장 올술(兀術)은 악비를 만나 여러 차례 패전을 치르며 원한이 사무쳤고, 또 한편으론 그를 두려워했다. 1140년 올술은 악비가 언성(郾城)에 주둔하고 있다는 사실을 알아내고, 스스로 최정예라고 자랑하는 '철탑병(鐵塔兵)'과 '괴자마(拐子馬)'를 이끌고 위풍당당하게 언성으로 진격했다. 올술의 철탑병은 대단한 위력을 지니고 있었다. 기수는 머리에 철로 만든 투구를 쓰고, 얼굴에는 철망을 두르고, 몸에는 철로 만든 갑옷을 입고, 발은 철장화를 신고, 타고 있는 말도 철로 만든 갑옷을 입혔다. 또 괴자마란 철탑병 좌우에서 철탑병의 행동을 원활하게 하도록 보조하는 역할을 담당했던 기병이었다. 이 철탑병은 적과 조우 시 적이 쏜 화살로부터 안전하고, 웬만한 칼과 창의 공격도 거뜬히 견딜 수 있어 적을 전혀 두려워하지 않고 적진으로 과감히 돌진하여 적의 대형을 흩트려 놓으며 헤집고 다녀 적이 일사불란한 작전을 수행하지 못하도록

---

2) 「손자병법」 제10편 地形篇.

했다. 그리고 괴자마의 역할은 철탑병이 이렇게 적진을 휘젓고 다닐 때, 쓰러지는 적병을 긴 창으로 찌르고, 철탑병이 시야가 좁고 동작이 둔한 약점을 좌우에서 보좌하는 것이었다.

악비는 전부터 이 철탑병과 괴자마에 대해 잘 알고 있었다. 따라서 이에 대한 대비도 철저히 해 두었다. 악비는 병사들에게

"철탑병의 위력은 대단한 것임에는 틀림이 없다. 그러나 움직임이 너무 무거워 만약 그들이 타고 있는 말만 제거한다면 무용지물로 만들 수 있다! 이 말들의 네 다리는 모두 외부로 노출이 되어 있어, 다리만 제거하면 이 철탑병의 위력은 전혀 발휘할 수 없게 된다! 그리고 괴자마는 좌우에서 이 철탑병을 보조하는 역할만 하고 있어, 중앙의 철탑병이 탄 말만 제거하면, 철탑병은 물론 괴자마도 무력화시킬 수 있을 것이다!"라고 했다.

이어서 악비는 이 철탑병과 괴자마에 대응하기 위해 방패군을 특별히 창설했다. 이 방패군은 왼손에 쇠못이 박힌 커다란 방패를 들고 오른손에는 말의 다리를 베는 데 편리한 긴 갈고리 칼을 쥐고 철탑병의 움직임을 관찰하여 그에 맞는 대응 훈련을 반복해서 실시했다.

올술이 1만 5천 명의 철탑병과 괴자마를 이끌고 기세등등하게 언성으로 쳐들어오자, 악비는 먼저 방패군을 내보내 철탑병을 맞이하도록 하고 뒤에 정예 기병을 대기시켰다. 방패군이 큰 방패로 철탑병을 육탄 저지하고는 오른손에 든 긴 갈고리 칼로 말의 발목을 베자, 말이 쓰러지면서 위에 타고 있던 철탑병도 모두 아래로 굴러 떨어졌다. 순간 악비의 정예 기병은 바로 달려들어 긴 창으로 쓰러진 철탑병을 무참히 살해했다. 올술은 자신이 심혈을 기울여 양성해 낸

철탑병과 괴자마가 전혀 위력을 발휘하지 못하고 추풍낙엽처럼 사라지는 모습을 바라보고 비통했다.

악비는 지피지기를 통해 다시 한 번 대승을 거둘 수 있었다. 이 고사에서 지피지기의 목적은 바로 적의 약점을 찾아내고 그에 적절한 대응책을 강구함으로써, 아군의 장점을 강화하는 것임을 알 수 있다.

多算者勝 다산자승 - 대책이 많을수록 승산이 크다

싸우기 전에 묘당에서 진행되는 작전 회의를 통해 비교 검토해 보아 우세한 자는 승산이 많고, 싸우기 전에 작전 회의에서 비교 검토해 보아서 열세인 자는 승산이 적다. 많은 대책을 강구하면 이기고, 대책이 적으면 진다.

夫未戰而廟算[1]勝者 부미전이묘산승자, 得算多也[2] 득산다야 ;
未戰而廟算不勝者 미전이묘산불승자, 得算少也 득산소야.
多算勝 다산승, 少算不勝 소산불승. (제1편 始計篇)

1. 廟算 : 출병 전 묘당에서 의식을 거행하고, 사전모의를 하며 전쟁의 승패를 계산하다.
2. 得算多 : 유리한 조건이 많다, 승산이 많다.

소위 "많은 대책을 강구하면 이기고, 대책이 적으면 진다."는 말은 바로 병마를 출동시키기 전에 예상되는 적의 전략적 변화에 따른 충분한 준비를 해야 한다는 내용이다. 싸우기 전에는 반드시 '오사(五事)'와 '칠계(七計)'로써 피아 간의 전력을 분석하고 피아의 장점과 약점을 파악해야 한다. 오사와 칠계의 내용은 '천시(天時)', '지리(地利)', '인세(人勢)'로 요약할 수 있다. 천시는 전쟁을 수행하는 시기로서 이 시기가 어느 편에 더 유리한가를 따져 보아야 한다. 즉 추운 지역에 살던 병사들은 남방에서의 여름이 불리하고, 더운 지역의 병사들에게는 북방에서의 추운 겨울이 불리하다. 지리는 지형의 이로움을 말한다. 북방의 육군 위주의 병사들은 수군이 강한 장강 이남 지역을 공격하기에 불리하고, 평지에 살던 병사들은 산악지역이 많은 북방을 공격하기에 불리하다. 인세란 정치, 장수의 능력, 병력의 수, 병사들의 전투력, 군대의 법령과 군기 등 천지를 제외한 전쟁의 승패를 가름할 수 있는 인위적인 요소를 말한다.

전쟁의 승패를 가름할 수 있는 이런 요소들을 철저히 파악하고 분석해 적의 약점을 찾고, 아군은 이 약점들을 집중 공략할 수 있는 장점을 강화시키면 승산이 높다는 것이다. 이런 내용은 전쟁에서뿐만 아니라 정치와 현실생활에서도 그대로 적용된다고 할 수 있다. 당태종은 정치에 있어서도 휘황찬란한 업적을 남겼다. 당태종 재임 시의 치적을 '정관지치(貞觀之治)'라고 하며 역대 한족 황제 중 제일 훌륭한 치적을 남겼다는 평을 받고 있다. 즉, 이세민은 수(隋)나라 말기 곳곳에서 일어난 군웅들의 동란으로 혼란한 국면에 처해 있을 때, 부친 이연(李淵)과 함께 난국을 평정하고 당왕조를 열었다. 황제에 등극하면서 율령제도(律令制度)를 정비하여, 나라의 기틀을 공고히 했고, 과거제도(科擧制度)를 정착시켜 인재육성의 틀을 만들었다. 그리고 관리등용에 있어서도 사적인 감정에 치우치지 않고 능력 있는 인사들을 대거 기용했다. 따라서 지난 날 자신에게 반기를 들었던 위징(魏徵)을 비롯하여 방현령(房玄齡), 두여회(杜如晦) 등 현명하고 소신 있는 신하들을 측근으로 발탁함으로써, 문치(文治)를 이룩하게 되었고, 밖으로는 돌궐(突厥)을 정벌하고, 토번(土番)과 화친을 맺었다.

대신들 중 특히 위징(魏徵)은 황제에게 바른 말을 잘하기로 유명한 사람이었다. 황제의 실정에 대해 신랄하게 비평을 하여 때로는 태종이 대신들 앞에서 위징으로 인해 안절부절 못하는 형상이 되곤 했다. 그런 위징이 죽었을 때 지금까지 불세출의 명언으로 평가되는 다음과 같은 말을 남겼다.

동(銅)3)으로 거울을 삼으면, 의관을 바르게 할 수 있고,
역사로 거울을 삼으면 흥망의 원인을 살필 수 있다.
사람으로 거울을 삼으면 무엇을 얻고 무엇을 잃었는지를 알 수 있어,
짐은 항상 이 세 거울을 지니고 잘못을 막을 수 있었는데
오늘 위징이 죽었으니 이 세 개의 거울 중 하나를 잃었도다!

以銅爲鏡이동위경, 可以正衣冠가이정의관.
以古爲鏡이고위경, 可以知興替가이지흥체.
以人爲鏡이인위경, 可以明得失가이명득실.
朕常保此三鏡짐상보차삼경, 以防己過이방기과.
今魏徵殂逝금위징조서, 遂亡一鏡矣수망일경의.

당태종은 일상생활 속에서도 항상 이 동거울, 역사, 신하의 간언을 소중히 여기며 자신의 의관, 행동의 지표, 행실의 과오를 점검했다. 이런 철저하고 냉철한 생활태도가 전쟁에서는 항상 승리할 수

---

3) 구리로 만든 거울

있는 명장으로, 정치에서는 불후의 명군으로서 이름을 남기게 한 것이다.

形極無形 형극무형 - 위장의 극치는 무형이다

따라서 위장이 최고조에 이르게 된 군대는 형세가 아예 드러나지 않는 '무형'의 경지에 이른 부대이다. 아군의 형세가 이렇듯 드러나지 않으면 깊이 침투한 첩자라도 탐지할 수 없으며, 적의 지혜로운 장수라도 전략을 세울 수가 없다.

故形兵之極[1]고형병지극, 至於無形지어무형.
無形則深間[2]不能窺[3]무형즉심간불능규, 智者不能謀[4]지자불능모.(제6편 虛實篇)

1. 形兵 : 군대의 운용. 極 : 극치, 지극함
2. 深間 : 아군 깊이 침투한 간첩
3. 窺 : 엿보다
4. 謀 : 꾀하다

상대방에 대한 전략을 구사하기에 앞서 우선 선행되어야 할 기본적인 대책은 적이 나를 알지 못하도록 하는 것이다. 상대에게 나의 전력을 노출시키지 않는 방법으로 손자는 '무형(無形)'을 제기하고 있다. 무형이란 형체가 없는 투명인간이 되라는 의미는 아니다. 상대방이 나에 대해 정확하게 파악하지 못하도록 연막을 치거나, 상황 변화에 따라 카멜레온 같은 빠른 변신의 방법 혹은 본래의 모습과는 다른 가형(假形)을 보여주는 방법을 사용하는 것이다. 즉, 우군은 '지피지기(知彼知己)'를 이루고, 적으로 하여금 '지피(知彼)'하지 못하도록 하는 방법이다. 적이 '지피'를 하지 못하도록 나는 무형 경지에 이르러야 하는데, 이런 경지를 손자는 "미묘하고 또 미묘하도다! 이런 군대는 형체가 보이지 않는 무형(無形)이 되고, 신비하고도 신비하도다! 이런 군대는 소리가 들리지 않는 무성(無聲)의 경지에 이른다. 그러므로 능히 적의 생사를 관장하는 사명(司命)이 될 수 있다!"[4]고 했다.

손자는 "물은 지형에 따라 흐름을 정하고, 전쟁은 적정에 따라 그에 부합하는 승리를 만들어 간다. 그러므로 병력의 운용에 일정한 형세가 없는 것은 마치 물에 일정한 형태가 없는 것과 같다. 적군의 상황에 따라서 변화시키면서 승리를 쟁취하는 것이 마치 신기에 가깝다고 할 수 있다."[5]고 했다. 손자는 물의 속성을 그의 병법에서 "물은 지형에 따라 흐름을 정하듯, 전쟁은 적정에 따라 작전의 변화를 추구한다", "병력의 운용은 마치 물에 일정한 형태가 없는 것처럼 변화무쌍해야 한다."라고 하여 전술적 운용이 돋보인다.

위장의 다른 방법으로, 손자는 본래의 모습과는 다른 가형(假形)을 보여주는 방법을 제기하고 있다. 가형이란 트릭을 말한다. 위장의 극치는 뭐니 뭐니 해도 제갈공명의 공성계(空城計)라고 할 수 있다. 공성계란 성을 비우는 전법이다. 적을 대항할 힘이 없는 상황에서 역으로 성문을 활짝 열어 적의 판단에 혼선을 일으켜 스스로 물러가게 하는 전략이다. 이 계는 고도의 심리전으로 '도 아니면 모' 식의 생명을 건 도박이라고 할 수 있다. 삼국시대 위(魏)·촉(蜀)·오(吳) 세 나라가 정립할 때 촉나라 승상이었던 제갈공명은 천하통일을 위해 5차례에 걸쳐 위(魏)나라를 공략한 바 있다. 한 번은 위나라를 정

---

4) "微乎微乎, 至於無形 ; 神乎神乎, 至於無聲, 故能爲敵之司命." (「손자병법」 제6편 虛實篇)
5) "夫兵形象水, 水之形, 避高而趨下, 兵之形, 避實而擊虛. 水因地而制流, 兵因敵而制勝. 故兵無常勢, 水無常形. 能因敵變化而取勝者, 謂之神." (「손자병법」 제6편 虛實篇)

벌할 때 마속(馬謖)을 선봉장으로 임명했으나, 마속이 공명의 명령을 어기고 마음대로 작전을 하다가 전략적 요충지였던 가정(街亭)을 잃게 되자, 전열을 정비하기 위해 하는 수 없이 한중(漢中)으로 철수할 수밖에 없었다.

공명은 철수 준비를 지휘하면서 또 한편으로는 5천 명의 군사를 이끌고 부근에 있는 서성현(西城縣)으로 가서 군량을 운반하고 있을 때였다. 한참 바쁘게 움직이고 있는데 갑자기 위(魏)나라 장군 사마의(司馬懿)가 15만 대군을 이끌고 서성현으로 들이닥쳤다. 그 당시 공명의 군대에는 장군도 없었고 병력도 모두 오합지졸인 데다가 절반은 군량을 운반하러 나갔고 성 안에는 얼마 안 되는 병력밖에 없었다. 사마의가 대군을 이끌고 쳐들어온다는 소식을 듣고 모두들 겁을 먹고 뜨거운 가마솥 안에 있는 개미들처럼 어쩔 줄 몰라 했다. 공명도 전혀 뜻밖의 상황이 벌어지자 당황할 수밖에 없었다. 그러나 이미 벌어진 일, 대책을 마련할 수밖에 없었다. 공명은 성루에 올라 멀리 다가오는 적을 한번 바라보고 모두에게 말했다.

"여러분 당황하거나 불안해하지 마시오! 내가 계책을 세워 사마의가 물러가도록 하겠소!"라고 말하고 병사들에게 성곽에 꽂혀 있는 모든 깃발을 회수하게 하고, 각자 자신의 위치로 돌아가 묵묵히 아무 일도 없는 것처럼 태평하게 일하도록 명했다. 그리고 도망치거나 소리를 내는 이는 모두 가차 없이 참수하겠다고 호령했다. 그리고 병사들에게 네 개의 성문을 모두 활짝 열어놓고 모든 성문 위로 두 병의 사병을 파견하여 민간인 복장으로 갈아입고 느긋하게 술을 마시며 앉아 있으라고 했다. 그리고 자신은 편한 복장으로 두건을 머리에 두르고 거문고를 들고 시동 두 명을 데리고 성루에서 제일 높고 눈에 잘 띄는 곳으로 가서 앉아 향을 피워놓고 한가롭게 거문고를 뜯고 있었다.

사마의의 선봉대가 성 아래에 이르러 이런 이상한 광경을 바라보고 감히 성 안으로 들어가지 못하고 서둘러 돌아가 사마의에게 보고했다. 사마의는 보고를 받고 믿을 수 없어 진위를 파악하기 위해 삼군의 전진을 멈추게 하고 직접 성 아래로 달려갔다. 성 아래에 당도하여 성루를 올려 보니 과연 보고대로 성루에서는 공명이 미소를 느긋하게 머금고 향을 피워놓고 거문고를 타고 있었다. 공명의 등 뒤로는 시동 두 명이 시립해 있는데, 한 명은 보검을 받쳐 들고 있고, 다른 한 명은 학선을 부치고 있었다. 그리고 성문 앞에는 2, 30명의 민간인으로 보이는 사람들이 아무 일도 없는 듯 한가롭게 술을 마시고 있었다.

사마의는 이런 광경을 보고 생각하면 할수록 의혹만 커져 결국 전군에게 후퇴를 명하고 말았다. 그러자 사마의의 둘째 아들인 사마소(司馬昭)가 어이없다는 듯,

"제갈공명의 군중에 병력이 없어 고의로 저런 위장술을 쓰고 있는데 부친께서 왜 철수를 하시는 겁니까?"라고 묻자, 사마의는

"나는 공명에 대해 잘 안다. 그와 평생 동안 싸움을 해 보았지만 항상 신중에 신중을 거듭했지 모험을 한 적은 한 번도 없었다. 그런 그가 지금 성문을 활짝 열어놓고 우리를 유인하는데, 이는 필시 성 안에 군사들을 매복해 놓고 우리를 잡기 위한 것일 게다. 아군이 만약 성 안으로 들어가면 그들의 계략에 말려드는 꼴이 되니 빨리 철수하는 것이 좋다!"라고 했다. 이렇게 사마의의 대군을 철수했고 공명은 위기를 넘길 수 있었다.

전쟁에서 적을 속이기 위해 가형(假形)을 만드는 것이 얼마나 힘들고 어려운 일인지, 이 고사를 통해 잘 알 수 있다. 부대 전원을 동원한 가형의 연출이기 때문이다. 이런 연출에 성공을 하면 아군의 피해는 거의 없이 위기를 넘길 수 있어, 힘들지만 최상의 효과를 볼 수 있다.

求之於勢 구지어세 - 세(勢)는 손자병법의 핵심

전쟁에 능한 자는, 승리를 전세(勢)에 의존하지 남의 탓을 하지 않는다. 따라서 재능 있는 인재를 잘 선택해서 세(勢)를 맡길 줄 알아야 한다.

善戰者선전자, 求之於勢구지어세, 不責¹於人불책어인,
故能擇人而任勢²고능택인이임세. (제5편 兵勢篇)

1. 責 : 꾸짖다, 책망하다
2. 擇人而任勢 : 적당한 인재를 선발해 세를 맡긴다.

손자병법의 내용 중 제일 핵심적인 것은 바로 자신의 역량을 극대화해서 적을 쉽게 제압할 수 있는 방안인 '세(勢)'에 있다. 세는 다시 말해 '힘'이다. 이 힘을 위해 손자병법의 주요 내용을 정리해 보면 다음과 같은 3단계의 과정을 거친다.

1단계 : 전쟁 승리의 기본조건인 정치, 인재, 조직과 지휘, 법령 등에 대한 정비
2단계 : 실전에서 승리를 위한 정보수집, 상황에 따른 병력의 운용법, 지형을 이용하는 방법 등의 전술운용법
3단계 : 아군전력을 극대화할 수 있는 적 기만술

1991년 12월 25일 고르바초프가 소련 대통령 직에서 물러났고 소련은 붕괴되었다. 소련의 붕괴로 소수민족들이 독립해 각자 독립국가를 탄생시켰다. 러시아가 이렇게 와해되고 있을 때 중국은 개혁개방을 통해 국가 전체를 온전하게 보존할 수 있었다. 중국의 개혁개방 정책은 바로 손자병법의 '세 만드는 단계'를 따랐다. 중국의 개혁개방은 1978년부터 시작하여 이미 30년이 경과했다. 개혁이란 내부적인 체제개혁을 말하고, 개방이란 대외적인 문호개방을 의미한다. 개혁은 대외개방을 하기 전에 우선 내부의 준비 작업으로서, 바로 사회주의 경제체제에 자본시장을 도입함에 따라 우선 내부적인 체제개혁이 필요했다. 손자의 제1단계 세 만들기 과정인 셈이다. 개혁의 과정을 비교해 보면 중국은 우리나라나 선진국과 그 내용이 사뭇 다르다. 우리의 경우는 농업사회에서 공업사회를 거쳐 지식사회로 진입하는 과정을 거쳤지만, 중국은 3가지 다른 과정을 시행하고 있다. 첫 번째는 농업사회에서 공업사회로, 그리고 또 지식사회로 진입하는 과정을, 두 번째는 사회주의 계획경제에서 시장경제로, 세 번째는 외국과는 전혀 무역거래를 하지 않았던 밀폐형 사회에서 개방형 사회로 전환하는 과정을 동시에 진행하고 있다.

중국 개혁의 특징은 하루아침에 이루려 하지 않고 단계별로 하나하나 천천히 30년이 지난 지금도 끊임없이 개혁하고 있다는 점이다. 초기에는 개혁개방에 대해 반대도 많았고 성공할 수 있으리란 확신도 없었다. 그래서 등소평은 개혁개방 정책의 실험무대로 화교 자본이 밀집해 있는 남방지역을 중심으로 몇 곳만 시험적으로 개방했는데, 이것이 바로 경제특구이다. 오랫동안 계획경제를 실시해 온 중국으로서 외국자본을 유치해 자본시장을 개방한다는 것은 상당한 모험일 수밖에 없었다. 따라서 우선 제한적으로 일부 지역을 개방해 외국자본 유치와 자본시장 개방에 따른 위험 요소를 파악하고, 보다 효율적으로 정책을 성공시키기 위해 적(외국)을 공부하는 실험적인 무대가 필요했던 것이다. 이것이 바로 손자의 세 만들기 2단계라고 할 수 있다.

경제특구의 설립을 통한 대외개방이 성공을 거두자, 동해안 해안 도시를 추가적으로 개방했고 계속 내륙지역으로, 또 전면적인 개방으로 이어졌다. 지금은 세계 500대 기업이 모두 중국에 진출하여 어마어마한 자본을 투입하는 단계에 이르렀다. 외환보유고가 무려 3조 2000억이라고 하니, 가히 그 상황을 짐작할 수 있을 것이다. 앞으로는 손자가 말한 세 만들기 제3단계로 '임기응변'을 주요 정책으로 삼고 있다. 과거에는 무조건 돈만 들고 오면 다 받아주던 외자유치에서 공해산업이나 노동집약형 임·가공업 등 저부가가치 산업은 사양하겠다는 것이다. 즉, 주로 고부가가치의 첨단기술 위주의 산업을 중심으로 한 외자유치 정책으로 바뀌었다. 중국은 지금도 지속적으로 사회의 모든 분야에서 철저한 계획하에 일사분란하게 수술을 가하며 개혁해 나가고 있다. 손자가 강조한 세를 만들어 가는 과정인 "내부의 준비 → 적에 따른 전략의 수립 → 피아의 변화에 따른 전략의 수정"을 개혁개방 정책에 그대로 적용했음을 알 수 있다.

不致於人 불치어인 - 주도권은 승리의 전제조건

전투를 잘하는 자는 적을 끌고 다니지 적에게 끌려다니지 않는다

故善戰者고선전자, 致人而不致於人[1]치인이불치어인.(제6편 虛實篇)

1. 致 : 이르다. 致人而不致於人 : 적을 이르게 하지, 적에게 이끌려 다니지 않는다.

열렬하게 사랑하던 두 남녀가 결혼을 하면 어느 순간부터 신경전이 시작된다. 밥과 설거지는 누가 하고, 집안청소는 누가 하고, 빨래는 누가 하고 등등등…… 영원히 달콤하고 깨만 쏟아질 것 같던 신혼부부 간에도 이렇듯 앞으로 살 미래를 위한 주도권 다툼이 시작되는데 생면부지의 남과 경쟁을 하거나, 과장 자리 하나 놓고 여럿이 경쟁해야 하는 회사 안에서야 두말할 것도 없을 것이다. 회사가 합자를 할 때도 지분이 50%냐 51%냐에 목을 매는 이유는 바로 앞으로 회사의 운영권에 있어 누가 주도권을 잡을 수 있는지 중요한 대목이기 때문이다. 주도권이란 바로 승리를 위해 보다 유리한 여건 속에서 자신에게 유리한 방식대로 전쟁을 치르기 위한 상황연출인 것이다.

손자는 "먼저 싸움터에 나아가서 적을 기다리는 자는 편하고, 뒤늦게 싸움터로 달려와 싸우려고 하는 자는 고달프다. 그러므로 전투를 잘하는 자는 적을 끌고 다니지 적에게 끌려다니지 않는다."고 했다. 이 '주도권 장악'은 전략의 모든 원칙과 수단을 적용하기에 앞서 제일 먼저 고려해야 하며, 아무리 전략이 잘 준비되었다 하더라도, 적에게 기선을 빼앗기면 승리하지 못한다. 또한 주도권의 상실은 아군을 수세적 입장으로 전락시킬 뿐만 아니라, 행동의 자유를 박탈당함으로써 패배를 자초하게 된다.

초원을 활보하는 야생마는 자기가 어디를 향해 어떤 속도로 달리든 누구하나 간섭할 수 없어 무한한 자유를 만끽할 수 있다. 그러나 인간에게 잡혀 길들여지고 입에 재갈이 물리면 그 후부터는 모든 자유는 박탈당하며 모든 행위의 주도권이 바로 인간에게 넘어가게 된다. 음식을 먹고, 달리고, 쉬고, 심지어 새끼를 낳는 행위조차도 모두 인간의 의지에 의해 조정당하고 죽는 날까지 인간의 목적을 위해 봉사해야 한다. 이와 같이 주도권이란 전쟁에 있어서는 자신이 원하는 시각에, 원하는 방법으로 적과 싸울 수 있도록 조정하고 유도하는 힘이라고 할 수 있다.

중국에 투자한 많은 한국 기업들이 잘못 생각하는 점은 투자를 많이 했으니 주인으로서 그에 상응하는 대접을 받을 수 있고, 중국인들이 이에 대해 고맙게 여길 것이라고 생각한다는 것이다. 그러나 중국에 투자하는 그 순간부터 주도권은 바로 중국인의 손으로 들어간다는 것을 유념해야 한다. 중국인들에게 코가 꿰이는 것이다. 초원을 내달리던 야생마가 우리 안에 갇힌 꼴이 된다는 말이다. 그 후부터 모든 행위는 말이 인간의 명령에 따라야 하듯이 중국인들의 의견에 따라 움직일 수밖에 없게 된다. 법과 계약서가 있어 법의 보호를 받을 수 있지 않을까? 그러나 중국법이다. 중국법에 대해 우리가 중국인보다 더 잘 알 수 없고 유리할 수 없다. 계약서의 내용을 중국어로 작성하는데, 만약 제일 어려운 낱말들로 기재를 하고 핵심적인 내용에 대해 모호하고 애매하게 기록하면, 한국인들은 대부분 정확한 수정과 확인을 거치지 않고 그대로 서명하기 쉽다. 그 결과 문제가 생기면 계약서에 애매하게 기재했던 내용을 들어 생떼를 쓰며 우기면 당하는 수밖에 없다.

중국에서 사업을 하면서 중국어를 모른다면 일의 주도권은 누구에게 있을까? 그것은 바로 통역을 담당하는 사람에게 귀속된다. 모든 말은 통역을 통해 전달되고 사업의 비밀까지도 통역을 통해 전해야 하는 상황에서 주도권을 확보할 수 있을까? 회사의 작은 비밀까지도 통역에게 알려주면서 주인 노릇을 할 수 있으리라고 생각하는 것은 참으로 어리석다. 중국인 친구와 우정을 논할 때 통역을 대동한다면 의사는 소통할 수 있어도 감정의 교류는 쉽지 않을 것이다. 감정의 교감 없이 친구가 될 수 있을까? 따라서 외국에서 사업을 할 경우 그 나라 말을 습득해야 하는 것은 제일 기본 사항이라고 할 수 있다.

7년 전 중국으로 파견나가 3년 동안 북경에서 체류한 적이 있다. 파견의 목적 중 하나가 북경의 유명 대학과 공동으로 한중통번역대학원을 개설하는 것이었다. 중국 대학과 협상하는 과정에서 제일 우선시한 것은 어떻게 하면 주도권을 확보하는가였다. 그 방안으로 다음과 같이 협정을 체결했다.

1. 투자는 한 푼도 하지 않는다. 그 대신 수익배분은 중국 대학과 우리 대학이 2 : 1로 한다.
2. 학생모집은 우리가 주도한다.
3. 교육은 두 학교가 공동으로 책임진다. 즉, 중한통번역은 한국측이, 한중통번역은 중국측이 맡는다.
4. 강사의 관리와 보수는 각 대학이 따로 책임진다.
5. 석사학위는 중국 대학에서 발급한다.

이 계약의 골자는 주도권을 확보하기 위해서 운영상의 행정권과 인사권을 확보하고 수익의 분배도 확실히 해서 상호 간의 갈등의 소지를 미연에 방지하는 데 있었다. 그 결과 두 학교가 7~8년 동안 아무 마찰 없이 지금까지 무난하게 이 대학원을 운영해 오고 있고, 명성도 점차 높아지고 있다.

攻其無備공기무비 - 급소치기

적의 무방비한 곳을 공격하라. 적이 전혀 예기치 못한 곳을 노려라.

攻其無備공기무비, 出其不意출기불의.(제1편 始計篇)

진격할 때 막아내지 못하는 것은 그 허를 찔렀기 때문이다.

進而不可御¹者진이불가어자, 沖其虛也²충기허야.(제6편 虛實篇)

1. 御 : 막다
2. 沖 : 화할, 돌격하다

　공격 목표는 한마디로 적이 예기치 못한 곳과 방비가 허술한 곳을 말한다. 방어는 적이 어디를 공격할지 모르게 만들어 적이 공격 목표를 설정하지 못하도록 하는 데 있다. 즉, 아군은 적의 허점을 알아내 공격 목표를 설정하고, 적은 아군의 허점을 알지 못해 공격 목표를 정하지 못하도록 한다는 것이다. 만약 적의 제일 허약한 점을 공격하게 되면 "마치 숫돌로 계란을 치듯 할 수 있게 되는데 이는 바로 나의 '실(實)'로써 적의 '허(虛)'를 치기 때문이다."라고 했다.

　제나라의 장축(張丑)이라는 신하가 연나라에 인질로 잡혔다. 두 나라의 관계가 험악해지자 장축은 연나라를 탈출하려고 했지만 국경 지역 성문지기에게 잡히고 말았다. 장축이 성문지기에게
"연 왕이 나를 잡은 것은 나에게 보물 구슬(보주 : 寶珠)이 있다고

누군가가 연 왕에게 고해바쳤기 때문이네. 그러나 나는 그 보물을 잃어 버렸지만, 연 왕이 그걸 믿지 않더군. 만약 자네가 나를 잡아 연 왕에게 끌고 가면, 나는 자네가 나를 잡고 보물을 뺏더니 꿀꺽 삼켜버렸다고 말할 걸세. 그렇게 되면 왕이 자네 배를 갈라 창자 구석구석까지 뒤져볼 것은 불 보듯 훤한 일이지. 성질이 불 같고 욕심 많은 왕이 자네 변명 따위를 믿겠나?"라고 하자, 성문지기는 그만 겁이 나서 장축을 놓아주고 말았다. 장축의 전법은 바로 물귀신 작전이었다. 너 죽고 나 죽자는 식으로 타이슨이 래리 홈즈의 귀를 물어뜯은 것과 똑같은 방법이었지만 장축은 이겼고 타이슨은 졌다. 장축이 이긴 것은 성문지기의 허점을 쳤기 때문이고, 타이슨이 진 것은 래리 홈즈의 허점을 친 것이 아니라 반칙이었기 때문이다.

　30년 전 중국이 개혁개방을 막 시도하여 사유재산을 인정하고 '개체호(個體戶)'라는 작은 상점을 허용하기 시작할 당시, 열심히 일하지 않더라도 꼬박꼬박 월급을 주었던 '철밥통'을 깨고 과감하게 개체호를 열었던 사람들은 대부분 지금 성공에 성공을 거듭하여 어마어마한 거부들이 되었다. 이들 중 어떤 이는 지금 수백 수천 명의 직공을 거느린 기업의 주인이 되었고, 큰 빌딩을 소유하고 으리으리한 저택에서 여러 명의 하녀들을 거느리며 호의호식하고 있다. 중국 시장을 인구로 비교했을 시 우리나라의 30배에 이르니, 성공한 그들이 벌어들인 재산이 우리와 비교해서 어떠하리라는 것을 쉽게 상상할 수 있을 것이다.

　중국에 살고 있는 조선족 중에 큰 부자가 된 사람들은 대부분 중국에 남아서, 중국에 진출한 한국인 밑에서 온갖 수모를 다 당하며 궂은 일을 한 사람들이다. 한중수교 이후 많은 조선족들이 당시 중국보다 10배 이상 비싼 인건비를 벌려고 한국행을 서두르고 있을 때, 이들은 먼 미래를 내다보고, 중국시장에서 통할 수 있는 한국 상품에 눈독을 들였다. 적당한 아이템을 발견하면 이들은 모든 것을 버리고, 그 회사에 들어가 제조 과정과 기술을 익히는 데 주력했다. 결국 이들은 모든 노하우를 전수받게 되었고, 이 제품을 생산할 수 있는 재력까지 갖추게 되었을 때 과감하게 사표를 내고 독립해서 공장을 세웠다. 이렇게 성공한 조선족들의 모임에서 자주 들리는 농담은 "너는 아직도 그 회사에서 봉급 타고 있냐?" 이다. 이 말의 속뜻은 "왜 독립해서 새 살림을 차리지 못했냐?" 아니면 "왜 아직도 한국인 사장을 쫓아내지 못하고 그 밑에서 심부름만 하고 있냐?" 이다.

　지인 중 한 명은 한국에서 전기로 끓이는 약탕기를 수입하는 일을 하고 있다가 유명 회사 사장에게 접근해 중국에 공장을 차릴 것을 건의하기에 이르렀다. 결국 중국에 공장을 차리게 되자, 자신은 공장장으로 임명되었고, 그 후 계속 이 제조과정의 모든 것을 알게 되었다. 그리고 그는 지금은 독립하여 병원에서 사용하는 대형 약탕기를 제조해 전국의 수많은 병원에 납품을 하여 어마어마한 부를 쌓았다. 중국 실정에 밝은 이 친구는 모든 중국 병원에 한방이 있고, 병원마다 대형 약탕기가 필요하다는 사실에 주목해, 하던 일을 접고 이 사업에 뛰어든 것이다. 이런 사례는 모두 손자의 '무방비한 곳 공격하기' 가 실효를 거둔 예이다.

開闔亟入 개합극입 - 기회가 왔을 때 머뭇거리면 진다

일단 적의 허점이 드러나면 신속하게 공격하는데, 먼저 적이 제일 소중히 여기는 요충지를 빼앗고, 은밀히 때를 기다린다.

敵人開闔 적인개합, 必亟入之[1] 필극입지,
先其所愛 선기소애, 微與之期[2] 미여지기. (제11편 九地篇)

1. 開闔: 허점. 必亟: 반드시 신속하게
2. 微與之期: 은밀히 기다리다.

적을 공격하기 위한 최적의 시기를 손자는 '개합(開闔)'이란 단어로 표기했다. 교전 중에 언제 기회를 포착하여 선수를 치느냐가 지휘관의 입장에서는 제일 중요한 문제이다. 만약 절호의 기회가 왔는데도 잡지 못하고 놓치면 후회막급한 일이다. 기회를 살리지 못하는 지휘관은 그야말로 무능한 지휘관인 데 반해, 유능한 지휘관은 앉아서 기회를 기다리지 않고 스스로 기회를 만드는 능력이 있는 사람이다. 또한 기회를 잘 포착하는 데에는 관찰력, 분석력, 판단력, 결단력, 지략이 필요하다. 적정을 관찰하면서 내 눈에 보이는 형상이 진실된 적의 모습〔진형(眞形)〕인지, 아니면 적이 기만술로 만들어 낸 거짓형상〔가형(假形)〕인지를 정보와 정황을 토대로 정확하게 분석하고 판단하여 결론을 도출하고, 도출된 결론에 근거하여 공격을 할 것인지 후퇴를 할 것인지 아니면 방어를 할 것인지 결단을 내리고, 공격을 하면 어떤 방법으로 하고 방어를 하면 어떻게 할 것인지에 대한 전략을 수립해서, 과감하게 즉각 행동으로 옮길 수 있어야 한다.

동한 말년 황하를 중심으로 남북지역에 점차 원소(袁紹)와 조조(曹操) 두 진영이 대치하는 국면으로 정리되었다. 원소는 조조보다 넓은 지역을 차지했고 병력도 많았으며 우수한 병력을 확보하고 있었다. 결국 관도(官渡)에서 서로 피할 수 없는 일전이 기다리고 있었다. 워낙 전력에 있어서 열세였고 양식이 바닥나서 고전을 면치 못하고 있었던 조조는 허창(許昌)으로 퇴각할 생각도 했지만, 모사 순욱(荀彧)이 결사적으로 반대하는 바람에 관도에서 결판을 내기로 결심하기에 이르렀다. 어느 날 원소가 파견한 첩자 한 명을 생포해 원소군의 정황을 알 수 있게 되었다. 원소의 장수 한맹(韓猛)이 수천 대의 양초를 실은 마차를 관도로 운반한다는 것이었다. 조조는 즉각 서황(徐晃)과 사환(史渙) 두 장수를 보내 양초를 빼앗아 돌아오자 원소는 큰 타격을 입고 말았다. 그래서 원소는 그 후부터 양초를 대장군인 순우경(淳于瓊)에게 만 명의 군사를 붙여 운반토록 하여 대본영으로부터 40리 떨어진 오초(烏剿)에 저장했다.

하루는 원소의 모사인 허유(許攸)가 자신의 친척을 위해 변호를 하다가 결국 원소의 화를 불러 군영 밖으로 내몰리자 곧바로 조조에게로 와서 투항했다. 허유가 원소의 군량이 모두 오초에 저장되었다고 보고하자 조조는 바로 한밤중 정병 5,000명을 이끌고 오초로 쳐들어가 군량을 모두 불살랐다. 군량이 모두 불에 타자 원소의 군대는 크게 동요되었고 병사들의 사기는 점점 땅에 떨어졌다. 조조는 이런 호기를 틈타 총공격을 가해 원소의 군사 7만 명을 베자 나머지는 뿔뿔이 도망쳤다. 원소는 아들과 함께 하북지역으로 도주했는데 이때 남은 병사라고는 기병 800명에 불과했다. 조조의 장점은 이와 같이 기회가 왔을 때 주저하지 않고 즉각 행동으로 옮기는 과감함에 있었다.

因利制權인리제권 - 약점만 보완하다 보면 영원한 2등

세란 승리를 위한 유리한 형세를 만들어 파워를 형성하는 것을 말하며, 이로써 전력의 힘이 나오는 것이다.

勢者세자, 因利而制權也인리이제권야. (제1편 始計篇)

'인리이제권(因利而制權)'의 핵심적인 내용은 장점을 살리고 단점을 피하는 것, 혹은 이로움을 쫓고 해로움을 피하는 것을 말한다. 전쟁 상황은 항상 변하여 절대강자란 존재하지 않는다. 강한 군대도 상황이 바뀌면 약해질 수 있고, 약한 군대도 때에 따라서는 도저히 공략할 수 없는 강한 전력으로 바뀌는 것이다. 따라서 유능한 지휘관은 피아의 전력을 철저히 분석하여 아군의 장점을 최대한 살려 적의 허약한 점을 집중 공략해야 한다.

「초한지(楚漢志)」에서 유방은 항우에게 "나의 도량은 지모를 겨루는 데 있지, 힘을 겨루는 데 있지 않다."고 했다. 유방의 장점은 바로 지모에 있고, 항우의 장점은 바로 힘과 전투력에 있었다. 정면전으로는 유방은 절대로 항우를 이길 수 없었다. 지모란 머리를 써서 상대방을 제압하기 위한 전략을 말한다. 쉽게 말해 유방은 항우보다 머리는 좋은데 힘은 모자란다는 의미이다. 유방은 이런 자신의 장점을 강화하고 항우의 약점을 공격하기 위해 항우로부터 귀순한 진평이 권하는 방책에 따라 항우의 맹장 종리매와 책사 범증을 항우로부터 떼어놓을 작전을 구사했다. 즉, 막대한 자금을 들여 유언비어를 살포할 누리꾼들을 항우의 진영에 풀어놓은 것이다. 이 누리꾼들은 상인으로 가장하고 항우의 진영으로 들어가 "종리매와 범증이 많은 공을 세우고도, 항우에게 이렇다 할 보상을 받지 못해 불만이 가득하여, 유방과의 연계를 모색하고 있는 중이다."란 그럴 듯한 요언(妖言)을 살포했다. 힘만 좋은 항우는 이런 요언을 믿게 되어 종리매와 범중을 기피하는 우를 범하게 되었다. 결국 범중은 항우를 떠나 고향으로 가는 도중 화병으로 등창이 도져 사망했고, 종리매는 도주하고 말았다.

한고조(漢高祖) 유방이 항우를 제압하고 자신의 승리를 총괄하는 명언이 있다. 그는 자신의 승리를 "나는 천리 밖의 적을 무찌를 수 있는 지략에 있어서는 장량(張良)에 미치지 못하며, 국가의 재정을 관리하고 백성들을 위무하며 군대의 양식을 조달하는 일은 소하(蕭何)만 못하며, 백만 대군을 지휘하여 싸우면 반드시 이기고 공격하면 반드시 승리하는 면에 있어서는 한신(韓信)보다 못하다. 내가 이들을 잘 활용할 수 있어서 천하를 얻을 수 있었다. 반면 항우는 범중(范增)이란 유능한 보좌가 있어도, 그를 활용할 줄 몰랐기 때문에 나에게 당한 것이다."라고 정리했다. 유방의 장점은 인재를 잘 활용할 수 있는 지혜와 포용력이었다. 이에 관해서는 맹장인 한신의 말에도 잘 나타나 있다.

어느 날 유방과 한신이 다른 장군의 품평을 하면서 의견을 나누고 있었다. 유방은 다소 언짢아 다음과 같이 물었다.

"그러면 나는 몇 명의 병졸을 거느릴 수 있다고 생각하는가?"

"폐하는 기껏해야 십만 정도에 불과할 겁니다."

이 말을 들은 유방은 내심 불쾌했다.

"그러면 자네는?"

"신은 많으면 많을 수록 좋습니다."라고 한신이 답하자,

"그러면 자네는 왜 내 밑에서 일하는가?"라고 유방이 물었다.

"폐하께서는 병졸을 지휘하는 장수로서는 능하지 못하시지만, 장수를 부리는 우두머리로서는 더할 나위 없이 훌륭하십니다. 제가 폐하를 위해 충성을 다하는 것은 바로 이 때문입니다. 폐하는 실로 하늘이 내리신 분이며 그 능력이 사람 이상의 것입니다."라고 한신이 말했다.

이렇듯 유방은 자신의 장점인 지략, 포용력, 용인술을 잘 살려, 항우의 단점을 집요하게 파고들어서 천하를 얻을 수 있었던 것이다.

正合奇勝 정합기승 - 결정적 승리는 기습에 의해서

무릇 전쟁이란 정공법(정면전, 정규군)으로 대치하고, 기공법(측면전, 비정규군, 게릴라부대)으로써 승리하는 것이다.

凡戰者 범전자, 以正合[1] 이정합, 以奇勝[2] 이기승. (제5편 兵勢篇)

1. 以正合 : 정규 전술로 맞서다.
2. 以奇勝 : 비정규 전술로 승리한다.

손자의 이 "정공법으로 대치하고 기공법으로 승리한다."는 한마디는 병법가들로부터 계속 중시를 받아 왔다. 그러나 이 '기정(奇正)'에 대한 해석에 있어서는 다소 차이를 보인다. 어떤 이는 "먼저 정(正)으로 시작하고 후에 기(奇)를 사용한다."고 해석했고, 또 어떤 이는 "드러난 공격〔명전(明戰)〕이 정(正)이고, 암암리에 이루어지는 공

격〔암공(暗攻)〕이 기(奇)이다."라고 해석했다. 또 "정면적인 작전은 정이며, 측면적인 작전은 기이다.", "정적인 작전은 정이고, 동적인 작전은 기이다." 등으로 해석했다. 해석에는 다소 차이가 있지만 전쟁의 작전은 크게 이 정과 기라는 점에는 이견이 없다고 할 수 있다.

다시 말해 기습이란 피아가 대치한 상황에서 정규군의 정면전 양상이 아닌 다른 형태의 작전을 의미한다. 손자는 이런 정공법과 기공법에 대해 "삼군의 많은 군사가 적을 만나 절대로 패하지 않도록 할 수 있는 것은 '기(奇 : 기습작전)'와 '정(正 : 정면전법)'에 의해서이다."라고 정의를 내리고, 피아 공방의 모든 형태는 바로 이 두 가지에 의해 이루어진다고 했다. 그리고 기공법의 운용에 대해서는 "기공에 능한 자는 그 전술의 변화가 하늘과 땅처럼 끝이 없고 강물처럼 마르지 않는다. 끝났다가 다시 시작되는 것이 마치 해와 달과 같고, 죽었다가 다시 살아나는 것은 마치 사계절과 같다."고 했다. '기공법으로 승리를 거둔다'는 뜻은 정면 대치한 상황에서 정공법만 가지고는 승부를 가름하기가 쉽지 않다는 의미이다. 따라서 기공법은 적이 예상치 못한 장소, 시기 및 방법 등을 이용하여 공격해서, 적의 사기 및 전력의 균형을 깨뜨려 승기를 잡을 수 있게 된다. 이런 기습의 효과는 상대방이 정치적 · 전략적 · 전술적 침공 징후에 관한 정보를 사전에 입수하지 못할 때 더 큰 효과를 볼 수 있다.

기정(奇正)의 운용을 현실적인 시각으로 보면, '정(正)'이란 항상 변함없이 진행되고 있는 정상적인 업무와 반복되는 일상적인 상식이라고 할 수 있고, '기(奇)'란 일상적이지 않은 기발한 아이디어나 고정관념을 깨는 파격이라고 할 수 있다.

일본 송하전기(松下電氣)의 마쓰시다 회장은 창업 전에 한 전구 공장의 직공으로 일했다. 그는 전구를 만들다가 큰 전구 옆에 작은 전구를 붙여 잠잘 때 큰 전구를 끄고 작은 전구를 켜 놓으면, 밤에 일어나 화장실을 갈 때도 불을 켜지 않고도 갈 수 있지 않을까? 하는 생각을 하게 되었다. 그래서 그가 고안해 낸 두 알로 된 전구는 일본 열도를 삽시간에 장악하게 되었다. 모두들 전구는 하나라고 생각하고 있었는데, 이 큰 본래의 전구와 작고 붉은 전구가 어우러진 쌍소켓 전구는 당시로서는 선풍적인 바람을 일으킬 만한 발명품이었던 것이다.

　유한양행의 설립자 유일한 씨는 미국 예일대학에서 공부를 마치고 회계사 사무실을 냈다. 그러나 당시는 인종차별이 심해 황인종인 그가 백인사회에서 고객을 유치하기란 여간 어렵지 않았다. 그래서 생각해 낸 것이 고객과 직접 만나지 않고, 상품으로 만나는 방법을 생각해 냈고, 미국인들이 좋아하는 기호식품을 찾아내 통조림을 만들어 시장에 내놓을 생각을 하게 되었다. 결국 숙주나물 통조림을 생산하게 되었는데 지인들에게 맛을 보게 하니 모두들 '원더풀!'을 연발했다. 그러나 상품은 만들었는데 이를 선전할 방법이 없었다. 광고를 하기에는 자금이 부족하고, 아무리 생각해도 남들에게 알릴 뾰족한 방법이 생각나질 않았다. 그러던 어느 날 섬광처럼 번뜩 스치는 아이디어가 있었다. 그래서 대학 동료 기자들을 초청하여 다음 날 정오에 뉴욕 메인스트리트에 있는 백화점 옆에서 대기하도록 부탁을 했다. 그리고는 당일 정오에 숙주나물 통조림을 허술한 포장으로 덮은 트럭 한 대가 쏜살같이 뉴욕 메인스트리트를 내달리다가 급커브를 틀며 백화점 쇼윈도를 들이받았다. 이 사고로 트럭 뒤에 실었던 통조림들이 모두 거리 한가운데로 쏟아져 내려 거리는 온통 통조림 범벅이 되었다. "개가 사람을 물면 뉴스가 아니지만 사람이 개를 물면 뉴스다."라고 했듯이, 지금까지 한 번도 이런 일을 당해 보지 않은 뉴욕시민들에게, 이 사건은 그야말로 빅뉴스 거리였다. 백화점 옆에서 대기하고 있었던 친구 기자들이 모두 플래시를 터트리며 기사를 써내려갔다. 또한 지나가던 사람들이 이 통조림을 까 먹어 보고는 모두들 '원더풀!'을 연발하게 되자, 운전미숙이란 경범죄의 죗값을 치르고 얻게 된 효과는 그야말로 엄청난 것이었다.

利而誘之 이이유지 - 싸움에서 떡밥은 필수

적에게 이로움[利]을 보여 유인하라.

利而誘之 이이유지. (제1편 始計篇)

인간이 살아가는 데 제일 필요한 것이 바로 이익이다. 그런데 재화는 유한하고 사람은 많고 또 욕심이 무한하기 때문에 항상 재화가 부족하고 가진 자와 가지지 못한 자의 격차가 더욱 벌어지는 것이다. 고대 성현들은 이런 사실에 입각해서 자신들의 의견을 정리한 바 있다. 공자(孔子)는 "군자는 이익보다는 인의(仁義)를 더욱 준시한다."고 했고, 노자(老子)는 "빛나는 금은보화는 사람의 눈을 멀게 해서 불행에 빠뜨린다."고 했다. 묵자는 "서로 사랑하기 위해서는 이익을 서로 나눌 수 있어야 한다."고 했다. 모두들 이익을 지나치게 추구하면 인간의 행복에 장애가 됨을 강조하고 있는 것이다. 인간은 모두 이익을 탐한다는 심리를 손자는 전쟁에 응용하고 있다. 작은 이익을 적에게 던져 유인함으로써 승리를 얻는 것이다. 이 계를 쓸 때는 상대가 어떤 성향인지를 우선 파악해야 하는데 탐욕스럽고 난폭하며, 승리를 서로 양보하지 않으며, 패하면 서로 구원해 주지 않는, 즉 서로 앞다투어 공을 세우려는 공명심이 강한 적에게 잘 통하는 전술이다.

이익과 해로움〔이해(利害)〕은 상호 밀접한 관계를 가지고 병존한다. 이익이 있으면 반드시 해로움이 있고, 해로움이 있으면 반드시 그 반면에 이익이 있는 법이다. 그러나 이익과 해로움에는 크고 작음의 차이가 있어 전면적인 경중을 따져 선택을 해야 한다. 이익이 많고 해로움이 적으면 시행해도 무방하고, 이익이 적고 해가 많으면 시행해서는 안 된다. 손자는 "지혜로운 사람은 이로움과 해로움을 항상 같이 고려하는 사람이다."라고 했다. 군사행동 전에는 반드시 이 이해의 양면을 동시에 주도면밀히 검토한 다음 행동으로 옮길 것과 맹목적이고 즉흥적인 행동을 최대한 억제하도록 권고했다.

사업에 있어서의 이익은 무엇일까? 그것은 바로 고객의 이익이 바로 나의 이익이 되는 것이다. 중국에 수천 개의 체인점을 가지고 있는 '하이디라오〔해저로(海底撈)〕'라는 후어궈〔화궈(火鍋 : 중국식 샤브샤브)〕집이 있다. 식사 순서를 기다리는데 보통 30분에서 1시간 정도 걸린다. 그러나 손님들은 가지 않고 계속 기다리는데 음료, 해바라기 씨, 과일 등 손님이 원하는 대로 모두 공짜로 가져다 먹을 수 있도록 되어 있다. 기다리는 손님만 많게는 백여 명 적게는 수십 명이 보통이고 종업원들도 한 시도 쉴 새 없이 바쁘게 움직이며 매우 친절하다. 음식도 매우 맛이 좋고 정갈함을 느낄 수 있다. 부탁하면 거절하는 법이 없고 즉각 즉각 반응이 온다. 고객들은 맛있는 음식을 먹어 좋고, 가격도 다른 식당에 비해 저렴하고, 식당에 들어가면 왠지 대접받는 느낌이 들어, 식사를 마치고 나올 때 기분이 좋을 수밖에 없다. 주인의 입장에서 보면 똑같은 봉급에 종업원들을 놀리지 않아 좋고, 매상이 올라 좋고, 손님들이 만족하고 돌아가는 모습을 보면서 일할 맛 나는 보람을 느낄 수 있어 더 좋다. 그런데 영업이 안 되는 식당에 가 보면 주인은 보이지 않거나 있어도 카운터에서 책장만 넘긴다. 종업원들은 손님이 들어오는지 나가는지 도통 관심이 없고 탁자에 앉으면 메뉴판을 휙 던져주고 가버린다. 주문을 하려고 부르면 몇 번 불러야 그제서야 마지못해 주문을 받고 사라진다.

일반적으로 이익의 개념은 이기적인 해석이 많지만 현실에서 성공을 전제로 한 이익은 바로 남과 더불어 즐겁고 보람을 느끼겠다는 행복한 가치관에서 시작됨을 알 수 있다.

近而示遠 근이시원 – 성동격서(聲東擊西)

가까운 곳을 노리면서 먼 곳을 노리는 것처럼 보여라.
먼 곳을 노리면서 가까운 곳을 노리는 것처럼 보여라.

近而示之遠 근이시지원, 遠而示之近 원이시지근.(제1편 始計篇)

'성동격서(聲東擊西)'란 동쪽을 공격하는 척하다 실제로는 서쪽을 치는 전법을 말한다. 그 목적은 적의 방어력을 다른 곳으로 집중시키고 공격하고자 하는 곳의 방위가 소홀한 틈을 타서 불시에 공격하는 방법이다. 우군의 손실을 줄이기 위해서는 상대방이 방어를 소홀히 하게 만들거나 상대방의 힘을 분산시키거나 그 의지력을 저하시킬 수 있는 방법을 모색해야 목적을 쉽게 달성할 수 있다. 예문의 '먼 곳'과 '가까운 곳'이란 공간적인 개념으로 보면 '성동격서'와 동일한 의미이지만, 시간적인 관점에서 보면 현재와 미래를 의미한다. 즉각 행동으로 옮길 계획이더라도 아직 준비가 완비되지 못해 좀 더 시간이 필요한 것처럼 꾸미는 것을 말한다.

성동격서는 현실적인 운용에 있어서 많은 사례를 발견할 수 있다. 학벌의 문턱이 너무 높고 한 번의 대학입시로 인생이 갈리는 한국사회에서, 성공을 거두기 위해서는 외국 유명대학의 학위나 외국에서 성공한 이력 등이 국내에서 성공하는 데 유용하다는 사실이 이를 잘 설명하고 있다. 실제 미국에서 성공한 사람은 대부분 미국에서 뿌리를 내리고 활동하기를 희망한다. 이유는 대우가 좋고 성공 공간이 무한하기 때문이다. 귀국하는 사람들 중 상당수가 이 성동격서의 전략을 활용해 국내에서 성공하기 위한 발판을 마련하려는 경우이다.

일본의 유명한 경도요업공사(京都窯業公司)를 세운 도성화부(稻盛和夫)는 회사 창업 초창기에는 매우 고전을 면치 못했다. 일본 시장이 너무 보수적이었고, 당시 미국 제품이 시장을 장악하고 있었던 상황에서 큰 오더를 따기가 좀처럼 쉽지 않았기 때문이다. 그래서 생각다 못해 미국으로 건너가 우선 미국 시장에서 성공을 거두고 다시 국내로 돌아오는 전략을 짰다. 처음 미국 시장을 공략할 때도 상당한 고초를 겪어야 했다. 수백 개의 회사를 방문하고 제품의 우수성을 설명해도 인지도가 부족해서 번번이 퇴짜를 맞았다. 그런데 어느 날 기회가 찾아왔다. 한 회사를 방문했는데 미국 우주선의 로켓에 들어가는 전기차단 장치를 만드는 회사였다. 마침 내성이 강한 재료를 찾고 있는 중이었는데 이 회사의 제품을 보고 엄격한 시험을 거쳐 결국 낙찰한 것이다. 경도요업공사의 제품이 이 미국 회사에 납품을 시작하자 또 다른 많은 미국 회사에서도 주문이 쏟아졌다. 미국에서의 성공은 미국 내에서 그치지 않았다. 일본 국내에서도 유명회사에서 주문이 쇄도했고 이로 인해 더욱더 큰 성공을 할 수 있었다.

LG의 변경훈 러시아 지점장이 처음 현지에 파견되었을 때의 일이다. 모스크바에 지점을 차렸을 때는 일본의 우수 기업들이 이미 모스크바의 상권을 점령한 상황이었다. 그리고 막 영업을 시작하려고 하자, 마피아들이 들이닥쳐 총을 겨누며 물품을 '선 납품 후 결제' 형식으로 거래하자고 위협했다. 그래서 변 지점장은 모스크바를 버리고 마오쩌둥 전법을 이용해 러시아에서의 대장정에 들어갔다. 일본 유명 상품이 이미 선점하고 있었던 러시아의 중심부를 버리고 지방의 소도시부터 공략하여 일차적인 성공을 거둔 뒤 차츰 중심부로 이동하는 전법을 쓴 것이다. 당시 지방의 소비자들은 품질이 좋은 제품을 별로 접해 보지 못한 상태여서 중앙의 소비자보다도 더 LG 제품에 매료되기 시작했다. 지방으로부터 불기 시작한 이 회사의 바람은 점차 중앙으로 확산되어 모스크바에 입성하자 과거 총으로 위협했던 러시아 마피아들이 찾아와서는 '선 결제 후 납품' 형식으로 물건을 받아갔다고 한다.

因糧於敵인량어적 - 빼앗아 먹는 게 더 맛있다

장비는 본국에서 가져다 쓰지만, 양곡과 말 먹이는 적지에서 조달한다. 그렇게 되면 군량은 넉넉하게 된다.

取用於國[1]취용어국, 因糧於敵[2]인량어적, 故軍食可足也고군식가족야.
(제2편 作戰篇)

1. 取用於國 : 무기와 군수품은 국내에서 이송해 온다.
2. 因 : ~로 인하여. 因糧於敵 : 군량과 마초는 적국에서 징발하기에

손자는 "전쟁을 치르는 데는 전차 1천 대, 수송차 1천 대, 정병(완전 군장을 갖춘 병사) 10만 명이 필요하며, 천리나 되는 곳으로 식량을 보내야 한다. 안팎의 경비, 외교사절의 접대, 군수물자의 조달, 차량과 병기의 보충 등 날마다 일천금의 비용이 든다. 이런 경제력이 갖추어져야 10만의 군대를 동원할 수 있다."고 말했다. 전쟁은 이와 같이 막대한 경비가 들기 때문에 전쟁은 오래 끌지 않고 속전속결로 끝내는 것이 제일 바람직하며, 무기와 장비는 본국에서 제작하여 가져다 쓰더라도, 양식과 말 먹이는 적지에서 조달하라고 했다.

전국시대에 북방의 흉노족은 항상 남하하여 조(趙)나라 국경을 어지럽혔다. 조나라 국왕은 대장군 이목(李牧)에게 안문관(雁門關)을 지키고 있다가 흉노의 침략을 막으라고 명령했다. 당시 흉노족은 전력이 막강하고 군마도 많았기 때문에 이목은 방어에만 주력하며 섣불리 공격을 감행할 수 없었다.

하루는 이목이 안문관을 순방하고 있을 때 흉노족이 말 수백 마리

를 끌고 나와 강가에서 목욕을 시키고 있는 것을 목격했다. 이목은 한참 생각에 잠겼다. 흉노족의 막강한 전력은 어디에서 오는 것일까? 기마족으로서 기병 위주의 군대이니, 그 전력은 말에서 비롯된 것이라는 생각이 떠오르자, 이목은 어떻게 하면 저 말들을 빼앗아 올 수 있을까 궁리하게 되었다. 이리저리 궁리하던 중 갑자기 기발한 생각이 떠올랐다. 말의 모습을 자세히 관찰해 보니 기골이 장대하고 늠름한 모습이 모두 공마(숫말)였다. 그래서 그는 병사들에게 관내에 있는 말들 중 암말을 모아 오라고 명했다.

이목은 수백 마리의 암말을 모아 강가로 끌고 가, 적이 잘 볼 수 없는 나무그늘 아래에서 방목을 시켰다. 잠시 후 이 암말 중 몇 마리가 고개를 치켜세우고, 강 건너 공마를 향해 높은 소리로 울부짖었다. 강 건너에서 유유히 풀을 뜯고 있었던 흉노의 공마들이 이 울음 소리를 듣고는 일제히 고개를 쳐들어 소리 나는 쪽을 바라보았다. 그리고 조금 지나자, 그중 한 마리가 강을 건너오기 시작하더니 그 뒤를 이어 하나둘씩 계속 꼬리를 이어 건너왔다. 결국 흉노의 모든 말들이 강을 건너 이목이 방목하고 있는 말들 쪽으로 달려왔다. 이목은 매복하고 있었던 병사들에게 명을 내려 말들을 모두 몰고 군영으로 돌아갔다.

이목이 미마계(美馬計)를 사용해 손쉽게 흉노의 순마들을 손에 넣을 수 있었던 이 사례는 훗날 당나라의 대장 이광필(李光弼)이 안사의 난(安思의 亂)을 평정하는 과정 중에서도 응용된 적이 있다. 당시 이광필은 하양(河陽)에서 반군 사사명과 대치하고 있었다. 두 진영은 서로 일진일퇴의 대등한 전력으로 승부를 가리지 못하고 있었는데, 이광필은 사사명의 전력은 바로 북쪽 변방에서 가져온 천 마리에 이르는 준마에서 기인한다는 사실을 간파하고, 어떻게 하면 이 준마들을 무력화시킬지에 대해 골똘히 고민하기에 이르렀다. 사사명은 이들 준마를 매우 아꼈다. 그래서 매일 병사들에게 준마를 끌고 강가로 나가 목욕을 시키라고 명했다. 하루는 여느 때와 다름없이 이광필이 강에서 목욕하는 적의 말들을 부러운 눈빛으로 바라보고 있다가, 불연듯 '미마계(美馬計)'를 생각해 내고는, 한번 시도해 보기로 결심했다. 그래서 병사들에게 군중에 있는 말들 중 새끼를 낳은 어미말만 골라 오도록 명했다. 모아보니 수백 마리에 이르렀다. 이광필은 이 말들을 끌고 강가로 나아가 방목을 시켰다. 강가에서 풀어놓아 방목을 시켰지만 이 어미 말들은 모두 새끼가 있는 쪽을 바라보며 울부짖기 시작했다. 그러자 강 건너에서 풀을 뜯고 있던 사사명의 준마들이 이 소리를 듣고 하나둘씩 고개를 쳐들어 소리 나는 쪽을 바라보았다. 그리고 이에 호응이라도 하는 듯 하나둘 울기 시작했다. 그리고는 하나둘씩 강을 건너기 시작하더니, 순간 일제히 모두 강을 건너 달려왔다. 이광필은 말들이 모두 강을 건너온 것을 확인하고 바로 자신의 말들의 엉덩이를 채찍으로 갈기자, 모두들 일제히 새끼가 있는 진영으로 달려갔다.

迂直之計 우직지계 - 빨리 간다고 먼저 도착하진 않는다

군쟁의 어려움은 먼 길을 돌아가면서도 지름길로 바로 가는 것처럼 적보다 빨리 도달하고, 불리한 여건을 유리하게 만드는 일에 있다. 이런 효과를 보기 위해서는 길을 멀리 돌아가는 것처럼 보여 적을 기만하고, 적에게 이로운 것을 미끼로 유인한다면, 상대방보다 늦게 출발하고서도 먼저 도달하여 요지를 선점할 수 있을 것이다. 이런 능력을 지니고 있는 사람을 돌아가면서도 똑바로 가는 효과가 있는 '우직지계(迂直之計)'를 아는 사람이라고 할 수 있다.

軍爭之難者군쟁지난자, 以迂爲直[1]이우위직, 以患爲利[2]이환위리. 故迂其途而誘之以利[3]고우기도이유지이리, 後人發후인발, 先人至[4]선인지, 此知迂直之計者也차지우직지계자야. (제7편 軍爭篇)

1. 迂 : 돌아가다. 以迂爲直 : 멀리 돌아가도 결과적으로 더 빨리 도달하다.
2. 以患爲利 : 불리한 것을 유리하게 만들다.
3. 途 : 길. 誘 : 유혹하다.
4. 後人發, 先人至 : 적군보다 늦게 출발하고도 먼저 도착하다.

'우직지계(迂直之計)'를 대부분 '돌아가는 것이 빠르다' 혹은 '돌아가는 것이 지름길이다'로 해석하지만, 원문의 해석은 "돌아가더라도 더 빨리 도착할 방도를 강구한다."이다. 광의의 해석은 "최후의 승리를 위해서는 비록 느리게 가더라도 승리의 기반을 확실히 다지면서 간다."이다. 이런 효과를 보기 위해서 손자는 "길을 멀리 돌아가는 것처럼 보여 적을 기만하고, 적에게 이로운 것을 미끼로 유인한다면, 상대방보다 늦게 출발하고서도 먼저 도달하여 요지를 선점할 수 있을 것이다. 이런 능력을 지니고 있는 사람을 돌아가면서도 똑바로 가는 효과가 있는 '우직지계(迂直之計)'를 아는 사람이라고 할 수 있다."고 정의했다.

'우직지계'는 바로 주도권을 확보하기 위한 방안이다. 어떻게 하면 전략적 요충지를 먼저 선점해서 전세를 유리하게 주도할 수 있는지에 대한 모색이다. 청나라 말기 태평천국의 난을 진압하기 위해,

1860년에 화춘(和春)은 수십 만의 병력을 이끌고 태평천국의 수도였던 남경으로 진군했다. 청군은 남경을 겹겹이 둘러싸고 '고립무원(孤立無援)'으로 만들었다. 남경의 포위망을 뚫기 위해 천왕(天王)이었던 홍수전은 제왕들을 소집해 대책을 논의했지만, 워낙 형세가 불리한지라 어느 누구도 이렇다 할 묘책을 내놓지 못했다.

이때 젊은 충왕(忠王) 이수성(李秀成)이 홍수전에게 계책을 내놓았다.

"지금 형세로 보아 청군은 병력과 장비가 충실해, 정면으로 충돌하면 이길 승산이 없습니다. 천왕께서 저에게 2만 명의 군사를 주시면 야음을 이용해 포위망을 뚫고, 청나라의 군량 창고가 있는 항주를 급습하도록 하겠습니다. 이렇게 되면 적은 남경의 병력을 항주를 구원하기 위해 파견할 것입니다. 그리고 다시 남경으로 돌아와 천왕의 군대와 안팎에서 협공한다면 남경의 포위를 무사히 풀 수 있을 겁니다."

이 계책을 듣고 있던 익왕(翼王) 석달개(石達開)도 즉각 호응했다. 자기도 군대를 이끌고 같이 출병하겠다는 것이다. 모두들 이 계책을 듣고서는 이것은 바로 우직지계로서, 두 왕이 이 작전에 투입되면 반드시 성공할 수 있을 것이라고 찬성했다. 홍수전은 한참 숙고하더니 이 작전에 동의했다. 때는 마침 정월 초이레여서 설을 쇠고 있었다. 청나라 군대는 병력도 많고 남경을 뺑뺑 둘러 포위하고 있어, 다소 긴장이 해이해진 상태였다. 이수성과 석달개는 야음을 틈타 각자 병력을 인솔해 성곽 동남쪽 경계가 소홀한 지역으로 포위를 뚫고 탈출했다. 청군 대장 화춘은 적의 소부대가 성을 탈출한다는 보고를 받고 즉각 추격하라고 명했으나, 두 왕은 성을 탈출해 각기 다른 방향으로 달아났다. 이수성은 항주로, 석달개는 호주(湖州)로 나아갔다.

이수성이 항주에 이르러 성을 공격했으나 워낙 경계가 삼엄해 한동안 성공할 수 없었다. 항주성은 청군의 곡식을 쌓아 두는 창고로 1만여 명이 주둔하고 있었다. 그들은 모두 성을 굳게 지키기만 할 뿐, 나와 싸우려 하지 않아 3일 낮밤을 공격해도 도저히 함락시킬 수 없었다. 이렇게 '전전긍긍(戰戰兢兢)' 하고 있는데, 마침 큰 비가 내리기 시작했다. 성을 지키고 있던 청군들은 며칠 동안 계속된 전투로 지칠 대로 지쳤고, 반군들이 여러 날 동안 성을 공격한 데다 비까지 내리자 재차 공격하지 못할 것이라고 생각하고 경계를 소홀히 하고 깊은 잠에 빠져들었다. 이수성은 이 틈을 타서 1천 명의 병사를 보내 성벽을 타고 올라가 성문을 연 뒤 성을 공격해 들어갔다. 결국 항주성을 함락하고, 남경성을 포위하고 있는 청군의 주의를 끌기 위해 군량을 쌓아 둔 창고에 불을 질렀다. 청군의 대장 화춘은 이 소식을 접하자 항주가 점령당하면 군량이 단절된다는 사실을 누구보다 더 잘 알고 있었다. 바로 부장 장옥량(張玉良)에게 10만 명을 주어 항주를 구원하라 했다. 홍수전은 청군이 병력을 분산해서 남경성의 포위가 느슨한 틈을 타 출동을 명했다.

이수성은 항주의 군량 창고에 불을 지르고는 바로 남경으로 향했고, 석달개도 때를 같이해 남경으로 회군했다. 두 왕의 군대는 중도에서 회합하고, 청군 장옥량의 군대와 마주치지 않기 위해 길을 돌아 무사히 남경으로 되돌아왔다. 성 안팎에서 청군을 협공하자 청군은 갈팡질팡 '좌충우돌(左衝右突)' 하며 제대로 싸워 보지도 못하고 6만여 명의 사상자를 내고 도주하고 말았다.

이수성의 작전은 남경성의 포위를 혁파하기 위해 적이 구원하지 않으면 안 될 항주를 공격하여 적의 병력을 분산시키고, 남경성의 포위가 느슨해진 틈을 타서 성의 안팎에서 협공함으로써 손쉽게 포위망을 격파할 수 있었다.

樹動者來 수동자래 – 외형은 실상의 반영이다

나무가 무성한 숲에서 나무들이 흔들려 움직이는 것은, 적이 공격해 오기 때문이다. 풀이 우거진 곳에 장애물을 많이 설치해 놓은 것은, 아군의 판단을 흐리게 하기 위한 것이다.

衆樹動者중수동자, 來也래야 ; 衆草多障者중초다장자, 疑也의야.

(제9편 行軍篇)

　　마오쩌둥 시절 한번은 농촌에서 참새들이 극성을 부려 벼 낟알을 너무 많이 먹어 치워 학생들을 동원하여 참새를 잡으라고 명령을 내린 적이 있었다. 그런데 그 결과 참새들은 많이 줄었지만 그 해의 벼 생산량이 현저히 줄었다. 그 원인을 분석해 보니 참새들이 벼 알곡만 먹은 것이 아니라 벼에 붙어 있는 해충까지 잡아먹었는데 참새가 없어지자, 이 해충들이 기승을 부려 생산량이 현저히 감소했다는 것이다. 이처럼 문제를 바라보는 시각에는 세밀함과 본질을 꿰뚫어 볼 수 있는 통찰력이 요구된다. 손자는 위의 예처럼 '행군편'에서 세심한 관찰을 통해 전쟁에서 일어날 수 있는 여러 가지 현상들에 대해 그 본질이 무엇인지를 총 33가지 보편적인 원칙으로 귀납한 바 있다.

중국의 역대 명의로는 춘추시대의 편작(扁鵲)과 삼국시대의 화타(華陀)를 꼽을 수 있을 것이다. 조조의 부름을 받은 화타는 조조가 두통을 호소하자 두개골을 열어 종기를 제거해야 한다고 말했다가, 조조의 노여움을 사자 목숨을 보존하기 위해 도주한 일화로 유명하고, 편작의 일화는 다음과 같다. 춘추오패로서 제환공의 공적은 잘 알고 있지만, 그의 죽음에 대해서는 잘 알려지지 않았다. 어느 날 편작이 제나라를 방문했다. 편작은 제환공의 얼굴을 한번 보고 바로 병에 걸린 것을 알아챘다. 편작은 중의(中醫)의 시조로서 처음으로 진맥을 통해 시술을 시작한 사람이다. 환자를 볼 때 보고〔망(望)〕, 듣고〔문(聞)〕, 묻고〔문(問)〕, 진맥〔절(切)〕하는 4가지 방법을 고안했다. 그가 제환공에게 말했다.

"대왕마마께서는 지금 병에 걸리셨으나, 다행히 중하진 않습니다. 그저 피부에만 문제가 있을 뿐입니다. 그러나 그대로 방치하시면 급속도로 악화될 겁니다." 환공이

"내 건강은 매우 좋은데, 어찌 병에 걸렸다는 말씀을 하시오!"라고 하자, 편작은 바로 나왔다. 편작이 나가자 환공은 대신들에게 말했다.

"의원들은 괜히 겁주기를 좋아한단 말이야! 멀쩡한 사람을 환자 취급하니 말이시! 나들 돈이나 벌어볼 심산이겠지!?"

닷새가 지나고 편작이 다시 찾아왔다.

"폐하의 병이 이미 혈맥까지 진행되었습니다. 지금 치료를 받지 않으시면 더욱 악화될 겁니다."라고 하자, 환공은 불쾌한 낯빛으로 소리쳤다.

"병이 없다고 하지 않았소! 그러니 괜한 걱정일랑 접어두시게!"

또 닷새가 되어 편작이 와서는

"폐하의 병이 이미 장기까지 퍼졌습니다. 어서 치료해야 합니다!"

라고 하자 환공은 더욱 불쾌해져 그를 완전히 무시했다.

다시 닷새가 되어 찾아온 편작은 환공을 보고는 바로 등을 돌려 뛰쳐 나갔다.

환공은 이 광경을 보고, 이상하다는 생각이 들어 사람을 보내 물어보니,

"처음 왔을 때는 폐하의 병이 피부에 머물렀기 때문에 탕약과 온습포만으로도 치료할 수 있었고, 두 번째는 병이 혈맥에 있었으므로 침으로 치료할 수 있었고, 세 번째는 장기에 도달해 약으로 치료할 수 있었는데, 이젠 환공의 병이 골수까지 파고들어 더 이상 치료할 수 없게 되었소!"라고 말했다.

닷새가 지나자 환공은 편작의 말대로 중병에 걸려, 급히 사람을 보냈으나 편작은 이미 제나라를 떠난 후였다. 결국 환공은 숨을 거두고 말았다.

편작이 유명한 의원이란 사실을 제환공도 잘 알고 있었는데 자신의 건강을 너무 과신하는 바람에 작은 병을 키우고 말았다. 네 번씩이나 명의가 찾아올 때는 분명 그 이유가 있었을 터인데 자만이 저승사자에게로 인도하고 만 것이다. 한번 척 보고도 무슨 병인 줄 안 편작도 대단하지만, 끝까지 고집을 꺾지 않은 환공도 보통 인물은 아닌 듯하다.

小堅大擒 소견대금 - 퇴각의 미덕

소수의 병력으로 무리하게 싸우면, 강한 적의 포로가 될 뿐이다.

故小敵之堅[1]고소적지견, 大敵之擒[2]也대적지금야. (제3편 謀攻篇)

1. 堅 : 견고하다, 무리하게 싸우다.
2. 擒 : 사로잡다. 강대한 적에게 포로가 된다.

    삼십육계 중 "도망이 상책이다."란 말이 있다. 도망을 상책이라고 한 이유는 도망은 패배를 의미하지 않기 때문이다. 적의 전력이 아군보다 압도적으로 우세할 때는 투항, 강화, 도주 세 방책밖에 없다. 이 세 가지 중 투항은 완전한 패배를 의미하고, 강화는 절반의 패배를 의미하는 것이지만, 도주는 패배를 의미하지 않는다. 패배하지 않는다는 것은 후일에 승리로 반전시킬 수 있는 권토중래(捲土重來)의 기회를 살려 놓는 것이다. 전쟁의 목표는 순간적인 이해득실이 아니라 최후의 승리이기 때문에, 이를 위해서는 최후의 일각까지 최선을 다해야 한다. 따라서 도주하지 않고 맞붙어 싸운다고 해서 용감하다 하고, 도주한다고 해서 비겁하다고 할 수도 없다.
    중국의 역사 속에서 '아름다운 퇴각'으로 유명한 고사가 있다.

    춘추 초기에 초나라가 날로 강성해지자 초나라 장군 자옥(子玉)은 군대를 이끌고 진(晉)나라를 공격했다. 초나라는 진(陣), 채(蔡), 정(鄭), 허(許) 네 소국에게 군대를 파병하도록 압박하여 초군에 합류토록 했다. 이 당시 진나라 문공(文公)이 막 초나라의 속국이었던 조(曹)나라를 침공한 후였기 때문에, 그는 초나라의 침공이 언젠가는 있을 것이라고 예상하고 있었다. 자옥은 위풍당당하게 진나라로 진격해 들어갔다. 진문공은 이 소식을 전해 듣고 전세를 분석하고 전략을 강구했지만 도저히 강한 초나라를 이길 방도를 생각해 낼 수 없었다. 그래서 우선 초나라의 예봉을 피하기로 하고,

"내가 일찍이 고국을 떠나 유랑길에 올랐을 때 초나라의 선왕께서 나를 잘 대해 주셨다. 그래서 나는 그와 약속을 한 바 있는데, 그것은 바로 내가 앞으로 진나라로 돌아가면 초나라와 우호적으로 잘 지낼 것이고, 만약 부득이 두 나라가 전쟁을 하게 된다면 나는 우선 뒤로 3사(舍 : 30리)를 물리기로 했다. 지금 초나라가 진격해 오니 나는 우선 뒤로 3사를 후퇴하여 이 약속을 지킬 것이다"라고 선언했다.

이 말을 들은 대신들은 모두 동의하지 않았다.

"초나라 군대는 먼 길을 오느라 지금 매우 지친 상태입니다. 이럴 때 정면으로 돌파하는 것이 옳거늘, 후퇴라니요? 후퇴하는 것은 치욕입니다!"

문공이,

"전쟁을 하는 데도 의리는 있는 것이네. 만약 당시 초나라가 우리를 받아주지 않았다면 우리가 지금 이 자리에 있을 수 있겠는가? 뒤로 3사를 물러나는 것은 이에 대한 보답이네. 우리가 물러나고 초나라도 이런 우리의 성의를 봐서 물러나 주면, 이는 싸우지 않고도 이기는 것이 아니겠나? 만약 우리가 물러났는데도 초나라가 끝까지 덤벼든다면 우리 군의 결전의지는 더욱 굳세어질 걸세. 그런 사기라면 전쟁에 승리할 수 있을 것이고, 승리 후에도 제후들에게 신의와 은혜를 갚았다는 칭송을 받을 수 있게 될 테니 일거양득이 아니겠나?"라고 하자, 모두 고개를 끄덕였다.

그리고는 90리를 물러나 진나라의 변경지역이었던 성복(城濮)까지 후퇴하였다. 성복은 황하에 인접해 있고 태행산(太行山)을 등지고 있어서 진나라에게 유리한 지형이었다.

진문공은 우선 진(秦)나라와 제(齊)나라에 사람을 보내 구원을 요청해 놓고 방어를 강화하며 적을 기다렸다. 그리고 초나라의 허점을 정탐해 보니 초나라의 좌·중·우 3군 중 우군이 제일 약했다. 이 우군의 선봉은 진(陣)과 채(蔡) 나라의 병사들로 구성되어 있었는데, 초나라의 위압에 못 이겨 마지못해 출병한 군사들이라 전투의지가 없었다. 초나라 장군 자옥이 좌군과 우군을 앞에, 중군을 뒤에 포진시키고, 우군에게 먼저 진격하라고 명하자 진나라 군대는 싸우지도 않고 또 후퇴하는 것이었다. 우군의 선두에 섰던 진(陣)과 채(蔡) 나라의 병사들은 진나라 군대가 겁을 먹고 달아나는 줄 알고 서둘러 추격했다. 그런데 갑자기 진나라 진영에서 진격해 오는 기병부대가 나타났는데 그들이 타고 있는 말이 모두 호랑이 가죽을 뒤집어 쓰고 있었다. 진(陣)과 채(蔡) 나라 병사들이 타고 있었던 말들은 이 모습을 보고 모두 진짜 호랑이인 줄 알고, 놀라서 허둥지둥 발버둥치기 시작했다. 이처럼 혼란한 틈을 타 진나라 기병들이 초나라 우군을 베기 시작하자 순식간에 모두 전멸하고 말았다. 그러자 진문공은 사병들에게 진(陣)과 채(蔡) 나라 병사들의 옷을 입혀 초나라 장군에게 가서 "우군은 이미 승리를 하였습니다! 장군께서는 빨리 진격하도록 하세요!!"라고 말하라고 명했다.

병사들의 보고를 받은 초나라 장군 자옥이 마차에 올라 멀리 진나라 군대 후방을 바라보니 먼지가 하늘을 덮고 있었다. 이를 보고 자옥은 "진나라 놈들이 이렇게 비겁할 줄이야!!"라고 말하며 크게 비웃었다. 그런데 이 하늘을 덮은 먼지는 진나라 군대가 도망치는 모습을 연출한 것인데, 사실은 말 꼬리에 나뭇가지를 매달아 이리저리 뛰게 하여 먼지를 일으킨 것이다. 자옥은 신이 나서 이번에는 좌군에게 출격 명령을 내렸다. 진나라 군대는 이번에는 장군 깃발을 일부러 부러뜨리고는 급히 달아나는 모습을 연출했다. 초나라 좌군은 또 이 진나라의 가형(假形)에 속아 추격하다가 패하고 말았다. 이윽고 자옥이 초나라 정예군인 중군을 이끌고 나타나자 진나라의 삼군이 모두 이들을 겹겹으로 포위하고 말았다. 자옥은 그제서야 우군과 좌군이 이미 전멸하고 자신이 끌고 온 중군이 포위되었다는 사실을 알고는 황급히 포위를 뚫고 달아났다. 자옥은 귀국 후 스스로 목숨을 끊었다.

　이 고사에 소개된 진문공의 여러 차례 후퇴는 모두 소극적인 퇴각이 아니라 명분과 실리를 중시한 주동적인 퇴각으로, 승리할 수 있는 기회를 모색한 것이었다.

圍師必闕 위사필궐 - 대북정책

적군을 포위할 때는 반드시 퇴로를 열어 주고, 궁지에 몰린 적은 공격하지 마라.

圍師必闕[1]위사필궐, 窮寇勿迫[2]궁구물박.(제7편 軍爭篇)

1. 圍 : 포위하다. 闕 : 뚫다. 圍師必闕 : 적을 포위할 때는 반드시 퇴로를 열어 주고
2. 窮 : 궁하다. 寇 : 도둑. 迫 : 압박하다. 窮寇勿迫 : 궁지에 몰린 적은 공격하지 마라.

　위의 문장 앞에 "적을 공격할 때는 다음과 같은 상황을 주의해야

한다. 고지를 점령하고 있는 적을 올려다보면서 공격하지 않는다. 언덕을 등지고 있는 적을 맞이하여 싸우지 말며, 거짓 도망치는 적을 쫓아가지 말고, 사기왕성한 부대를 공격하지 말며, 아군을 유인하기 위해 던진 미끼를 물지 말며, 귀국하는 부대를 가로막지 말며, 적군을 포위할 때는 반드시 퇴로를 열어 주고, 궁지에 몰린 적은 공격하지 말 것이다. 이것이 바로 용병의 원칙이다."는 내용이 있다. 여기서 손자가 제기한 작전 원칙은 실전에서는 형세를 정확히 판단하여 적의 실제 의도를 분명히 파악하고, 작은 이익을 탐하여 불필요한 손실을 피하라는 것이다.

'퇴로를 열어 줘라'는 말의 뜻은 적이 도망치도록 그냥 놔두라는 뜻은 아니다. 잡기는 잡되, 너무 압박하여 적이 오히려 결사 항전하도록 해서 아군의 피해를 키우지는 말라는 의미이다. 우리 속담에도 "궁지에 몰린 쥐는 돌아서서 고양이를 문다."는 말이 있듯이 너무 코너로 몰지 말고, 한 줄기 활로는 열어 놓고 적이 도주하도록 놔두며 천천히 잡으라는 뜻이다. 「삼십육계」'제16계 욕금고종(欲擒故縱)'에 "적은 추격당해 퇴로가 막히면 맹렬한 반격을 가할 수 있다. 그러나 한 줄기 활로를 터 주면, 오히려 그 기세를 약화시킬 수 있다. 추격할 때는 적을 바짝 뒤쫓기만 해야지, 막아서는 안 된다. 이렇게 해서 적으로 하여금 체력을 소모하도록 하고, 그 투지를 약화시켜, 전력이 분산되는 틈을 타서 잡으면 유혈을 방지할 수 있다. 이것이 바로 수괘(需卦 : 64괘의 하나. 하늘에 구름이 오름을 상징한다.)의 원리로서 적에게 막다른 골목에 갇히지 않았다는 한 줄기 희망을 주는 방법이다."[6]라고 했다. 적이 궁지에 몰리게 되면 병력이 집중되

---

6) "逼則反兵, 走則減勢. 緊隨勿迫, 累其氣力, 消其鬪志, 散而後擒, 兵不血刃. 需有孚光."

고 기세가 강화되어 오히려 아군의 피해가 커지니, 우선 퇴로를 열어 주고 도주하도록 하여 병력이 분산되고 기세와 체력이 약화되었을 때 잡으라는 것이다.

　MB 정권 5년 동안 대북정책은 '북한 길들이기' 였다. 금강산에서 관광객이 사망한 사건으로 인해 남북은 경색 국면으로 접어들었고, 대북 무상지원과 금강산 관광은 중단되었다. 김정일이 사망했고 어린 나이의 김정은이 3대째 세습하였다. 북한은 더욱 고립되었고, 그 돌파구로 장거리 미사일과 핵실험을 단행했다. 경제는 파탄이 났고 중국에 대한 의존도는 더욱 높아졌다. 유일한 생존의 수단으로 지하자원을 중국에 팔아 넘기고, 중국에 동해로 통하는 항구를 열어 주었다. 그리고 남북 간에 진행되던 금강산 관광을 중국인과 외국인에게 개방하여 외화벌이에 혼신의 힘을 쏟고 있다. 그러나 이번 북한 핵실험으로 인해 중국 내에서는 북한을 비난하는 목소리가 점점 거세지고 있다. 중국정부로서도 세계적으로 망신당해 체면이 손상된 터라 모종의 변화를 모색하는 중이다.

　왜 북한은 이렇게 벼랑 끝 전술을 구사해야 하는가? 이유는 간단하다. 바로 김정은 체제의 존립이다. 개혁개방은 위험하고, 경제는 자립의 능력이 없을 정도로 황폐해졌고, 식량도 자급할 능력을 상실했다. 세계적으로 지탄받는 테러국가라는 낙인이 찍혔고, 수출을 해서 외화를 벌어들일 수 있는 상품이라고는 고작 백두산 산삼주에 지나지 않는다. 땔감이 없어 산은 모두 민둥산이 되었고, 비만 좀 세차게 와도 논밭은 모두 수몰되고 말 지경이다. 남북한의 국력의 차이는 50배 이상으로 벌어졌다. 북한은 더 이상 남한의 경쟁상대는 아닌 셈이다. 관리의 대상이지만 어떻게 관리해야 할지 골치 아프다. 중국도 이제는 두 손 다 들 지경이 되었으니 말이다. 핵실험 후 UN이 취한 대북제재 조치에 중국이 반대한 것은 바로 손자병법의 '위사필궐(圍師必闕)'이다. '코너에 몰린 쥐는 뒤돌아 고양이를 문다'에 대한 대비책이다. 미국의 관심사는 남한의 안전이라기보다 북한의 핵탄두가 미국에 떨어지는 것과 이란과 같은 적성국으로 핵이 반출되어 테러에 이용되는 것에 대한 걱정이다.

우리가 취할 대북정책은 무엇인가? 우선은 북한을 극단의 상황으로 몰지 말아야 한다. 한 줄기 활로를 열어주어야 한다. 과거 햇볕정책은 무슨 목적에서인지는 모르겠으나 너무 지나치게 친절했다. 쌀로 밥을 해서 입에 넣어 주었으니 말이다. 그 결과 북한은 간이 배 밖으로 나왔다. MB 정부의 정책은 너무 무책임하게 "형님, 저 놈이 자꾸 때려요!" 하고 미국에 고자질을 하고 울어댔다. 앞으로는 북한의 숨통은 열어주되 너무 친절해서도 무책임해서도 안 된다. "네 놈이 배고프면 갖다 먹어!"라고 해야 한다. 여러 가지 음식을 해서 배고픈 놈 가까이 갖다 놓으면 된다. 다 먹으면 좀 더 맛있는 걸로 갖다 놓고, 또 다 먹으면 더 맛있는 걸로 갖다 놓는다. 중요한 것은 먹이를 던져 줄 때 자존심을 건드리면 안 된다. 꼴에 자존심은 강해 배고파도 밥그릇을 걷어찰 수 있으니 말이다.

이런 정책은 절대 비밀을 유지해야 성공한다. 언론에 노출되어서는 결코 성공할 수 없다. 언론의 기능은 국민의 알 권리를 충족시키는 데 있어서 무엇이든 새로운 것만 발견되면 공개하는 속성이 있다. 따라서 국방에 관한 전략에 있어서는 언론이 내부의 제일 큰 적이 될 수 있다. 북한의 입장에서는 맛있는 요리를 먹고 싶어도 언론 때문에 자존심이 상해 못 먹게 될 수 있고, 국내에서는 아무리 좋은 방안이라도 갑론을박을 좋아하는 무리들의 노리갯감으로 전락되어 그 빛이 퇴색될 위험이 있기 때문이다. 그리고 공자(孔子)도 "명분이 없으면 말이 순조롭지 못하다"(名不正, 言不順)라고 했듯이, 북한에게 요리를 먹을 수 있는 분명한 명분을 제공하도록 해야 한다. 그리고 어느 정도 성사 단계에 이르면 포장을 잘 해서 국민들에게 선물한다. 협상단계에서 중국의 도움이 필요할 경우가 있다. 또 요리를 만들 때 중국과 같이 만들어도 더 좋은 맛을 낼 수 있을 것이다. 구체적인 방법은 모른다. 정책입안자들의 몫이다.

先不可勝 선불가승 - 불패의 위치를 확보하고 적의 약점을 노린다

싸움을 잘하는 자는 우선 적이 우리를 이길 수 없도록 대비를 철저히 하고 나서, 적의 허점이 드러나 아군이 이길 수 있는 때를 기다린다. 적이 나를 이길 수 없게 만드는 것은 나에게 달려 있고, 아군이 이길 수 있는 것은 적에게 달려 있다.

昔之善戰者석지선전자, 先爲不可勝[1]선위불가승, 以待敵之可勝[2]이대적지가승 不可勝在己불가승재기, 可勝在敵가승재적. (제4편 軍形篇)

1. 先爲不可勝 : 먼저 적이 이길 수 없도록 한다.
2. 以待敵之可勝 : 적을 이길 수 있는 시기를 기다린다.

전쟁의 궁극적인 목적은 승리하는 데 있지만, 그 과정에서 보다 더 중요한 것은 적어도 크게 패하지 않도록 대비하는 데 있다. 크게 패하면 다시는 전세를 만회할 방법이 없고 급기야 국가의 멸망으로 이어지기 때문이다. 현실적인 운용을 생각해 보면 모든 사업과 투자 그리고 기업 간의 전쟁도 최소한 크게 패하지 않는다는 마지노선을 정해 놓고 그 범위 안에서 투자를 해야지 '사활을 건 모험' 식의 무모한 도전은 지양해야 한다. 갑자기 큰 손해를 보았거나 큰돈을 벌 수 있다고 확실시되는 기회를 만났을 때 너무 욕심을 내서는 안 된다는 것이다.

군대의 운용도 마찬가지이다. 항상 선봉부대와 중앙 주력군, 좌우 측방군, 후방 방위군 등으로 나누어 운용을 하다가 필요시 집중과 분산을 원활하게 해야지 모든 병력을 한곳에 집중해 운영을 하게 되면 적의 불의의 도발 시 예기치 못한 큰 타격을 입을 수 있다.

명나라 때 일이다. 1449년 8월 15일 환관 왕진(王振)이 이끄는 50만 대군이 회래(懷來) 동쪽 토목보(土木堡)에서 야선(也先)의 와라군(瓦喇軍)에 의해 완전히 포위당해 명나라 황제 영종(英宗)은 포로로 잡혔고, 50만 대군은 절반이 희생되었으며, 최정예 부대는 전멸했다. 이런 무참한 결과가 초래된 이유는 왕진이 야선의 본거지를 공격하면서 지형에 대해 잘 알지 못했고, 공격노선을 한곳으로 집중했으며, 진군 시 병력을 분산하지 않았기 때문이다.

야선(也先)은 영종을 인질로 잡고 수도 북경의 성을 향해 진격했다. 당시 북경은 무방비 상태에 있었다. 병력은 10만도 채 되지 않았고 모두 노약자와 실전경험이 없는 어린 병사들뿐이었다. 야선이 쳐들어온다는 소식을 전해 들은 백성들은 공포에 휩싸였다. 대신들은 속수무책이었고, 관료와 부호들은 모두 피난을 서둘렀다. 이런 와중에 일부 대신들은 남방으로 천도를 하자고 주장했는데, 당시 병부시랑 우겸(于謙)을 중심으로 한 항전파는 이들의 반대를 끝까지 설득해서, 북경을 사수하기로 결정했다.

우겸은 손자의 "우선 적이 우리를 이길 수 없도록 대비를 철저히 한다."의 원칙에 입각하여 북경을 방위하기 위한 조치를 하나씩 취해 나갔다. 우선 토목보 참패의 원흉인 왕진 일당을 제거하여 내부의 우환을 없앴고, 두 번째로 명종이 포로로 잡혀 적에게 이용당하자 명종의 동생인 주기(朱祁)를 황제로 세워 야선이 황제를 앞세워 위협하는 전략을 무력화시켰다. 세 번째는 현명하고 능력 있는 자들을 선발하여 장수로 임명하고, 젊은 병사들을 확충해 나갔다. 우겸은 시민과 병사들을 총동원해 성벽방어를 위한 모든 준비를 해 나갔고, 성벽 주위의 해자를 더 깊이 팠다. 아울러 공격용 무기인 전차를 1,000대 이상 만들고, 10만이 채 안 되었던 병력도 22만 명으로 확충했다. 네 번째는 북경성의 보수와 전력 확충을 위한 시간을 벌기 위해, 와라군의 전진 속도를 늦출 요량으로 북경으로 통하는 모든 도로에 장애물을 설치하였다. 다섯 번째로는 북경성의 모든 성문을 닫아 성문 출입을 통제하였다.

10월 11일 야선의 군대가 북경성 아래에 당도하여 연 5일 동안 성을 공격하였으나 뜻을 이루지 못했다. 우겸은 이들이 지친 야음을 이용하여 야선의 군영을 기습하여 상당한 피해를 주었다. 그리고 또 덕승문(德勝門)의 방비를 허술히 하는 유인책을 써서, 이들이 이 문을 깨고 안으로 진입하자, 성안에 매복하고 있던 병사들이 공격과 도주를 반복하면서 적을 유인하여 섬멸해 나갔다. 이런 와중에 와라군의 총사령관도 화살에 맞았다. 10월 14일 명군은 창의문(彰儀門)에서 당시 서양에서 수입한 총으로 무장한 신총대(神銃隊)를 전방부대로 하고, 활과 검으로 무장한 궁도대(弓刀隊)를 후방부대로 하여, 와라군의 주력을 깨는 데 성공했다. 이 전투로 인해 와라군의 손실은 치명적이었고, 사기는 땅에 떨어져 하는 수 없이 공성계획을 취소하는 수밖에 없게 되었다. 10월 15일 야선이 철수를 시작하자 명군은 계속 추격하여 잔여병력을 소탕해 나갔다. 결국 이들은 국경을 넘어 도주하였고 명나라는 북경성 방위에 성공을 거둘 수 있었다.

以鎰稱銖이일칭수 - 승리의 군대는 해머로 주먹을

승리의 군대는 마치 일(鎰)로써 수(銖)를 다는 것처럼 절대 우세의 상황에 놓이게 되고, 패배의 군대는 수로써 일을 재는 것처럼 절대 열세에 놓이게 된다.

故勝兵若以鎰稱銖[1]고승병약이일칭수, 敗兵若以銖稱鎰패병약이수칭일

(제4편 軍形篇)

1. 以鎰稱銖 : 일(鎰)과 수(銖)는 고대 중량 단위. 일은 24량(兩) 혹은 20량, 무겁다는 뜻. 24수는 1량으로 가볍다는 뜻. 일로 수를 재다, 즉 실력 차이가 크다는 의미.

여기서 "일(鎰)로써 수(銖)를 다는 것처럼 절대 우세의 상황에 놓이게 되다."라는 것은 자연스럽게 그렇게 형성되기를 기다린다는 의미는 아니다. 그런 상황이 조성되도록 노력해서 적보다 월등히 강한 전력을 확보해 상대적으로 약한 적을 손쉽게 이긴다는 뜻이다. 나는 강해지고 적은 약화시키는 전략을 말한다. 현실적인 응용 면에서 본다면 기술은 있는데 자금력이 부족하거나 내부의 갈등으로 고초를 겪고 있는 중소기업은 대기업이 노리는 좋은 사냥감이 되게 마련이

다. 즉, 대기업이 이 중소기업의 정보를 확보하고 점차 첩자들을 내부에 심어서 무너지는 시점을 기다려 흡수합병에 들어가는 전략이라고 할 수 있다.

흔히들 삼국지를 읽고도 주인공으로 등장하는 유비, 관우, 장비, 제갈공명, 조조, 손권 등에 초점이 맞추어져 이들이 다 죽은 후 상황에 대해서는 잘 모를 수 있다. 여기서는 이들 주인공들이 죽은 후 어떻게 진(晉)나라가 최후의 통일을 이루는지에 관한 고사를 소개한다. 조조가 세운 위(魏)나라는 조조가 죽은 후 3대에 걸쳐 왕위를 계승하다가, 제갈공명과 여러 차례 전투를 치른 위나라의 명장 사마의의 손자에게 나라를 내주고 만다. 결국 진(晉)나라로 개명하고, 황제에 오른 사마염(司馬炎)은 삼국통일의 대업을 이루었다.

사마염은 사마의의 아들인 사마소(司馬昭)의 장자이다. 265년 8월 사마소가 죽자 사마염이 진왕(晉王)을 계승하였다. 다음 해 1월 사마염은 위원제(魏元帝)를 압박하여 황제에 올라 국호를 진(晉)으로 고치고 진무제(晉武帝)가 되었다. 사마염은 황제가 된 후 지위를 공고히 하기 위해 대대적으로 종친에게 분봉(分封 : 천자가 땅을 나누어서 제후를 봉하던 일)을 시행했다. 몇 년 사이에 57명에게 왕위를 주었고, 500여 명에게 공후(公侯)의 작위를 내렸다. 동시에 멸망한 지 오래되지 않은 촉한(蜀漢) 지역의 민심을 수습하기 위해 과거 촉한의 관리들을 그대로 임용하는 정책을 폈다. 촉한은 멸망했지만 동오(東吳)는 그대로 남아 있어, 삼국을 통일하기 위한 준비에 박차를 가했다.

이 당시 동오의 군주는 손호(孫皓)였는데 매일 같이 방탕 무도한 생활을 하고 있었다. 그는 대신들의 딸들을 모두 왕궁으로 불러들여 그중 예쁜 사람은 골라 후궁에 앉히고 나머지는 돌려보냈다. 중서령

(中書令) 하소(賀邵)가 이런 행위에 대해 간언을 하자, 빨갛게 달군 인두로 혀를 잘랐다. 그 밖에도 손호는 잔혹한 형벌을 개발하여 폭정을 일삼았다. 이런 정보에 밝은 진나라 조정에서는 동오를 정벌할 기회가 왔다고 입을 모았지만, 진무제는 이미 오래 전부터 만반의 준비를 갖추고 있었다. 그는 대장 양호(羊祜)를 전략적 요충지인 형주(荊州)로 파견하여 민심을 수습하고, 형주에서 제일 가까운 동오의 석성(石城 : 지금 호북성(湖北省) 종상현(鍾祥縣))을 향해 선심공략을 펴기 시작했다. 동오왕은 자신은 사치하고 방탕한 생활을 하면서도 군사들에게 군량을 배급하지 않아 사병들은 굶주림에 시달려야 했다. 양호가 이런 상황을 탐지하고, 적군에게 양식과 술을 자주 보내주자 귀순하는 자가 점점 늘어났다. 진무제는 이렇게 동오에게 선심공세를 하는 한편, 익주(지금의 사천(四川)) 지역에서는 동오를 공격할 배를 축조하고 있었다. 장강을 타고 내려가 공격하기 위한 것이었다.

이렇게 10년이 넘는 준비를 마친 진무제는 279년에 드디어 동오 정벌에 나섰다. 속전속결로 전쟁을 마무리하기 위해 수군을 5개의 공격노선으로 나누어 장강의 북쪽으로부터 동오 지역으로 진군시켰다. 20만 대군이 진격해 내려가자, 동오의 군대는 이를 저지하기 위해 장강 중류 무협(巫峽)에 예리한 철주를 무수히 박고 그 사이를 굵은 쇠사슬로 연결하여 수면에 띄워 수군의 진격을 막았다. 그러자 진나라 군대는 화력이 강한 기름을 수면 위에 부어 두꺼운 기름층을 만들고, 그 위에 불을 질러 수면에 떠 있는 쇠사슬을 녹여버렸다. 그리고 동오의 수도 건업(建業 : 지금의 남경(南京))에 당도했을 때, 건업을 지키고 있는 오나라 군대를 분산시키기 위해 진나라 장군 왕혼(王渾)이 북쪽에서 남쪽 방향으로 진격해 들어갔다. 이에 대항하기 위해 동오의 손호는 승상 장제(張悌)에게 주력군을 이끌고 강을 건너 왕혼의 부대를 막으러 출격하게 했는데, 바로 이 틈을 이용해 진나라 주력부대가 수도 건업을 쳐서 동오는 운명을 다하고 말았다.

진나라는 국토가 넓고 인구도 많았지만, 바로 동오를 정벌하지 않고 10여 년의 준비과정을 거쳤다. 사마염은 민심을 수습하고 생산을 장려했으며 많은 군량과 물자를 축적해 나갔다. 그리고 병사들을 후대하고 적의 병사들에게도 양식과 술을 나누어 주는 등의 선린정책을 편 결과 동오의 많은 병사들이 귀순해 왔으므로, 결전의 순간에는 숫돌로 계란을 치듯이 강한 기세로 몰아붙일 수 있었다.

順詳敵意 순양적의 - 속아주는 척도 최고의 전략

따라서 작전을 지휘할 때 처음에는 적의 의도대로 순순히 끌려가는 척하다가, 일단 기회가 오면 병력을 집중하여 적의 허점을 공격해야 한다. 이렇게 하면 천리 밖에 있는 적도 적장을 생포하거나 죽일 수 있다. 이것이 바로 '교묘함으로 큰일을 이룰 수 있다'는 것이다.

故爲兵之事고위병지사, 在順詳[1]敵之意재순상적지의, 幷敵一向[2]병적일향, 千里殺將천리살장, 是謂巧能成事시위교능성사.(제11편 九地篇)

1. 順詳 : 적의 의도대로 끌려가는 척하다. 詳은 양(佯)의 가차자(假借字 : 본래의 뜻과는 무관하게 다른 글자의 소리를 빌어와 쓰는 글자), ~하는 척하다.
2. 幷敵一向 : 적을 한 방향으로 몰다.

"적의 의도대로 순순히 끌려가는 척하다가" 라는 의미는 적이 수를 쓰면 적의 의도대로 넘어가는 척하다가 역으로 이용하는 전법을 말한다. 「삼국지(三國志)」 적벽대전에서 장간(蔣干)이 주유의 계책에 말려 조조에게 투항한 수군도독 채모(蔡瑁)와 장윤(張允)을 조조의 손으로 제거하는 장면이 나온다. 최근에는 〈적벽대전〉이란 영화가 나와 선풍적인 인기를 끈 바도 있다. 이 영화에서 주유가 보여준 연기를 잠시 소개하면 다음과 같다.

전염병에 걸려 죽은 조조의 병사들을 배에 가득 실어 주유의 진영으로 띄워 보내자, 주유의 진영에서도 전염병이 돌아 병사들이 하나 둘씩 죽어가기 시작했다. 유비는 얼마 안 되는 병사들이 이 전염병으로 죽을까 두려워 다른 지역으로 대피하기에 이른다. 조조는 이 전염병을 퍼뜨리는 방법으로 손권과 유비의 동맹이 와해되자 자만심이 고취된다. 조조는 전대미문의 막강한 수륙 80만 대군을 거느리고 결전을 앞두고 있다. 그리고 동오의 대도독 주유의 죽마고우인 장간에게 주유를 찾아가 항복을 제안토록 지시한다.

주유는 죽마고우인 장간이 찾아오자 환대하며 밤늦도록 질펀하게 술잔을 기울인다. 대취한 주유가 칼춤을 추기 위해 칼을 빼자, 칼집 속에 있던 밀서 한 장이 바닥에 떨어지는데… 장간의 시선이 이 밀서에 집중된다. 그때 다급하게 주유를 찾는 무관.

무관 : 도독! 급보입니다!

주유 : (호통 치듯이) 손님 계신 게 안 보이나!

그리고 장간을 피해 복도 한쪽으로 자리를 옮겨 낮은 목소리로 밀담을 나누는 두 사람.

장간은 살금살금 다가가 기둥 뒤에 숨어 귀를 쫑긋 세우고 밀담을 엿듣는다.

무관 : 채모와 장윤 장군 말로는 지금 조조의 목을 치기가 어렵답

니다.

주유 : (소맷자락에서 밀서를 꺼내 보이며) 속단을 내리지 말게. 그들의 전갈이야.

병사 : (밀서를 다 읽고 나서) 잘됐군요.

장간은 그날 밤 대취하여 잠든 주유의 소맷자락에서 밀서를 살며시 꺼내 읽는다. 밀서의 내용을 확인해 보니 얼마 전 조조에게 투항해 수군을 책임지고 있는 채모와 장윤이, 조만간 조조의 수급을 베어 주유에게 바치겠다는 것이었다. 장간은 밤에 내달아, 조조에게 채모와 장윤이 보낸 비밀전문과 함께 자신이 엿들은 얘길 들려준다. 격노한 조조, 가차 없이 두 장수의 목을 치게 된다.

이런 전법을 「삼십육계」에선 '반간계(反間計)'라고 한다. 반간계란 적이 보낸 첩자를 역으로 이용해 적의 내부에 동요를 일으키거나, 허위 정보를 흘려 적의 작전에 혼선을 일으키는 전법이다. 이때 적이 파견한 간첩을 '사간(死間)'이라고 하는데, 위의 예화에서는 장간이 바로 사간인 셈이다. 장간은 조조에게 돌아가 적정을 밀탐한 공로를 인정받고 싶어 득의만만했지만, 뒤늦게 주유에게 당한 줄 안 조조는 장간에게 독주를 하사한다. 결국 이렇게 목숨을 잃을 간첩이란 뜻에서 '사간'이라고 하는 것이다. 또한 이 반간계가 성공을 거두기 위해, 제일 좋은 방법은 위의 장간의 경우처럼 우연히 적의 첩자를 만날 수 있는 경우이다. 다시 말해 적을 속이기 위해 인위적으로 적의 첩자를 찾아낼 필요도 없고, 이런 작전을 쓰기 위해 상황을 만드는 수고도 할 필요가 없기 때문이다. 이렇게 우연히 찾아오는 기회를 적절히 이용하는 전법을 「삼십육계」에서는 또 '순수견양(順

手牽羊)'이라고 한다. 이 '순수견양'이란 길을 가다 우연히 양 한 마리가 있으면 그냥 슬쩍 끌고 오는 것으로, 아무런 힘도 들이지 않고 찾아온 기회를 최대한 잘 살리는 방법인 것이다.

進不求名 진불구명 - 진퇴는 자유롭게

그러므로 장수는 전장의 실정을 판단해 이길 확신이 있으면 군주가 싸우지 말라고 하여도 싸워야 하고, 전선의 상황으로 보아 승산이 없으면 비록 군주가 싸우라고 명하여도 싸워서는 안 된다. 그러나 장수는 승리했을 경우 명예를 추구해서는 안 되고, 패배했을 때는 그 죄를 피하지 말아야 하며, 오로지 백성을 보전하고 군주를 이롭게 해야만이 진정 나라의 보배인 것이다.

故戰道必勝[1]고전도필승, 主曰無戰주왈무전, 必戰可也필전가야;
戰道不勝전도불승, 主曰必戰주왈필전, 無戰可也무전가야.
故進不求名고진불구명, 退不避罪퇴불피죄, 唯民是保[2]유민시보,
而利合於主[3]이리합어주, 國之寶也국지보야.(제10편 地形篇)

1. 戰道必勝 : 전황이 승산이 많으면
2. 唯民是保 : 오로지 백성을 보전하다
3. 利合於主 : 군주의 이익에 부합하다

월왕 구천을 도와 원수를 갚아 주었던 범려(范蠡)의 이야기를 한번 해보자. '와신상담(臥薪嘗膽)'[7]이란 고사성어가 있다. 불편한 섶에 몸을 눕히고 쓸개를 맛본다는 뜻으로, 원수를 갚거나 마음먹은 일을

---

7) 臥 : 엎드릴 와, 薪 : 섶나무 신, 嘗 : 맛볼 상, 膽 : 쓸개 담.

이루기 위하여, 온갖 어려움과 괴로움을 참고 견디는 것을 비유한 말이다. 이는 춘추시대 오나라 왕 부차(夫差)가 아버지의 원수를 갚기 위하여 장작더미 위에서 잠을 자며〔와신(臥薪)〕월나라의 왕 구천(勾踐)에게 복수할 것을 맹세하였고, 결국 부차에게 패배한 월왕 구천이 쓸개를 핥으면서〔상담(嘗膽)〕복수를 다짐한 데서 유래한 것이다.

BC 496년 오(吳)나라 왕 합려(闔閭)는 월(越)나라로 쳐들어갔다가 월(越)왕 구천(勾踐)에게 패하였다. 이 전투에서 합려는 화살에 맞아 심각한 중상을 입었다. 병상에 누운 합려는 죽기 전, 그의 아들 부차(夫差)를 불러 이 원수를 갚아 줄 것을 유언으로 남겼다. 부차는 장작 위에 자리를 펴고 자며, 아버지의 원수를 잊지 않았다. 이와 같은 소식을 들은 월나라 왕 구천은 기선을 제압하기 위해 오나라를 먼저 쳐들어갔으나 대패하여 월나라의 수도가 포위되고 말았다. 싸움에 크게 패한 구천은 얼마 남지 않은 군사를 거느리고 회계산(會稽山)에서 농성을 하였으나 끝내 견디지 못하고 오나라에 항복하였다. 포로가 된 구천과 신하 범려(范蠡)는 3년 동안 부차의 노복으로 일하는 등 갖은 고역과 모욕을 겪었으며, 구천의 아내는 부차의 첩이 되었다. 그리고 월나라는 영원히 오나라의 속국이 될 것을 맹세하고 목숨만 겨우 부지하며 귀국하였다. 그는 월나라로 돌아가자 잠자리 옆에 항상 쓸개를 매달아 놓고, 앉거나 눕거나 늘 이 쓸개를 핥으며 회계의 치욕〔회계지치(會稽之恥)〕을 잊지 않았다. 10여 년 후 오나라 부차가 중원을 차지하기 위해 북벌에만 신경을 쓰는 틈을 타서, 구천은 오나라를 공격하여 수도를 함락했다. 그리고 부차를 생포하여 복수를 했다. 이와 같이 와신상담은 부차의 와신(臥薪)과 구천의 상담(嘗膽)이 합쳐서 된 말로 '회계지치(會稽之恥)'라고도 한다.

월왕 구천이 복수를 하는 데 큰 공을 세운 범려(范蠡)는 어느 날 갑자기 제나라로 떠나 버리더니, 자신과 고생을 함께했던 문종에게 다음과 같은 서찰을 보내왔다.

"잡을 새가 없어지면 좋은 활도 깊이 넣게 되고, 교활한 토끼가 없어지면 사냥개도 필요없게 되어 주인에게 먹히는 법이네. 월왕은 목이 길고 까마귀 주둥이로 몰인정한 인상이니, 어려움은 같이할 수 있어도 영화는 함께할 수 없는 관상인데, 자네는 아직도 그의 곁을 떠나지 않고 무얼 하고 있는가?"

문종도 지혜로운 사람이었지만, 미련이 남아 월나라를 떠나지 못하고, 병을 핑계로 조정에 나가지 않았다. 그러자 월왕은 반란을 일으킨다는 누명을 씌워

"당신은 과인에게 오나라를 칠 7가지의 계책을 알려주었는데, 3수만에 오나라를 물리쳤소! 아직 4수가 남았으니, 그것은 선왕에게 돌아가 다 사용하시오!"라고 말하자, 문종은 자결하고 말았다.

범려는 바다를 통해 제나라로 들어갔다. 이름을 '지이자피(鴟夷子皮)'로 바꾸고, 열심히 사업에 몰두해 어마어마한 거부가 되었다. 그가 이렇게 사업에 성공하자 제나라 사람들은 그를 제나라 재상으로 천거했다. 재상직을 맡아 부귀영화를 누린 지 얼마 되지 않아, 그는 또

"사는 집이 천금에 이르고 재상이 되어도, 오랫동안 고귀한 자리에 있으면 목숨이 위태로워지는 법!"이라고 말하며 재상직을 사퇴하고 가산을 이웃과 친구들에게 모두 나누어 준 다음, 얼마간의 사업 밑천만 가지고 또 다른 곳으로 떠났다. 그가 다른 곳에 가서도 사업에 성공하여 막대한 부를 쌓게 되자, 사람들은 그를 도주공(陶朱公)

으로 부르게 되었다. 후대 사람들은 이런 범려를 재물의 신으로 섬기게 되었다.

노년에는 늦둥이를 보게 되었는데, 이 막내아들이 성장했을 때 둘째 아들이 초나라에서 사람을 죽여 구금되는 일이 생겼다. 범려는 막내아들에게 황금 일천 냥을 주며 초나라로 가서 둘째 아들을 구하라고 보냈다. 그러나 떠나는 날 큰아들이 가로막으며 큰아들인 자신이 가야 한다고 우겨댔다. 만약 허락하지 않으면 불초자식(不肖子息 : 어버이의 덕행이나 사업을 이어받지 못한 자손)이 되는 것이니 자살하겠다고 고집을 부리는 통에 범려는 하는 수 없이 큰아들을 보내게 되었다. 떠날 때 초나라에 있는 친구 장생(莊生)에게 서찰을 써 주며 방법을 일러주었다. 초나라에 도착한 큰아들은 장생의 집으로 찾아가서 아버지가 시킨 대로 서찰과 황금을 전달했다.

"자네는 빨리 이곳을 떠나도록 하게! 절대 초나라에 남아 있어서는 안 되네! 동생을 살리고 싶으면 절대 아무 것도 물어서는 안 되네!"라고 했다. 그러나 큰아들은 장생의 말을 듣지 않고, 초나라의 귀족인 친구를 만났다. 그런데 그 친구가 초나라 임금이 대사면을 한다는 소식을 전하자, 장생에게 준 황금 일천 냥이 아깝게 느껴져 다시 장생을 찾아가 황금 일천 냥의 행방을 따져 물었다. 장생은 원래 청렴한 인물이라 이 말을 듣고 수치를 느꼈다. 그래서 초왕에게 찾아가 세치의 혀를 놀려 범려의 둘째 아들을 죽게 만들었다. 큰아들이 동생의 시체를 안고 집으로 돌아오자 범려는 예측이나 했다는 듯이,

"나는 첫째가 제 동생을 죽일 줄 진작 알고 있었다. 그 애가 동생을 사랑하지 않기 때문이 아니라, 재물을 너무 아까워하기 때문이

다. 첫째는 어려서부터 나와 함께 고생을 했기 때문에 재물을 아까워하지만, 막내는 어려서부터 부하게 자랐기 때문에 돈을 내놓는 데 인색함이 없어, 내가 막내를 보내려 했던 것이다!"라고 했다.

범려의 사례를 통해 알 수 있는 것은 부귀영화는 너무 지나치면 오히려 화를 부를 수 있고, 지혜로운 자는 운이 좋아 잘 나갈 때 항상 조심하다가 슬기롭게 퇴각하여, 남과 더불어 영화를 나눌 줄 안다는 점이다. 또한 큰아들과 막내아들의 성향을 파악하여 일의 사안에 따라 적임자를 선택하는 혜안도 두드러져 범려를 '지혜의 화신'이라고 부른다. 이런 이치는 「주역」에서는 '물극필반(物極必反)', 「노자」에서는 '반자 도지동(反者, 道之動)'이라고 한다. '물극필반'이란 사물의 현상이 한 극점에 이르면 반드시 다른 극점으로 움직이게 되어 있고, '반자 도지동'도 우주의 변화 이치인 도(道)의 움직임은 상반된 다른 극점을 향해 움직인다는 뜻이다. 지혜로운 자는 이런 우주의 이치에 따라 현실에 집착하지 않고 진퇴를 슬기롭게 결정하는 사람이다.

獸駭者覆 수해자복 - 이유 없는 현상은 없다

새들이 날아오르는 것은, 그 아래 복병이 있기 때문이다.
짐승들이 놀라 달아나는 것은, 적의 대부대가 습격해 오기 때문이다.

鳥起者조기자, 伏也복야 ; 獸駭¹者수해자, 覆也복야. (제9편 行軍篇)

1. 獸駭 : 짐승들이 놀라다.

손자는 '행군편'에서 33가지 자연현상과 적의 언행에 따른 적정 판단 요령에 대해 언급했다. "적군에서 온 사신의 말이 겸손하면서도 경계를 늦추지 않는 것은, 공격하려는 것이다. 말을 잡아먹으면, 군량이 바닥이 났다는 뜻이다." 등 미세한 상황의 변화도 놓치지 않고 세심하게 관찰하여 적절하게 대응해야 한다는 내용이다.

청나라 옹정(擁正) 원년 가을에 대장군 연갱요(年羹堯)가 서북지역 청해로 난을 평정하러 갔다. 서녕(西寧)에 거의 다 도착해서 날이 저물어 야영을 하게 되었는데 삼경쯤 되었을 때 갑자기 기러기떼가 요란하게 군영 상공으로 날아가는 소리를 듣고 놀라 잠에서 깨어 일어났다. 그믐날 밤 기러기떼들이 한밤중에 급히 날아가는 것을 수상히 여겨 생각을 거듭한 끝에 반란군들이 야음을 이용해 자신들을 습격해 급히 오느라 기러기들이 놀라서 소리 지르며 허공을 날아올랐을 것이라고 판단하여 병사들을 깨워 매복시켰다. 그런데 과연 4경이 되었을 때, 반란군들은 청나라 군사들이 숙영하고 있는 지역으로 말을 타고 급하게 달려오고 있었다. 적이 포위망에 들어왔을 때 불화살을 쏘아 올리자 사방에서 일제히 화살을 쏘아 야습한 적을 순식간에 섬멸하고 말았다. 연갱요는 그 일이 있은 후 얼마 지나지 않아 반란군을 모두 평정하고 귀경길에 올랐다.

세계 제1차 대전 때의 일이다. 독일군이 프랑스를 맹렬하게 공격하고 있었다. 프랑스는 전력이 약해 정면으로 대항하지 못하고 숨어서 게릴라전을 전개할 수밖에 없어, 낮에는 은폐 엄폐된 곳에 숨어 있다가 밤만 되면 나와 적의 요충지를 공격했다. 독일군은 이들의 은신처를 아무리 찾으려 해도 찾을 수 없어 애를 태우고 있었다. 그러던 어느 날 한 병사가 망원경으로 적정을 관찰하는 중 묘지 위에 고양이 한 마리가 햇볕을 쬐며 앉아 있는 것을 발견했다. 처음에는 별로 대수롭지 않게 여겼으나, 그 다음 날도 또 묘지 위에 앉아 햇볕을 쬐다 돌아가고 이렇게 며칠을 반복하는 것이었다. 고양이를 유심히 관찰해 보니 페르시아산 고양이었다. 페르시아산 고양이는 귀족들이나 기르는 것으로 일반 들고양이와는 다른 것이었다. 이 병사는 이 점을 이상히 여겼다. 들고양이가 아닌 집고양이가 왜 매일 비슷한 시간에 나와 같은 장소에서 햇볕을 쬐다 돌아가는 것일까? 주변에 인가라고는 하나도 없는데 왜 이 집고양이가 묘지 위에 앉아 있을까? 눈에는 보이지 않지만 이 주변에 사람이 있는 것이 분명하다는 결론에 이르렀다. 이 사실을 상부에 보고하자 은밀히 이 주변 동태를 집중해서 감시하기에 이르렀다. 그런데 한밤중에 묘지 옆 웅덩이에서 은폐된 거적을 들어내고 병사들이 나오는 장면을 목격했다. 독일군은 이 묘지 주변을 집중 포격했다. 그 후로는 독일군이 프랑스 게릴라 부대에 의해 피해를 보는 일이 없어졌는데, 전쟁이 끝난 후 드러난 사실은 이 지역이 프랑스 보병 여단의 지휘부였다는 것이었다.

천리 길도 한 걸음부터라는 말이 있다. 한 걸음 한 걸음이 모여 천리를 갈 수 있다는 뜻이다. 우리는 흔히들 큰일을 하는 사람은 작은 일에 별로 신경을 쓰지 않는다고 말하는 경우가 있다. 그러나 큰일은 작은 일들이 모여 이루어지는 것이다. 세심한 관찰과 배려, 치밀한 계획과 행동을 하지 못하는 사람은 결코 큰일을 할 수 없다.

二. 임기응변

임기응변이란 적의 변화에 따라 나도 발 빠르게 대처한다는 뜻이다. 임기응변의 전제조건은 우선 적의 정황을 정확하게 파악하려는 노력이다. 정확한 정보에 입각해 적황을 면밀히 분석하여 그에 따른 민첩한 대책을 강구하여 대응한다. 19세기 영국에서 산업혁명이 일어나 격동치고 있을 때 중국과 한국은 나라의 문을 굳게 걸어 잠그고 쇄국정책(鎖國政策)으로 일관한 데 반해, 일본은 메이지 유신을 통해 도쿠가와 바쿠후〔덕천막부(德川幕府)〕를 붕괴시키고, 천황 친정 형태의 통일국가를 형성해, 정치·사회적 변혁을 이루었다. 정치적으로는 수도를 도쿄로 옮기고, 중앙집권체제를 확립하고, 입헌군주제를 도입했으며, 경제적으로는 토지제도 개혁, 조세제도 개정, 상공업 적극 장려, 자본주의 제체를 확립하였다. 또한 사회개혁의 일환으로 봉건적 특권 폐지, 사민평등, 신식 교육제도의 도입, 징병제 등을 실시하였다. 이런 발 빠른 대응에 힘입어 서양의 침략을 막아냈을 뿐 아니라, 조선을 합병하고 중국 만주를 점령했다. 그리고 더 나아가 청나라의 수도였던 북경과 중화민국의 수도였던 남경을 함락하고, 중국 정벌을 본격적으로 전개할 수 있었다. 일본은 서양의 침략을 전화위복의 계기로 삼아, 메이지 유신을 성공적으로 이루고, 동아시아에선 제일 먼저 산업국으로 변모해 이런 결과를 만들 수 있었다.

戰勝不復 전승불복 - 전술에는 재탕이 없다

한 번 전승한 방법을 두 번 다시 사용해서는 안 되며, 때와 장소에 따라 적에 대한 응전 형태에 무궁한 변화를 주어야 한다.

其戰勝不復¹기전승불복, 而應形於無窮²이응형어무궁. (제6편 虛實篇)

1. 復 : 반복하다
2. 應形 : 형태에 따라. 於無窮 : 무궁하게 변화시키다.

　　전쟁은 그 본질에 있어서 마르지 않는 샘물처럼 끝없이 솟아오르는 변화의 요정과 같다. 그 이유는 승패에 있어서 변수가 많기 때문이다. 지금까지 그 어떤 전쟁도 쌍방의 전법이 동일했던 적은 한 번도 없었다. 이는 축구경기에서 동일한 두 팀이 똑같은 멤버로 구성되어 동일한 장소에서 경기를 하더라도 똑같은 장면을 연출할 수 없는 이치와 같다. 이렇듯 변화무쌍하고 변수가 많은 전쟁에서 과거에 사용했던 동일한 전법으로 승리를 추구한다면 승산이 적을 수밖에 없다.

　　그러면 어떻게 무궁무진한 전법을 구사할 수 있나? 그것은 바로 기정(奇正)의 변화를 추구하는 것이다. 기(奇)란 기습이고, 정(正)은 정면전을 말한다. 전쟁의 모든 양상은 바로 이 두 가지에 불과한데, 누가 이 기습과 정면전을 신출귀몰하게 구사하느냐에 따라 승패가 갈린다. 승리를 거두기 위해서 지휘관은 시시각각으로 변하는 상황 속에서 항상 고정관념을 없애고 새로운 사고로써 참신한 전략을 수립할 수 있어야 한다. 한신(韓信)이 배수진으로 조(趙)나라 군대를 대파한 것은 당시 상황으로서는 파격이었다. 병법에 배수진은 피해야 한다고 되어 있기 때문이다. 이런 파격적인 행동은 적으로 하여금 한신이 병법도 모르는 풋내기에 불과하다는 인식을 주었고, 오합지졸이었던 한신의 군대는 등뒤에 강물이 있어 도주할 곳이 없다는 위기감에서 오히려 용맹한 전투력을 발휘하여 적을 격파할 수 있었던 것이다. 훗날 이런 한신의 배수진을 다시 사용했던 서황(徐晃)은 성공을 거두지 못하고 패배했다. 패인은 바로 창의력이 부족한 데에 있었다. 동일한 전법이라도 사용하는 사람에 따라 이렇게 결과가 다르게 나타나는 이유는 피아의 상황, 날씨와 지형, 전투력 등 승패를 결정짓는 데 필요한 복잡한 요인에 기인하기 때문이다. 따라서 과거에 승리했던 전법이라도 당시의 상황에 맞는 재구성 없이는 결코 승리를 장담할 수 없다.

역사적으로 지혜로운 사람으로 명성을 날린 자는 많지만 대표적으로 우리가 잘 알고 있는 인물로는 월왕 구천의 원수를 갚아주고 뛰어난 지모를 상업에 활용하여 어마어마한 재물을 모은 범려, 유비의 참모로서 빈털터리 유비에게 촉나라를 만들어 상납하고, 유비가 죽자 아둔한 아들 아두를 자신의 목숨이 다할 때까지 받들며 명재상으로 이름을 날렸던 제갈공명, 막강한 초나라의 항우를 맞이하여 한왕 유방이 최후의 승리를 거둘 수 있도록 보조하다가 한(漢)왕조 설립 후에 한신(韓信), 팽월(彭越), 영포(英布) 등의 공신들이 잇달아 숙청되었을 때에도 살아남았던 장량(張良)과 진평(陳平) 등일 것이다. 여기서는 한왕조 설립 후 장량과 진평의 처세술에 대해 소개하도록 한다.

유방이 천하를 통일하고 공신들을 '토사구팽(兎死狗烹)'[8]하자, 장량은 '명철보신(明哲保身)'[9]의 처세를 취했다. 정치에는 전혀 관심을 두지 않고 세속적인 욕망을 일체 끊었다. 선천적으로 잔병치레를

---

8) "토끼 사냥이 끝난 후 필요없어진 사냥개를 삶아 먹는다."는 속담에서 비롯된 말로 천하가 통일된 후 전쟁에 참전하여 혁혁한 공을 세운 공신들을 제거한다는 의미.
9) 안신입명(安身立命)과 비슷한 말로 세속적인 욕심을 버리고 자신의 안위만을 추구하는 처세 방법.

자주 했던 장량은 도교의 도인술(導引術)에 심취하여 심신의 단련에 주력했고, 만나는 사람들에게는 "운 좋게 제왕의 책사로 활동해 일개 서민의 신분에서 일만 호의 봉지를 받는 제후가 된 것은 최고의 영달이라고 하지 않을 수 없다!"고 말했다. 이런 처세의 덕으로 장량은 유방이 죽은 후에도 편안한 여생을 보낼 수 있었다.

진평은 항우를 이기는 데 결정적인 작전을 구사한 인물로, 장량에 버금가는 책사라고 할 수 있다. 유방이 죽은 후 한나라는 유방의 부인이었던 여후(呂后)의 전제정치 시대가 열렸다. 여후는 일족들을 대거 영입해 요직에 두루 앉혀 정권을 마음대로 주물렀다. 진평은 당시 재상으로 재직하고 있었는데, 이런 여후의 전횡을 바라보고만 있을 뿐 전혀 간섭을 하지 않았다. 술과 미녀에 흠뻑 취해서 세월을 벗삼아 마냥 정처 없이 시간만 보냈다. 천하의 여걸 여후도 세월 앞에는 속수무책이었다. 결국 남편 곁으로 가자, 진평은 기다렸다는 듯이 군사대권을 쥐고 있었던 주발(周勃)과 공모하여 여씨 일족을 주살했다. 그리고 문제(文帝)를 옹립하여 황제로 앉히고, 주발을 재상에 추대하고는 자신은 그보다 낮은 재상직에 올랐다. 손자병법 '군쟁편'에 "작전 행동은 그 신속함이 바람과 같고, 그 고요함이 숲과 같고, 쳐들어감이 불과 같고, 움직이지 않을 때는 산과 같고, 알기 어려움이 어둠과 같고, 움직일 때는 우레나 벼락같이 해야 한다."는 전법을 실제 행동으로 그대로 보여준 것이었다.

必雜利害 필잡이해 - 이로움이 있으면 항상 해로움도 있다

지혜로운 자는 항시 이로움과 해로움을 동시에 숙고한다. 유리한 상황에서도 불리할 경우를 대비하므로 후환이 없고, 불리할 때도 유리한 조건이 무엇인지를 살펴 이를 활용하니 어려움을 극복할 수 있게 된다.

是故智者之慮시고지자지려, 必雜於利害[1]필잡어리해,

雜於利而務可信也[2]잡어리이무가신야, 雜於害而患可解也[3]잡어해이환가해야.

(제8편 九變篇)

1. 雜於利害 : 득과 실을 충분히 고려하다.
2. 雜於利而務可信也 : 유리한 상황 속에서는 (불리할 경우를 대비해야) 임무를 완성할 수 있고, 다른 해석으로는 "(불리한 상황에서는) 유리한 면을 생각해야 임무를 완성할 수 있다." 가 있다.
3. 雜於害而患可解也 : 불리할 때도 (유리한 조건이 무엇인지를 살펴 이를 활용하니) 어려움을 극복할 수 있게 된다. 다른 해석으로 "(이로운 상황일 때는) 불리한 면도 대비를 해야 우환을 해소할 수 있다."도 있다.

성공하지 못하는 이유 중 제일 중요한 것은 믿음이 부족하기 때문이다. 미래는 불확실하고 아무런 보장이 없다. 따라서 "내가 공부를 열심히 해도 취업할 수 있을까?", "이 물건을 만들어 시장에 내 놓으면 잘 팔릴까?" 하고 회의를 가질 수 있다. 그러나 성공한 사람의 공통점은 미래에 대한 확신이 있다는 점이다. 어려운 시련이 봉착했을 때 지혜로운 사람은 밝은 미래에 대한 꿈을 꾸고, 어리석은 자는 절망한다. 상황이 좋아 여유로울 때 지혜로운 사람은 불안한 미래를 위해 대비하고, 어리석은 자는 이런 영화가 영원히 지속될 줄 믿는다. 여기서 손자가 말하는 내용은 바로 적과의 교전 중에서도 유리한 때와 불리한 때 모두 양면적인 사고를 통해 대비하라는 것이다. 동전에도 양면이 있고, 기후와 날씨에도 음양과 한서가 있듯이 전쟁의 모든 상황도 희망과 절망이 공존한다는 의미이다. 따라서 절망적일 때는 항상 희망을 쫓아 사고하고, 희망적일 때는 항상 절망의 순간을 대비하라는 메시지이다.

철학적인 관점에서는 이 양면적 사고의 극치점이 바로 유(有)와 무(無)이고, 종교적인 관점에서는 생과 사이며, 현실적인 관점에서는 이해(利害)일 것이다. 철학적인 관점에서 노자(老子)는 도(道)의 움직임은 항상 상반적인 현상을 향한다고 했다. 우주의 현상에는 영원한 것이라곤 없다. 영원히 부귀한 자, 영원히 가난한 자, 영원히 불행한 사람은 있을 수 없다. 깨어 있어 노력만 한다면 우리에게는 항상 기회가 주어질 수 있다는 의미인데. 노자는 이런 이치를 아는 자는 도(道)를 아는 자이고, 이런 이치를 알기 위해서는 어떤 상황에 놓이든지 항상 양면적인 사고를 통해 대비해야 한다고 했다.

손자는 극한 상황인 전쟁에서 이 양면적 사고인 이해(利害)를 언급하고 있다. 유리한 상황에서는 불리한 상황에 대비하여 전력과 양식 등을 비축하고, 사지에 빠졌을 때도 우리가 적보다 유리한 면이 무엇인지를 고려해 이 유리한 점을 적극 활용한다면 활로를 찾을 수 있게 된다는 것이다. 또한 적과 마주하고 있는 대치국면에서도 항상 이해득실을 따져 전략 수립이 필요함을 강조하고 있다.

삼국시대에 북방의 패권을 쥐기 위한 결정적인 전투로 관도대전(官渡大戰)을 들 수 있다. 전쟁의 결과는 조조가 원소에게 대승을 거두고 원소는 이 전쟁으로 죽었다. 원소의 뒤를 이어 작은 아들 원상

(袁尚)이 즉위하자 장남인 원담(袁譚)은 이에 불만을 느끼고 거기 장군(車騎將軍)을 여양(黎陽)에 주둔시켰다. 원상도 이런 형의 태도에 의심을 품어 많은 병력을 주지 않고 심복을 보내 그를 감시하도록 했다. 조조는 관도대전에서 승리한 후 계속 원상 형제를 공격했다. 먼저 황하를 건너 원담을 공격하자 원담은 원상에게 급히 구원을 요청했다. 그런데 원상은 구원병을 보내고 싶어도, 원담이 병력을 받고 돌려주지 않을까 두려워 직접 군대를 이끌고 여양(黎陽)에서 조조의 군대와 맞붙었다. 그 결과 원상의 군대가 대패하여 도주하고, 조조의 군대는 계속 추격했다. 조조는 크고 작은 전투마다 승리를 거두고 추격하고 또 추격해 업성(鄴城)에 이르게 되었다. 모든 장수들은 내친김에 성을 공략하자고 조조에게 권했다.

이렇게 모두들 승리에 도취해 흥분을 감추지 못하고 있는 와중에, 조조의 참모 곽가(郭嘉)는 오히려 군대를 철수해 남쪽으로 유표(劉表)를 치자고 건의했다. 곽가가

"원소는 두 아들을 매우 사랑했었습니다. 그런데 후계의 선택이 잘못되었고, 곽도(郭圖)와 봉기(逢記)란 참모 간에도 알력이 있어 두 아들 간의 투쟁은 피할 수 없을 겁니다. 만약 우리가 계속 공격해 들어가면 이 두 아들은 서로 연합해 우리에게 대항할 것이지만, 만약 우리가 물러나면 이들 간의 갈등은 더욱 고조되어 스스로 자멸할 겁니다. 그래서 우리는 우선 남쪽의 유표를 공격하면서 두 아들 간의 변화를 기다린 후, 변화가 생기면 그때 가서 공격해도 늦지 않을 겁니다!"라고 말하자, 조조는 이 말을 듣고 계속 고개를 끄덕이며 좋아했다.

곽가의 전략은 원씨 일가의 내부 모순을 꿰뚫어 보고 그에 적절한

대응책으로서 매우 수준 높다고 할 수 있다. 만약 계속 밀어붙이기식으로 공격했더라면 원씨 형제는 외부의 적에 대항하여 연합세력을 형성했을 것이고, 조조의 군대는 승리를 하더라도 상당한 피해를 입었을 것이다. 유표를 공격한다는 위장 명분으로 철수를 하여,[10] 두 아들 간의 갈등을 고조시키고, 쉬면서 불이 나기를 기다리는 전법이었다.[11] 결국 조조는 203년에 철수를 명하여 남쪽으로 향했다. 조조가 철수하자 예상했던 대로, 두 원씨 형제는 매우 기뻐하면서 미뤄두었던 왕위 쟁탈전을 다시 시작했다. 둘은 서로 익주(翼州)를 차지하기 위해 앞다투어 진격했고, 큰아들 원담이 대패하고 도주하여 조조에게로 와서 투항했다. 조조는 원담이 투항해 온 것을 보고 매우 기뻐하며 복수해 주겠다고 원담의 손을 잡고 원상에게로 진격해 204년 8월에 업성(鄴城)을 함락시키고 원상을 죽였다.

같은 해 12월에는 원담을 처형하고 말았다. 애비와 동생을 죽인 철천지원수인 자신이 원담과 한솥밥을 먹기 불편해서 내린 결론일 것이다. 곽가의 전략은 원씨 형제를 공격했을 때와 철수했을 때의 이해득실을 철저히 따져 내린 결론이라고 할 수 있다.

踐墨隨敵 천묵수적 - 민주통합당의 활로

적의 움직임에 따라 대응책을 그때그때 수정하여 현실적인 대책을 세운다.

踐墨隨敵[1]천묵수적, 以決戰事[2]이결전사. (제11편 九地篇)

---

10) 이런 전법을 삼십육계에서는 '성동격서(聲東擊西)'라고 한다.
11) 이런 전법을 삼십육계에서는 '진화타겁(趁火打劫)'이라고 한다.

1. 踐 : 피하다. 墨 : 구태의연한 법칙. 踐墨隨敵 : 적을 따라 먹줄을 퉁긴다.
2. 以決戰事 : 현실적인 대책을 세운다.

살아 있는 동물은 움직인다. 움직일 수 있는 힘을 '활력(活力)'이라고 하고, 움직이는 기운을 '활기(活氣)'라고 한다. 전략에도 활력과 활기가 없으면 죽은 전략이다. 활기찬 전략이란 바로 실전에서 적의 움직임을 보고 그에 상응하는 대책을 수립하는 필승의 전략을 말한다. 필승의 전략이란 적보다 한 차원 더 높은 창의력과 지모 그리고 적의 변화에 대응하여 주동적으로 만들어 가는 창의적인 작전을 말한다. 우선 중국 전쟁사에서 '죽은 전략'의 대명사로 지칭되는 조괄(趙括)의 이야기를 소개하도록 한다.

조괄은 조나라의 명장 조사(趙奢)의 아들이다. 어려서부터 병법 배우기를 좋아하여 용병술에 대해 해박한 지식을 가지고 있었다. 그래서 전쟁과 용병에 대한 이야기만 나오면 혼자 대화의 모든 시간을 장악하며, 이야기보따리를 줄줄이 풀어놓으며 스스로 천하무적이라고 자부했었다. 그의 아버지조차도 이런 아들의 모습을 도저히 두 눈을 뜨고 볼 수가 없을 정도였다. 조사가 죽자, 진(秦)나라는 조나라를 공격했다. 조왕이 조괄을 대장군으로 임명하여 진나라의 침공을 막으려고 하자, 재상 인상여(藺相如)는

"조괄은 자기 부친의 병법을 읽기만 하고 실전한 경험이 없어, 대장으로 임명하기에 부적절합니다."라고 했다. 조괄의 모친도 자기 아들이 대장으로 임명되었다는 이야기를 듣고 달려와서는,

"남편이 임종 시 누차 당부한 바가 있습니다. '조괄은 전쟁을 무슨 유희 정도로 생각하고, 전쟁 이야기만 나오면 신이 나서 안하무

인이 되는데 정말 큰일이다. 대왕이 제발 저 놈을 장군으로 기용하지 말아야 하는데……만약 저 놈이 대장이 되면 조나라 군대는 그걸로 끝장이 나는데……' 하고 말한 적이 있습니다. 제발 청컨대 제 아들을 장군으로 기용하지 말아 주십시오!"라고 대왕에게 간곡하게 청했다.

그러나 조왕은 인상여와 조괄 모친의 말을 듣지 않고 조괄을 대장으로 기용했다. 신이 난 아들을 바라보고 있을 수밖에 없는 모친은 착잡한 심정을 감출 길이 없었다. 그러나 조괄 본인은 과거 모든 병서에 능통했고, 그동안 공부를 게을리하지 않았기 때문에, 자신만만하게 진군하여 백기(白起)가 이끄는 진나라 군대를 맞이했다. 진나라의 백기 장군은 백전노장으로 전략에 능통했고, 무엇보다 실전 경험이 풍부한 면이 장점이었다. 전투가 벌어지자, 조괄은 병서에 나와 있는 원칙에만 집착하고 융통성이라고는 전혀 찾아볼 수 없었다. 전투의 결과는 뻔했다. 조괄은 화살에 맞아 전쟁 중 사망했고, 40만 대군은 백기 장군에 의해 생매장되었다. 조나라는 이 전쟁의 결과로 국력에 참담한 손상을 입어, 빠르게 쇠망의 길로 접어들었다.

조괄이 정말 병서에 능통했는지 상당한 회의가 드는 부분이다. 수많은 병서를 읽고도 임기응변을 몰랐다는 것이 도저히 이해가 되지 않기 때문이다. 손자병법에만 해도 이 임기응변을 강조하는 대목이 수없이 나온다. 세상에 변하지 않는 것은 없다. 항상 교과서적인 사고와 대응은 이런 참혹한 결과를 낳고 만다.

민주통합당의 활로

한국은 민주주의를 시작하면서 경제발전의 속도에 제동이 걸렸다. 세계 변화에 맞춰 능동적이고 탄력 있게 변화를 추구해야 할 시점에 항상 국회에서 발목을 잡히고 만다. 원래 민주주의는 싸움으로부터 시작한다고 하나, 이 싸움이 언제 그치게 될지 그 어느 누구도 장담할 수 없는 상황에서 모두들 국회의원들의 자질만 탓하고 있다. 제도적으로 싸울 수밖에 없는 상황을 만들어 놓고 싸운다고 욕만 한다. 민주주의는 삼권분립이다. 입법부, 행정부, 사법부가 그것이다. 행정부와 사법부에는 대장이 있다. 행정부의 대장격으로 국무위원회와 대통령이 있고, 사법부의 대장은 대법원과 대법원장이 있다. 그러나 입법부의 대장은 국회의장이지만 아무런 권한이 없고 지휘봉만 두드리고 있다. 날치기한다고 덤비면 두들겨 맞고, 삿대질을 하며 덤비면 항상 당하는 위치에 서 있다. 모든 운동경기에는 심판이 있는데 우리 국회에는 싸움판을 중재해 줄 심판이 없다. 한국 민주주의가 속도를 내고 탄력을 받기 위해서는 바로 입법부에 싸움을 중재해 줄 심판이 필요하다. 이제는 국회도 어느 정도 성숙 단계에 들어서서 과거처럼 항상 날치기 통과를 놓고 설왕설래 하고만 있을 때가 아니다. 그러기 위해서는 모두들 승복할 수 있는 중재기구의 설립이 절실하다.

제18대 대통령선거 결과는 박근혜 51.6%, 문재인 48%란 득표율로 나타났다. 민주통합당이 얻은 48%는 민주통합당을 지지하는 표라기보다 전 정부를 심판하는 성향이 강했다. 순수하게 민주통합당을 지지하는 표는 아마 20~30% 정도에 그칠 것이다. 제17대 대통령선거와 비슷한 수치이다. 왜 이렇게 야당을 지지하는 국민이 적을

까? 민주주의의 발전을 위해 건전하고 수준 높은 야당은 절대적으로 필요하다. 그러나 국민들은 유일 야당인 민주통합당을 외면하고 있다. 그 이유는 민주당이 국민들의 기대에 부합하지 못하기 때문이다. 야당은 박정희 대통령 시절부터 군사독재를 타도하자는 목표 아래 반대투쟁을 일삼아 왔다. 그러나 지금까지 투쟁의 양상은 다소 출입이 있지만 지속적으로 똑같은 모습만 보여주고 있다. 바로 '여당 때리기'만 하고 있는 것이다. 반대를 할 때는 국민이 납득할 만한 좋은 대안을 내놓아야 하는데 이에 대해 미흡하고, 감정적인 대립각을 세우는 모습만 연출하고, 심지어는 무조건 반대라는 구호로 일관한다.

이제 야당도 환골탈태(換骨奪胎)하지 않으면 살아남지 못한다. 국민들 수준이 향상되었기 때문이다. 야당이 존재하는 이유는 국민보다 수준이 높아서이다. 그리고 반대는 찬성이 있을 때 그 존재가치가 두드러진다. 우리는 실내에서 생활하면서 항상 눈에 보이는 책상, 의자, 커튼과 같은 유(有)만을 중시하는데, 실제 우리들이 긴요하게 사용하는 것은 공간(無)이라는 사실을 잊곤 한다. 마찬가지로 반대란 찬성이 있어야 그 가치와 의미가 새롭게 전달되는 것이다. 잘한 것은 칭찬하고, 외부의 압력과 위협에 대해서는 힘을 모으는 협력과 동반자의 역할도 야낭이 해야 한다. 그리고 반대를 할 때는 반대하는 이유가 정연해야 하고, 감정이 개입돼서는 호소력을 잃게 된다. 이런 정책과 절제된 인품을 두루 갖춘 인재를 확보하는 것이 무엇보다 중요하다. 야당이 살아남는 길은 바로 인재의 육성과 확보에 있다.

屈伸之利굴신지리 - 굴신(屈伸)의 묘(妙)

아홉 가지 지형에 대한 병법의 변화, 공격과 방어, 진격과 후퇴의 이해 득실, 상황에 따른 병사들의 심리적 변화 등을 장수는 항상 진지하게 살피고 연구하지 않으면 안 된다.

九地之變구지지변, 屈伸之利[1]굴신지리,
人情之理인정지리, 不可不察也불가불찰야. (제11편 九地篇)

1. 屈伸之利 : 상황에 따라 융통성 있는 처신

우리는 야구나 골프 중계를 보면서 의아해 할 때가 있다. "저렇게 힘들이지 않고 치는데 어떻게 저렇게 멀리 보낼 수 있나?" 하고 말이다. 타법의 요령은 다음과 같다고 한다.

1. 몸의 균형을 유지한다.
2. 볼의 중심을 배트의 중심에 정확하게 맞춘다.
3. 스윙은 항상 부드럽게 하면서 볼이 맞는 순간에만 힘이 들어가도록 한다.

이 세 가지 요령은 매우 쉬운 것 같지만 실제 운동을 해보면 그리 용이하지 않다. 이런 동작은 오랫동안의 연습으로 스윙 폼이 완전히 몸에 배인 상태에서야 비로소 자연스럽게 나올 수 있다.

전쟁도 마찬가지이다. 혹독한 훈련을 거쳐 병사들이 지휘관의 말에 따라 일사불란하게 움직이도록 만들고 적의 정곡을 정확하게 타격하는 것이다. 공격 방법은 프로 골프선수가 부드럽게 스윙하면서 공이 맞는 순간 강한 힘이 들어가듯 진퇴를 부드럽게 하다가 결정적인 순간에 강타를 날려야 한다. 항상 강하거나 항상 약하게 공격하는 것은 좋은 효과를 낼 수 없다. 또한 적이 강하면 물러나 방어에 주력하다가, 적이 약화되면 공격하는 방법을 취하는 것이 현명하다. '굴신(屈伸)의 묘(妙)'란 바로 이런 의미이다.

손자는 '모공편(謀攻篇)'에서 "전쟁을 하는 방법은, 적군보다 10배의 병력이면 포위하고, 5배의 병력이면 공격하고, 2배의 병력이면 적을 분리시킨 후 차례로 공격하고, (적이 선공 시) 맞먹는 병력이면 (부득이한 상황에서는) 최선을 다하여 싸우고, 적보다 적은 병력이면 도망치고, 승산이 없으면 피한다. 그러므로 소수의 병력으로 무리하게 싸우면, 강한 적의 포로가 될 뿐이다."라고 했다. 적의 상황에 따라 공격할 때 공격하고, 후퇴할 때 후퇴하고, 물러서고 나아가는 운영의 묘를 잘 살려 강약을 조절한다는 의미이다. 강할 때는 강철같이 강인하고 약할 때는 솜털처럼 부드럽고, 나아갈 때는 해일처럼 진격하고 물러날 때는 흔적도 없이 사라진다. 만약 강함만 알고 부드러움을 모르거나 진격만 알고 후퇴를 모르는 융통성 없는 전략은 병사들을 사지로 몰아넣을 뿐이다.

삼국시대에 원소(袁紹)는 비록 한동안 백만 대군을 거느리는 위용을 뽐내고 천하를 호령하는 듯했지만, 그의 고시식하면서도 우유부단한 성격 때문에 진격해야 할 때 진격하지 못하고, 후퇴해야 할 때 후퇴하지 못해서 결국 당시 자신보다 훨씬 약한 조조에게 패했던 것이다. 유비(劉備)는 아우인 관우(關羽)가 살해되자, 오나라에 대한 원한이 사무쳐 아무리 참으려고 해도 참을 수 없는 지경에 이르렀다. 따라서 제갈량이 제기한 '오나라와 연합해 북쪽의 조조를 막는' 전략을 뒤로 한 채 오나라를 공격하는 바람에, 결국에는 전군이 전멸하고 말았다. 관우가 살해되었을 때 냉정하게 한 발 물러서서 기회를 기다렸더라면 이런 어처구니없는 결과는 면할 수 있었을 것이다. 한(漢)나라의 명장 한신(韓信)은 어려서 조실부모하고 고아로 떠돌 때 부모가 물려준 긴 칼을 항상 등에 두르고 여기저기서 빌어먹고 살았다. 동네 꼬마들은 이런 한신의 모습을 볼 때마다, 한신을 불러 세워놓고 일렬로 쭉 늘어서서, 한신에게 자신들의 사타구니 사이로 기어나가도록 명했다. 한신은 그들의 가랑이 사이로 기어 빠져나가는 수모를 참아가면서 미래를 기약했다고 한다. 결국 한신은 병법에 능통해 한나라의 장군으로 발탁이 되었고, 중원의 모든 영웅호걸들을 제압하고, 제나라와 초나라의 왕이 될 수 있었다.

사람들은 어떤 목표를 세우고 그 목표를 향해 나아가는 과정에서 흔히들 흥분하고, 겁먹고 좌절하지만, 꿈이 크면 클수록 직면하는 어려움을 쉽게 극복할 수도 있다. 고난이란 일종의 전조 현상이라고 할 수 있다. 더욱 큰일을 이룰 수 있도록 하기 위한 시험기간이라고 생각하면 된다. 고난을 몸소 달게 받아들이고 인내하면서 성실히 노력하면 반드시 소기의 목적을 달성할 수 있게 된다. 폭설이 내리면 꼿꼿하게 뻗은 느릅나무는 눈의 무게를 이기지 못하고 가지가 부러져 그 생명을 다하지만, 소나무는 가지가 휘어져 쌓인 눈을 아래로 떨어뜨리고, 다시 탄력을 받아 위로 솟구친다. 폭설 속에서 가지를 아래로 휘게 해 적설을 제거한 후 햇빛이 들면 머리를 드는 소나무 가지처럼, 고난이 올 때 몸을 웅크리고, 기회가 왔을 때 용감하게 도전할 수 있는 굴신(屈伸)의 묘는 현실을 살아가는 우리에게 꼭 필요한 모습일 것이다.

治氣治心 치기치심 - 사기와 심리를 이용하라

적과 싸울 때 전군의 사기를 빼앗을 수 있고, 적장의 판단을 혼란에 빠뜨릴 수 있다. 어느 군대든 전투가 처음 시작될 때는 사기가 왕성하지만, 시간이 지나면서 느슨해지며, 끝 무렵에 이르면 사기가 바닥에 떨어져 철수할 생각만 한다. 따라서 용병에 능한 자는 적군의 사기가 높을 때는 피하고, 사기가 떨어진 틈을 타서 공격을 한다. 이것이 바로 기(氣)를 다스리는 방법(治氣)인 것이다. 아군은 엄정한 군기를 지켜 적이 혼란에 빠질 때를 기다리는데, 안정된 심리로써 혼란한 심리를 공격하는, 바로 이것이 적과 아군의 심리를 다스리는 방법(治心)이다.

故三軍可奪氣고삼군가탈기[1], 將軍可奪心[1]장군가탈심.
是故朝氣銳시고조기예, 晝氣惰주기타, 暮氣歸[2]모기귀.
善用兵者선용병자, 避其銳氣피기예기, 擊其惰歸격기타귀, 此治氣者也[3]차치기자야.
以治待亂이치대란, 以靜待譁이정대화, 此治心[4]者也차치심자야. (제7편 軍爭篇)

1. 奪氣 : 상대방의 기를 꺾다. 將軍可奪心 : 적장의 마음을 동요시키다.
2. 朝氣 : 아침의 기운, 전투가 막 시작되었을 때의 기운. 晝氣 : 낮의 기운, 전투가 큰 접전 없이 중간 시점에 이르렀을 때의 기운. 暮氣 : 저녁 무렵의 기운, 전투가 접전이 없이 길게 끌어 지친 상태.
3. 避 : 피하다. 擊 : 공격하다. 惰 : 나른하다. 歸 : 돌아가다. 治氣 : 기를 다스리다.
4. 待 : 기다리다. 亂 : 어지럽다. 靜 : 고요하다. 譁 : 왁자지껄하다. 治心 : 마음을 다스리다.

백만 대군도 싸울 의지가 없으면 아무 쓸모가 없으나, 소수의 병력이라도 너 죽고 나 죽자는 식으로 덤비면 제압하기 힘들다. 승부는 병력의 수에 의해 결정되는 것이 아니라, 사기가 결정적인 작용을 한다. 따라서 유능한 장군은 아군의 사기를 높이는 데 주력하고 적군의 사기를 꺾을 수 있는 방도를 강구한다.

　기원전 203년 8월 초나라와 한나라는 휴전을 하고 홍구(鴻溝)를 경계로 천하를 둘로 나누어 서쪽은 유방(劉邦)이, 동쪽은 항우(項羽)가 나누어 가지기로 합의를 했다. 항우는 군대를 이끌고 동쪽으로, 유방은 서쪽으로 말머리를 돌려 나아가고 있을 때, 유방의 책사 장량(張良)과 진평(陳平)이 유방에게,

　"우리는 이미 천하의 3분의 2를 차지했고, 초나라 군대는 지금 양식이 부족하고 사병들은 피로에 지쳐 있습니다. 따라서 지금이 바로 항우를 칠 절호의 기회입니다."라고 했다. 유방은 항우가 지금 막 휴전을 하고 고향으로 돌아가는 중이라서 긴장이 풀려, 항우를 칠 **천재일우(千載一遇)**'의 기회라는 점에 생각이 미치자, 급히 한신(韓信)과 팽월(彭越)에게 전령을 보내 동시에 출병하도록 명하고, 자신은 대군을 이끌고 항우를 추격했다. 그러나 한신과 팽월이 모두 군사를 보내지 않아, 유방은 하는 수 없이 홀로 항우와 싸우지 않으면 안 되었다. 하지만 유방 혼자의 힘으로는 절대 항우를 이길 수 없었다. 하는 수 없이 장량의 계책에 따라 한신과 팽월에게 땅을 떼어주며 한신을 제나라 왕에, 팽월은 양왕(梁王)에 봉하자, 이들 모두 군대를 이끌고 출전했다.

　기원전 202년 11월 한나라 대장인 유가(劉賈)가 회하(淮河)를 건너 초나라 땅으로 진격하고, 한신은 서쪽으로 나아가 팽성(彭城)을 점령하자, 항우는 남쪽으로 기수를 돌려 후퇴하여 해하(垓下: 지금 안휘성 영벽(靈壁) 이남)에 이르렀다. 유방이 이끄는 대군이 바짝 뒤쫓아 오자 항우는 사방이 적으로 둘러싸였다. 유방은 모인 30만 대군을 모

두 한신에게 주고 지휘를 맡겼다. 한신은 10곳에 매복을 시키고, 해하에서 항우를 사방으로 여러 겹 포위했다. 항우는 이때 10만 명의 병력과 8,000명의 소년병밖에 없어, 진지만 굳게 지키며, 나와 싸우질 않았다. 따라서 초나라 군사들은 시간이 지남에 따라 양식은 떨어지고 추위가 몰려와, 점점 고통스런 나날을 보내야 했다.

그런데 어느 날 인적이 끊긴 고요한 한밤중에, 어디에선가 고향(초나라)의 노래가 들려오는데, 그 곡조가 매우 애처로웠다. 적들에 의해 사방이 완전히 포위되어, 살아서 고향으로 돌아갈 수 있는 희망이 없는 데다, 고향의 노래가 사방에서 들려오니, 초나라 병사들은 모두 슬픔에 빠져 눈물을 흘리게 되었다. 또한 노래 가사의 내용도 모두 고향에 두고 온 처자식과 부모님들을 그리워하는 애절한 곡들이었다. 이런 노랫소리를 들은 병사들은 하나둘씩 군영을 이탈하기 시작했고, 나중에는 삼삼오오 짝을 지어 달아나기까지 했다. 급기야는 대장 계포(季布)와 종리매(鍾離昧)도 달아났고, 항우의 숙부인 항백(項伯)마저도 장량에게 투항했다. 하룻밤 사이 십만에 가까운 병사들이 모두 다 도주하고, 남은 사람이라고는 천여 명에 불과했다.

항우는 더 이상 어찌할 수 없어 술로 슬픔을 달래며 다음과 같은 노래를 불렀다.

力拔山兮氣蓋世 역발산혜기개세
힘은 산을 뽑을 수 있고 기운은 세상을 덮을 만한데
時不利兮騅不逝 시불리혜추불서
때가 불리하여 오추마는 나아가지 않는구나!
騅不逝兮可奈何 추불서혜가내하

오추마가 달리지 않으니 이를 어찌 할 것인가?

虞兮虞兮奈若何 우혜우혜내약하

우희야! 우희야! 이를 어찌한단 말이냐?

* 騅 : 항우가 타던 검은색 말, 곧 오추마(烏騅馬)
* 항우의 해하가(垓下歌)

    항우의 여인 우희는 이 노랫소리를 듣고, 슬픔에 빠져 검을 들고 검무를 추며, 다음과 같은 노래를 불렀다.

漢兵已略地 한병기략지

한나라 병사가 이미 초나라 땅을 차지했고

四面楚歌聲 사면초가성

사방에서 들리는 것은 초나라 노랫소리

大王義氣盡 대왕의기진

대왕의 의기가 다했으니

賤妾何聊生 천첩하료생

천첩이 어찌 살리오.

* 우희의 패왕별희(霸王別姬)

    노래를 마친 우희가 검무를 추던 검으로 자결하자, 우희의 오빠인 대장 우자기(虞子期)도 자진하여 우희의 옆으로 쓰러졌다. 항우는 수하 팔백여 명의 기병을 이끌고 포위를 돌파하며 내달렸으나, 오강(烏江)에서 한나라 기병에게 쫓기게 되자 자살하고 말았다. 항우는 전날 밤 사방에서 들려오던 초나라의 노래가 초나라 백성들이 점령을 당해 부르는 것으로 착각했지만, 실은 장량의 '탈기'(奪氣 : 적의 기를 빼앗음) 계책이었다. 장량이 초나라 출신 병사들을 모아 놓고 교육을 시킨 다음, 한나라 병사들에게 초나라 가요를 가르쳐서, 이들을 모두 사방에 풀어 부르도록 한 것이었다. 그 결과 항우를 비롯한 초나라 병사들은 싸울 투지를 잃고 도주하고 말았는데, '사면초가(四面楚歌)'[12]란 성어가 이렇게 해서 생긴 것이다.

以佚待勞 이일대로 - 성질 급하면 손해 본다

가까운 곳으로 이동하여 먼 곳으로부터 오는 적을 기다리고, 편안한 상태에서 적이 피로해 지기를 기다리며, 배부른 상태에서 적이 굶주림에 빠지기를 기다리는 것은 힘을 다스리는 방법[治力]이다.

以近待遠이근대원, 以佚待勞[1]이일대로,
以飽待飢이포대기, 此治力者也[2]차치력자야. (제7편 軍爭篇)

1. 以 : 로써. 待 : 기다리다. 以佚待勞 : 편안한 상태에서 적이 피로해지기를 기다리다.
2. 飽 : 배부르다. 飢 : 배고프다. 治力 : 힘을 다스리다.

여기서 '기다리다'는 적이 피로해지거나 굶주리기를 무작정 기다리는 소극적인 의미가 아니라 그렇게 만드는 적극적인 의미이다. 따라서 이 글의 정확한 해석을 "가까운 곳으로 이동하여 적을 멀리 돌아오도록 하고, 편안한 상태에서 적이 피로해지도록 하며, 배부른 상태에서 적이 굶주림에 빠지도록 하는 것이 힘을 다스리는 방법[治力]이다."라고 하는 것이 보다 손자의 본의에 부합한다고 할 수 있다. 이렇게 해석해야 손자가 '허실편(虛實篇)'에서 "먼저 싸움터에

---
12) 사방에서 초나라 노랫소리가 들린다.

나아가서 적을 기다리는 자는 편하고, 뒤늦게 싸움터로 달려와 싸우려고 하는 자는 고달프다. 그러므로 전투를 잘하는 자는 적을 끌고 다니지 적에게 끌려다니지 않는다. 적이 스스로 싸움터에 나오도록 하기 위해서는 이익(미끼)을 던져주고, 적을 싸움터에 나오지 못하게 하려거든 나오면 해롭다는 것을 보여 줘라. 적이 편안하면 피로하게 만들고, 배부르면 굶주리게 하고, 안정되어 있으면 동요하도록 만들어야 한다."라고 한 말과 일치한다.

이일대로(以佚待勞)의 방법은 두 가지이다. 하나는 적보다 체력이 월등히 좋아 같이 뛰고도 적은 지치는데 아군은 지치지 않아 적이 지쳤을 때 공격하는 방법이 있고, 다른 하나는 아군은 쉬면서 적이 지치도록 만들어 공격하는 방법이다. 첫 번째의 경우는 2002년 한일 월드컵 당시 히딩크가 구사했던 방법이다. 당시 우리 대표팀은 기술적인 면에서는 유럽이나 남미 팀에 뒤졌지만 월등한 체력을 앞세워 상대를 지치게 만든 후 후반전이나 연장전에서 승부수를 던졌는데 상대팀의 감독들은 모두 우리 대표팀의 체력에 기가 질렸다. 결국 대표팀의 결승골은 대부분 후반전이나 연장전에서 터졌다.

두 번째인 아군은 쉬면서 적이 지치도록 만들어 공격하는 방법으로는 다음과 같은 고사가 있다. 유비는 관우가 죽자 222년 관우의 복수를 위하여 제갈공명의 반대에도 불구하고 20만 대군을 이끌고 오나라를 침공하였다. 촉군은 7백 리를 진격하여 오나라의 요충지인 이릉(夷陵)을 눈앞에 두게 되었다. 오나라는 육손의 지휘 아래 5만 명이 이릉에 진을 치고 있었다. 오나라의 참모들은 모두 적이 멀리 원정을 왔기 때문에 바로 공격해야 한다고 주장하였으나 육손은,

"적은 기호지세로 진격해 왔기 때문에 몸은 피곤하지만, 그 기세

는 왕성한 시점이다. 사기가 왕성한 군대는 피하여야 한다. 그러나 며칠 지나면 피로가 한꺼번에 몰려올 것이다. 그때를 기다려 공격하자!"라며 반대했다.

  그곳 지방의 지세에 밝은 육손은 여러 조의 게릴라 부대를 편성하며 밤마다 적진지를 여기저기 공격하고, 군수물자와 창고 등에 불을 질러, 한시도 안심하고 쉬지 못하도록 하였다. 몇 달을 이렇게 계속한 후,

  "적이 병력이 많다고 해도, 우리가 그동안 계속 교란작전을 펴서, 지금은 지칠 대로 지친 상태이다. 이때 맹공을 가하면, 쉽게 이길 수 있을 것이다!"라고 말하고 진격하자, 촉군은 전열을 정비해 싸워보지도 못하고 패주하고 말았다. 유비는 간신히 백제성으로 달아났으나, 이듬해에 후사를 제갈공명에게 부탁하고 운명을 다했다.

  싸움은 상대적이다. 영원히 강한 적은 없다. 아무리 강한 적도 언젠가는 여러 가지 이유로 인해 약해지게 마련이다. 따라서 나는 강함을 유지하기 위해 최선을 다하고, 적이 약해지도록 분열을 조장하거나, 적이 지치도록 한다면, 어느 순간 강한 적도 지치게 되거나 허점을 드러내어, 공격할 수 있는 절호의 기회를 노출할 수밖에 없다는 교훈을 남긴 사례이다.

無邀正旗 무요정기 - 삼국지는 치변(治變)의 연속

적의 깃발이 질서정연하면 이를 맞이하여 싸우지를 말며, 적의 진영이 당당하면 공격하지 말아야 하는데, 항상 적의 변화에 따라 나의 행동을 결정하는 바로 이것이 변화의 다스림[치변(治變)]이다.

無邀¹正正之旗무요정정지기, 無擊堂堂之陣무격당당지진, 此治變²者也차치변자야. (제7편 軍爭篇)

1. 邀 : 맞이하다
2. 治變 : 변화를 다스리다.

우리가 재미있게 읽고 있는 「삼국지」의 내용을 요약해 보면 다음과 같다. 삼국은 조조·손권·유비 세 영웅들에 의해 조성된 나라를 말한다. 당시는 한의 퇴조로 말미암아 전국적으로 혼란한 정국이었다. 황건적의 난과 동탁의 난으로 말미암아 천하가 혼란해지고 군웅할거의 국면이 조성되자 끊임없는 전쟁의 와중 속에 조조는 산동반도를 거점으로 연주를 쟁취하면서 두각을 나타내기 시작했다.

조조의 전략은 한나라 헌제를 내세워 한을 중흥시킨다는 명분하에 실질적인 지배자가 되는 것이었다. 따라서 낙양으로 들어가 헌제를 조조의 본거지인 허(許)로 옮겨왔다. 조조는 원교근공책을 써서 손책·마등·장로·원소 등 멀리 있는 군웅들과는 친선을 표방하고 여포·원술·장수에 대해서는 전력을 다해 공략했다. 199년에는 황하 이남의 군웅들을 모두 제거했고, 그 다음 해에는 익주(翼州)·청주(青州)·유주(幽州)·병주(并州) 등을 장악한 원소와 관도에서 일전을 벌인 끝에 승리를 거두고 막강한 세력을 형성했다. 207년에 원소의 잔존 세력을 소탕하는 데 성공한 조조는 본거지를 업(鄴 : 하남성 임장현)으로 옮기고 스스로 승상에 올랐다. 조조 사후 그의 아들 조비가 왕위를 계승했는데, 그해 가을 헌제를 핍박해 양위토록 했다. 따라서 명목만 유지해 오던 후한(後漢)은 14대 196년만에 멸망했다. 조비는 즉위한 후에 수도를 낙양으로 옮기고 국호를 위(魏)라고 개정했다.

유비는 184년에 관우·장비와 의용군에 참가하고 그 후 서주(徐州)의 주목을 지내면서 그 명성이 천하에 알려졌다. 그러나 힘이 부족하여 주목이라는 지위도 유지할 수 없어 여러 관직을 전전하다가 조조의 막하에서 지낸 적도 있다. 그는 조조를 살해하는 음모에 가담했다가 발각이 되자, 쫓기는 신세가 되어 결국은 형주의 유표에게 의탁할 수밖에 없었다. 이때 유비는 제갈공명을 만나 '어수지교(漁水之交)'13)를 맺고, 공명의 '천하삼분지책(天下三分之策)'14)의 전략에 따라 오나라와 연합해 적벽대전에서 승리해 형주와 익주(사천 지역)를 차지하고, 이를 기반으로 세력을 구축해 나아갔다. 219년에 자립하여 국호를 촉한으로 정하고 왕위에 올랐다. 촉한의 판도는 지금의 사천성의 대부분과 섬서·감숙·운남·귀주·광서 등의 일부로서 삼국 중 제일 작은 면적이었다. 그러나 지리적으로 보면 산악 지대가 많아 방어가 용이하고 유사시에는 중원지방으로 출병하기 쉬운 지형이었다.

손권은 주유·장소·노숙 등 명장들의 도움으로 강남에서 그의 형 손책이 이룩한 기반을 더욱 확대해 갔다. 당시 오나라의 판도는 지금의 절강·복건·강서·광동·호남 전 지역과 호북·안휘·강소·광서의 일부 그리고 후한 이래의 교주 지방을 포함했다. 227년

---

13) 혹은 '수어지교(水魚之交)'라고도 한다. 뜻은 고기가 물을 만난 듯한 교분, 즉 서로가 서로에게 꼭 없어서는 안 되는 불가분의 관계를 의미한다.
14) 유비는 홀홀단신 가진 것이 전혀 없었던 인물이다. 관우와 장비를 만나 복숭아밭에서 '도원결의(桃園結義)'를 맺고 의형제가 된 후 점차 세를 확장하는 과정에 제갈공명의 명성을 듣고 공명이 살고 있던 초막으로 세 번이나 찾아가(삼고초려(三顧草廬)) 결국 군사(군 작전참모)로 초빙할 수 있었다. 결국 유비의 기반을 다지기 위해 당시로서는 제일 허약한 곳이었던 사천지역〔익주(翼州)〕을 차지하여 촉나라를 세우고, 천하를 조조의 위(魏)나라, 손권의 오(吳)나라와 더불어 세 조각으로 나누자는 계획이 바로 '천하를 세 조각으로 나눈다'는 '천하삼분지책'이다.

손권은 정식으로 황제의 자리에 올라 우선 적벽지전(赤壁之戰) 이후 공명의 지략에 말려 촉한에게 그대로 넘겨준 형주 땅을 빼앗아 유리한 전세를 확보한 후 확장을 도모하려 하였다. 결국 손권은 몰래 조조와 협력하여 경계가 소홀한 틈을 타서 형주를 협공했다. 형주를 지키고 있던 관우는 무력은 뛰어났으나 삼국의 전략적 요충지였던 형주를 지키기에는 지모와 외교적 수완이 부족하여 손권의 부하에게 사로잡혀 참수당하고 말았다.

이와 같이 삼국은 서로 빼앗고 빼앗기는 국면 속에서, 약 60여 년간 상호 연합과 이탈을 반복하며 통일을 위해 대립 항쟁했다. 이것이 바로 삼국의 정립시기이다. 삼국시대의 전투양상을 정리해 보면 첫째, 황하 이북의 강력한 위(魏)나라의 남침을 막기 위해 촉(蜀)나라와 오(吳)나라가 서로 연합해 대항했다. 둘째, 전국 통일을 위한 전략적 요충지였던 형주(荊州)를 서로 빼앗기 위해 삼국의 각축전이 전개되었다. 셋째, 유비가 죽은 후 제갈공명은 유지를 받들어 끊임없이 북벌을 위해 출정했고 오(吳)나라와 관계를 개선하려고 노력했다.

이런 삼국의 판도는 제갈공명이 구상했던 대로 전개되었고, 이 60년간의 모든 상황은 자국의 이해에 따라 연합과 이탈을 반복했다. 따라서 전쟁에서는 영원한 적도 영원한 우방도 없다는 사실을 시사해 주는 교훈을 남겼고, 매 상황의 변화에 따라 각국이 주동적으로 전략을 수정하여 민첩하게 대처하는 치변(治變)의 전략이 돋보였다고 할 수 있다. 결국 천하의 공명도 자신의 뜻을 이루지 못하고 오장원(五丈原)에서 마지막 숨을 거두게 되었는데, 죽는 순간까지 자신이 원하는 대로 적을 변화시키려는 노력을 기울였고, 아군이 무사히 오장원에서 퇴각할 수 있도록 대책을 강구해 놓았다.

通於九變통어구변 – 머리가 둔하면 팔다리는 마비된다

길에도 가서는 안 되는 길이 있고, 적도 싸워서는 안 되는 적이 있고, 성에도 공격해서는 안 되는 성이 있고, 땅에도 다투어서는 안 되는 땅이 있고, 임금의 명령에도 들어서는 안 되는 명령이 있다. 이렇듯 장수는 많은 변화에 따르는 이로움에 능통하면 용병을 제대로 알 수 있게 된다.

涂有所不由도유소불유, 軍有所不擊군유소불격, 城有所不攻성유소불공,
地有所不爭지유소불쟁, 君命有所不受[1]군명유소불수.
故將通於九變之利者고장통어구변지리자, 知用兵矣[2]지용병의.(제8편 九變篇)

1. 擊 : 공격하다. 爭 : 다투다. 涂有所不由 : 涂는 途와 동일, 길에도 가서는 안 되는 길이 있다.
2. 九變 : 9는 제일 높은 수, '구변'은 지극히 융통성 있는 기동작전 방법이다.

제나라 환공 23년(기원전 663년) 중국 북방지역의 산융(山戎)[15]이 연(燕)나라를 침략하자, 연나라는 제나라에 도움을 청했다. 제환공이 출병하여 산융을 토벌할 때의 일이다. 하루는 고죽(孤竹)이란 곳에 이르렀는데 사방이 사막으로 둘러싸여 길을 잃고 말았다. 이미 해가 기울었고 주위를 둘러보니 끝이 없는 망망한 모래벌판만 바다처럼 이어졌다. 관중은 환공에게

"북방에 길을 잃기 쉬운 위험한 곳이 있다고 들었는데 바로 이곳

---
15) 중국 춘추시대 하북성 지역에 살았던 종족

인가 봅니다. 조심해야 합니다!"라고 말했다. 그래서 그곳에 진을 치고 하룻밤을 보냈는데 사막의 밤은 잔인할 정도로 추웠다. 사방은 칠흑처럼 어두웠고 모닥불을 피워도 바람이 거세 바로 꺼지고 말았다. 바람은 차고 매서워 살을 에이는 추위에 좀처럼 견딜 수가 없었다. 날이 밝아오자 더 이상 그대로 머물 수 없어 행군을 계속하였는데 심한 모랫바람에 전후방의 전열이 흐트러져 연락조차 되지 않았다. 제환공은 당황하기 시작했다.

"이렇게 사막에서 죽어야 한단 말인가?"

바로 이때 관중은 '늙은 말은 길을 안다' 는 속담이 떠올랐다. 그래서 환공에게

"속담에 '늙은 말은 길을 안다'고 합니다. 저희 군사들 중 이 지역 출신 병사들이 몇 있습니다. 그들의 늙은 말로 길 안내를 받으면 살 수도 있을지 모르겠습니다."라고 하자, 환공은 별다른 방도가 없어 반신반의하며 관중의 말을 따르는 수밖에 없었다.

관중은 늙은 말을 몇 마리 골라 앞에 세우고 군사들을 뒤따르게 했다. 늙은 말들은 고개를 숙인 채 차분히 길을 찾아나갔고 결국 사막을 벗어나 평지로 나올 수 있었다.

이 고사는 인간의 지혜가 부족하면 동물의 지혜도 빌려야 한다는 내용이다. 전쟁터에서 장군은 시시각각 변화하는 전세의 추이에 당황하지 말고 냉정하게 사고하여 영감을 받아 작전을 수립한다면 승패의 주재자가 될 수 있다는 것이다.

일제 강점기에 종로를 주름잡던 한국인의 자존심 김두한이 전 일본 유도 챔피언인 마루야마 경감에게 도전장을 던졌다. 김두한은 이 마루야마의 약점을 알기 위해, 유도의 고단자인 부하 한 명을 마루

야마가 사범으로 있던 도장에 보냈다. 이 부하가 마루야마에게 한 수 가르쳐 달라고 대련을 청하자, 마루야마는 챔피언답게 흔쾌히 대련에 응했다. 둘은 여러 차례 도복을 잡고 던지고 떨어지고를 반복했는데, 결국 마루야마의 특기는 뒤로 던지기라는 사실을 알게 되었다. 그리고 뒤로 던질 때 마루야마의 이마가 훤하게 드러나는 사실을 발견한 부하는 돌아와서 김두한에게 이 사실을 고했다. 유도의 고단자인 마루야마 입장에서는 '유도'라는 틀을 깨지 못해, 뒤로 던질 때 이마가 드러나는 것이 격투 시 큰 결점이 된다는 사실을 몰랐던 것이다. 김두한은 그의 부하와 여러 차례 실전을 방불케 하는 연습에 연습을 반복했다. 드디어 결전의 순간이 왔다. 둘은 밀고 당기기를 여러 차례 반복하고 김두한은 엎어치기에 당해 나가떨어지기도 했다. 그러다가 결정적인 순간 마루야마가 승부를 결정짓기 위해 자신의 특기인 뒤로 던지기를 실시하자, 김두한은 뒤로 넘어가는 순간 마루야마의 목 주위 도복 자락을 힘껏 당기면서 이마로 마루야마의 인중을 들이받았다. 순간 마루야마는 심한 충격을 받고 뒤로 벌렁 넘어지면서 큰 대자로 뻗었다.

격투기와 유도의 차이점은 유도는 일정한 규칙과 벌칙이 있지만, 격투기에는 무기를 사용하지 않는 한 어떤 일정한 법칙이 없어, 변칙적인 방법이 오히려 실전에서 더욱 위협적인 힘을 발휘한다는 것이다. 김두한이라도 유도로 결투를 벌였더라면 마루야마를 이기지 못했을 것이다. 격투기였기 때문에 김두한은 어떤 격식에도 매이지 않고 자유로운 전술 활용이 가능했던 반면, 마루야마는 유도의 고단수로서 유도의 방식이 몸에 배여, 자신의 장점이 오히려 상대방에게는 약점으로 노출되는 결과가 되었다. 이 싸움 한 판은 당시 일본인에게 점령당해 희망이라고는 전혀 없었던 민족의 가슴에 일본인을 이길 수 있다는 희망의 불씨를 지펴주었다.

三. 승리요결

승리요결이란 손자가 승리를 위해 반드시 갖추어야 한다고 강조한 승리의 필요충분조건이다. 손자는 손자병법 내에서 승리를 확신하는 말을 비교적 아끼고 있다. "지피지기면 백번 싸워도 위태롭지 않다.", "지피지기를 하고 천과 지를 알면 승리가 완전해질 수 있다."고 했다. 지피지기를 하더라도 승리한다는 말은 하지 않았고, 천과 지를 알더라도 승리한다는 말은 하지 않았다. 그러나 여기서 소개하는 내용들은 모두 손자가 승리를 단언한 것들로서 승리를 하기 위해서는 반드시 갖추어야 할 필수조건들인 것이다.

上下同欲 상하동욕 - 상하가 뜻을 같이하면 승리한다

상하가 뜻을 같이하면 승리한다.

上下同欲者勝 상하동욕자승.(제3편 謀攻篇)

여기서 '동욕(同欲)'이란 단어에 주의를 기울여야 한다. '동욕'이란 동일한 목표를 위해 일치된 행동을 의미한다. 목표와 행동 중 어느 하나라도 달라서는 안 된다. 행동의 일치는 전쟁 논리에서는 죽음도 불사하겠다는 각오와 행동을 말한다. 속담에 "사람들의 마음이 모이면 태산도 움직일 수 있다."는 말과 동일한 의미이다. 어떻게 하면 이렇게 모든 백성의 목표와 행동을 통일시킬 수 있을까? 손자 시대에는 임금이 덕정(德政)을 베풀면, 백성들이 모두 임금의 명을 기꺼이 따르고, 나라의 존망은 바로 개인의 존망이라고 생각하는 데서 생긴 가치관이라고 할 수 있다.

중국 역사를 돌아보면 역대 왕조 중 천하를 통일한 강력한 왕조일

수록 제일 우선시했던 정책이 바로 사상의 통일이었다. 드넓은 땅에 살고 있는 수많은 인구를 다스리는 데 우선적으로 선행되어야 할 것이 바로 가치관의 통일이라고 생각했기 때문이다. 춘추전국시대 수많은 사상가들이 나왔는데 이들을 제자백가(諸子百家)라고 부른다. 이 제자백가 중 대표적인 사상으로는 공자를 대표로 하는 유가(儒家), 노자를 대표로 하는 도가(道家), 한비자(韓非子)를 대표로 하는 법가(法家), 묵자(墨子)를 대표로 하는 묵가(墨家)를 들 수 있다. 진(秦)나라가 전국을 통일하면서 진시황이 먼저 실시했던 것은 바로 법가로 사상을 통일하고, 모든 제자백가의 서적을 불태우고, 제일 말이 많아 골치 아팠던 유생 460명을 생매장시키는 분서갱유(焚書坑儒)였다. 전국칠웅이 할거했을 당시에는 강력한 체제를 구성할 수 있는 법가사상이 그 효력을 발휘할 수 있었지만, 통일된 후 사회의 안정을 이루어야 할 시점에서는 오히려 역작용을 일으켜, 진나라가 조기에 멸망하는 원인이 되었다. 진나라의 법은 가혹하기 이를 데 없어 많은 지식인들의 반대에 봉착했고, 혈연중심의 농경사회에서 성장해 온 중국인의 정서에는 맞지 않아, 결국 사소한 죄를 짓고도 사형을 면하기 어려웠던 사람들이 제일 먼저 봉기를 일으켜 전국으로 확산되자, 마침내 진나라는 전복되고 말았다.

그 후 한나라부터 청나라에 이르기까지 다소의 출입은 있지만 강력한 법가와 무위자연적인 도가 사상 사이에 비교적 절충적인 입장이었던 유가사상이 중국 역대 왕조의 중심사상으로 자리잡게 되었다. 제왕들의 필독서는 유가의 경전이 되었고, 과거시험 과목으로도 유가경전이 필수였으며, 필부에 이르기까지 유가사상이 미친 영향은 지대했다. 우리나라 조선시대에도 유학으로 국시를 삼았고, 모든 과거시험에 사서오경(四書五經)이 필수과목이 된 것도 이와 무관하지 않다. 이렇게 사상을 통일한 이유는 국가의 가치관을 통일함으로써, 동일한 목표 설정에 중점을 두었기 때문이었다.

몇 해 전 프랑스 사르코지 대통령이 중국을 방문한 적이 있다. 그런데 중국을 방문하면 으레 수도인 북경을 착륙지로 하는 것이 통례였는데, 중국 수뇌부에서는 서안을 기착지로 잡고, 그 다음 북경으로 오는 일정을 잡은 것이다. 이런 일정에 대해 많은 설왕설래가 있었다. 당시 올림픽 바로 전이었고, 중국은 세계적으로 티베트 강점과 천안문 사건을 비롯한 반체제 인사에 대한 탄압 등 인권문제에 봉착해 있었다. 그래서 어떻게 하면 이런 인권문제에 대한 중국 정부의 고충을 세계인들에게 설득하고, 세계인들의 이해 속에서 올림픽을 성공적으로 개최할 수 있을지가 초미의 관심사였고 과제였던 것이다. 세계가 참가하는 올림픽을 개최하는 나라로서 "중국은 사회주의 국가로서 인권은 우리 국내 문제이니, 세계인들은 간섭하지 마시오!"라고 하기에는 설득력이 부족했다. 그래서 사르코지를 서안에 먼저 내리게 하고, 진시황의 병마용을 제일 먼저 세계인에게 보여주면서 "중국은 넓은 땅과 13억이라는 초유의 인구를 통치하기 위해서, 역사적으로 우리는 이런 과거도 있었소!"라는 메시지를 전하고, 현재의 인권문제에 대한 이해를 구하는 취지에서 서안을 기착지로 잡았을 것이라는 설이 지배적이었다.

미국의 금융위기 후 미국은 문제해결을 위해 달러를 마구 찍어내고 중국에게 위안화 절상을 요구하자, 중국 내에서는 "너희들의 잘못으로 인해 세계 경제가 휘청거리는데 왜 우리에게 화살을 돌리냐!?"라며, 언론에서 일제히 반박하고 나섰다. 이어서 미국 월가에서 정부시책에 반대하는 대대적인 시위가 있었고, 그 후 얼마 지나지 않아 유럽에서 그리스, 이태리, 스페인 등등 줄줄이 위기를 선언하자, 지난 G20 정상회의에서는 모두들 중국의 후진타오의 입만 바라보게 되었다. 그리고 연이어 나온 논단의 글 중 주목을 끄는 것이 바로 '서구식 민주주의의 한계점'이었다. 그리고 중국의 '중국식 사회주의'에 관심이 쏠렸다. 우리는 중국을 일당독재라고 비난하지만, 이들이 지난 30년 동안 이루어 놓은 것을 보면 감히 이렇게 한마디로 매도할 수 없다는 것을 실감한다.

중국의 국가 정책을 결정하는 과정에 대해 잠시 소개하면 다음과 같다. 중국은 삼권분립이 되어 있지 않다. 입법부, 행정부, 사법부 모두 있지만 그 상위 기관은 중국공산당이다. 그래서 모두들 중국을 일당독재라고 비판한다. 이런 공산당 상위의 국가제도는 마오쩌둥이 구상해서 만든 것인데 이 제도는 바로 손자병법의 '상하동욕' 사상에서 비롯된 것이다. 마오쩌둥은 공산혁명을 주도하고 중화인민공화국을 세울 때까지 하루도 이 손자병법을 손에서 놓지 않았다고 한다. 공산당의 조직과 활동을 면면이 살펴보면 공산당원이 우리 인구의 두 배에 가까운 8000만 명이나 되어 우리나라 과거 군사독재와는 그 성격이 판이하게 다르다. 공산당에서 국가의 현실정책과 미래의 성장전략을 결정하는 과정을 보면 제일 하층의 당원들이 민의를 수렴하고, 다음 단계에서 급한 사안을 선별하고, 그 다음 단계에서 정책과 전략을 세우는 과정인데, 그야말로 난상토론의 격론과정을 거친다. 그렇게 해서 공산당 최고의사결정기구인 정치국상무위원회의에 제출한다. 최종적으로 정치국상무위원회에서 결정을 내리고, 우리나라 국회격인 전국인민대표대회의 비준을 거치면, 그동안 설왕설래했던 많은 이견들은 한순간 물거품처럼 사라진다. 국론이 이렇게 결정이 되면, 그 후에는 바로 실행에 들어간다. 중국이 개혁개방 후 30년 동안 연평균 10%의 경제성장을 이룰 수 있었던 것도 바로 이런 효율적인 의사결정과 실행의 속도 때문이다. 우리는 다당제를 도입해 중국보다 더 민주화되었다고들 한다. 그러나 국론은 항상 분열되어 있고, 국방에 있어서까지 일치된 한목소리를 들을 수 없어 안타까운 마음이 더한다. 중국의 힘은 어디서 나오는 것일까? 바로 "상하가 뜻을 같이하면 승리한다."에 있다고 단언할 수 있다.

知戰時勝 지전시승 - 싸울 때를 알면 승리한다

싸울 때와 싸울 수 없을 때를 알면 승리한다.

知可以戰與不可以戰者勝 지가이전여불가이전자승. (제3편 謀攻篇)

손자가 말하는 싸울 수 있을 때란 바로 손쉽게 적을 제압할 수 있을 때이다. 손쉽게 적을 제압할 수 있을 때란 손자병법의 내용을 종합해 보면 다음과 같다.

1. 전력이 적보다 월등히 우세할 때
2. 완벽하게 준비된 상태에서 준비되지 않은 적을 맞이할 때
3. 적이 허점을 보일 때

일단 아군에게 유리한 상황이 포착되면 바로 타겁(打劫)에 들어가는데 삼십육계에서는 이런 방법을 '진화타겁(趁火打劫)'이라고 한다. 이 타겁의 방법에는 두 가지가 있는데, '진화타겁(趁火打劫)'과

'종화타겁(縱火打劫)'이다. '진화타겁'이란 상대방의 위기를 틈타 치고 들어가는 전법이고, '종화타겁'이란 스스로 불을 놓아 상대방을 혼란에 빠뜨려 목적을 달성하는 것이다. 진화와 종화 모두 그 궁극적인 목적은 적에게 타격을 가해 이득을 보는 것이다. 진화란 자신이 직접 기회를 만드는 것이 아닌 수동적인 성격을 띠고 있어, 주동적인 방법인 종화가 더욱 바람직하다고 할 수 있다. 남이 자신에게 기회를 만들어 주기를 기다리는 것보다 자신이 직접 기회를 만들거나, 자신에게 기회를 제공하도록 유도하는 것이 더욱 적극적이라고 할 수 있다.

주(周)나라 말엽 정(鄭)나라 장공 때의 일이다. 장공의 어머니 강(姜)씨는 장공보다 동생인 단(段)을 더 사랑했다. 장공이 강씨의 성화에 못 이겨 동생에게 경성(京城)을 떼어주자, 대신들의 반대에 봉착했다. 대부 제족(祭足)이 "하늘에는 해가 둘이 있을 수 없듯이, 백성들에게는 임금이 둘이 있을 수 없다."고 주장했다.

그러나 장공은 어찌할 수 없었다. 어머니인 태후의 요청이라 거절할 수 없었던 것이다. 동생 단은 경성으로 부임한 후, 태후의 지시대로 세력 확충을 위해 최선을 다했다. 군대를 훈련시키고 봉지를 넓히고, 세수(稅收)를 더욱 늘려, 착실히 거사를 도모할 준비를 서둘렀다.

장공의 첩보원이 이런 사실을 낱낱이 보고했으나, 장공은 그저 웃기만 할 뿐이었다. 조정 대신들은 더 이상 참다 못해, 단을 처형해야 한다고 목소리를 높였다. 그중 공자여(公子呂)가

"지금 공자 단은 태후의 총애를 업고, 밤낮없이 군사를 양성하고 있는데, 이것은 왕위를 찬탈하려는 음모가 아니고 무엇이겠습니까?

지금 저에게 군사를 주신다면 당장 달려가서 후환을 없애도록 하겠습니다!"라고 하자, 장공은

"그러나 단이 무슨 뚜렷한 반역행위를 한 것도 아니잖소?"라고 말하며 서둘러 퇴청하고 말았다. 공자여는 이런 장공의 모습에 매우 실망하였으나, 이런 일을 조정에서 공개적으로 논한다는 것이 적절하지 않다는 생각이 들자, 혼자 장공을 찾아갔다. 장공과 대화를 나누어 보고 공자여는,

"주공의 사려 깊은 마음을 미흡한 제가 헤아리지 못하였사옵니다. 그렇지만 이렇게 가만 놔두기만 한다면, 세력이 날로 커져서 제압하지 못할까 두렵습니다. 차라리 세를 더 키우기 전에, 먼저 마각을 드러내게 한 다음, 싹을 잘라버리는 것이 어떨는지요?"라고 말했다.

"무슨 좋은 방법이 있소?"

"주(周) 천자(天子)를 알현하기 위해 입조한다고 하시면, 단은 호기로 생각하고 반드시 군사행동을 취할 것입니다. 그러면 제가 먼저 경성 부근에 매복하고 있다가, 그가 출동하면 바로 경성을 점령하고, 주공께서는 군사를 돌려 단을 치시는 겁니다."

"그것참 묘책이오!"

다음 날 조회에서, 장공은 천자에게 입조하러 주나라에 가니, 제족이 국정을 대리하도록 했다. 이 소식을 전해 들은 강씨는 절호의 기회라고 생각했다. 그래서 즉시 밀사에게 편지를 주어 단에게 전하도록 했다. 공자여는 일찌감치 자객을 매복시켜 놓았다가, 강씨의 밀사를 죽이고 편지를 빼앗아, 장공에게 보여 주었다.

이윽고 장공은 대군을 거느리고 천천히 주(周)나라를 향해 출발했다. 공자여는 이미 경성 부근에 병사들을 매복시켜 놓고, 단이 경성

을 떠나기만 기다리고 있었다. 단이 황성을 향해 떠나자 공자여는 복병들에게 일제히 경성을 향해 진격하라고 명을 내렸다. 간단히 성을 점령한 그들은 방을 내걸어 민심을 안정시킨 후, 단의 음모를 낱낱이 알렸다. 황성으로 행군하던 단은 이 소식을 듣고 바로 군사를 돌려 경성에 이르렀으나, 군심이 이미 동요하기 시작하여 하룻밤 사이에 절반 이상의 병사들이 도망쳤다. 더 이상 저항할 힘을 잃어버린 단은 결국 자결하고 말았다. 장공은 강씨와 단 사이에 오갔던 편지를 황성에 남아 있는 제족에게 보내 태후에게 전하자, 태후는 더 이상 장공을 볼 면목이 없어 황궁을 떠났다.

반란의 징후는 확실했지만 확증이 없는 상황에서 동생을 상대로 선수를 칠 수는 없었다. 따라서 주(周) 천자(天子)를 알현하러 간다는 허점을 거짓으로 흘려, 마각을 드러내도록 유도했다. 그리고 증거를 확보한 후 결정적인 타격을 가해 큰 피해 없이 조용히 진압할 수 있었던 것이다.

知天地全 지천지전 - 천시지리를 알면 승리가 완전하다

적을 알고 나를 알면 승리는 위태롭지 않고, 천시(天時)와 지리(地利)까지를 알면 승리는 완전하게 된다.

知彼知己 지피지기, 勝乃不殆[1] 승내불태 ;
知天知地 지천지지, 勝乃可全[2] 승내가전. (제10편 地形篇)

1. 勝乃不殆 : 승리에 위태로움이 없다.
2. 勝乃可全 : 완전한 승리를 하다.

천시(天時)와 지리(地利)에 대해 손자는 "'천(天)'이란 낮과 밤, 춥고 더움, 계절의 변화를 말한다. '지(地)'란 거리의 멀고 가까움, 지세의 험하고 평탄함, 지역의 넓고 좁음, 지형이 공격과 수비 또는 전진과 후퇴에 유리한가 등이다."라고 했다. 천시란 바로 날씨와 계절 등의 변화에 따른 이해(利害)를 말한다. 예를 들어 남방의 더운 지역에 살고 있는 병사들이 먼 거리를 이동하여 북방의 추운 지역에서 전쟁을 할 경우, 봄, 여름, 가을에는 그런대로 버틸 수 있지만 추운 겨울에는 도저히 견딜 수 없는 지경에 이를 수 있다. 또 북방의 건조한 지역에서 살던 병사들이 남방의 다습한 지역으로 이동하여 한여름 우기를 만날 경우 적의 습격보다도 기후에 적응하기 힘들어 질병에 걸릴 위험이 많다. 지리란, 북방의 초원에 살던 기마 민족들이 남방의 산악 지역에서 싸움을 할 경우 말에서 내려 산을 기어오르는 방식의 전술에는 적응하기 힘들 것이고, 장강 이남의 남방 지역에서 수전(水戰)에 능한 병사들이 북방에서 전개되는 육지전에는 불리하다는 사실은 쉽게 이해될 것이다.

손자병법 내에서 천시에 대한 기록은 유일하게 '화공편(火攻篇)'에서 볼 수 있다. "화공에는 불을 붙이는 시(時)와 불이 잘 일어나는 일(日)이 있다. 시는 날씨가 건조한 시기이고, 일(日)이란 별자리가 기(箕)·벽(壁)·익(翼)·진(軫)에 위치한 날로, 이 네 별자리는 바람이 일어나는 날이다." 즉, 천문을 읽을 수 있어야 화공을 활용할 수 있다는 내용이다. 지형을 이용하는 법으로는, '행군편'의 4가지 주둔 방법, '지형편'의 6가지 지형을 유리하게 이용하는 방법, '구지편'의 9가지 지형에 따른 용병법 등이 있다. 이렇듯 손자는 자연현상을 그 자체로 보지 않고, 그 내면에 내포되어 있는 의미와 영향 요인을 면밀히 분석하여, 그 이점을 최대한 전략에 활용했다. 따라서 손자는 "지형은 승리의 보조 조건이다. 적황을 잘 살펴 필승의 계획을 세우며, 지형의 평탄함과 험함, 거리의 멀고 가까움을 잘 판단하는 것이 유능한 장수의 임무이다. 이 점을 알고 작전에 활용하는 장수는 승리하고, 그렇지 못한 장수는 반드시 패배한다."[16]고 했다.

중국의 역사를 살펴보면 천문, 지리와 관계가 있는 음양오행설에 입각하여 나라의 이름을 바꾼 사례를 발견할 수 있다. 후금(後金)은 누르하치가 여진족의 여러 부족들을 통일하여 1616년에 건설한 나라이다. 누르하치 이전에 여진족의 선조는 송(宋)나라 때, 요(遼)나라 북방에 금(金)나라를 세워 송나라와 연합하여 요(遼)를 멸하고, 다시 송을 남방으로 쫓아 버렸는데, 이때 송나라는 황하 유역의 개봉(開封)에서 장강 유역의 항주(杭州)로 수도를 옮겼다. 이 전후를 북송과 남송으로 부르게 되었다. 그 후 금나라는 몽골의 원(元)에 의해 멸망되기까지 중국 북부를 점령했다. 누루하치는 금나라를 계승하고 부흥시킨다는 의미에서 나라의 이름을 후금(後金)이라 붙였다. 누르하치가 칸으로 즉위하고, 그 뒤를 홍타이지가 이어 점차 중국 정복을 노리게 되면서, 과거 한인(漢人)들의 반감을 피하기 위해, 1636년에는 국호를 대청(大淸)으로 고쳤다.

그러나 실제 국호를 바꾼 내막에는 음양오행설[17]이 작용했다고 한다. 음양오행에 있어서 도끼는 나무를 벨 수 있듯이 금(金)은 목

---

16) 『손자병법』 제10편 地形篇.
17) 오행은 금(金)·목(木)·수(水)·화(火)·토(土)이다. 고대에는 이 오행을 만물의 근원요소로 생각했으며, 이 오행 간에 상생(相生)과 상극(相克) 관계가 있다고 했다. 상생을 살펴보면, 목(木)은 화(火)를 생하고, 화(火)는 토(土)를 생하며, 토는 금(金)을 생하고, 금(金)은 수(水)를 생하며, 수(水)는 목(木)을 생한다. 그리고 상극을 살펴보면, 금(金)은 목(木)을 극하고, 목(木)은 토(土)를 극하고, 토(土)는 수(水)를 극하고, 수(水)는 화(火)를 극하며, 화(火)는 금(金)을 극한다.

(木)을 이기기 때문에 과거 금(金)나라가 송(宋)나라를 이길 수 있었지만, 그 후 후금(後金)은 명(明)나라를 이길 수 없었다. 명(明)나라는 음양오행에서 화(火)에 해당하고, 후금(後金)은 금(金)에 해당한다. 쇠는 불에 녹아 금(金)은 화(火)를 이기지 못하므로, 후금(後金)이라는 국호로는 명(明)을 이길 수 없었다는 것이었다. 그래서 후금의 국호를 물 수(水)가 들어간 청(淸)으로 개명했는데, 음양오행에서 물(水)은 불(火)을 이기기 때문이었다. 그 후 청나라는 명나라를 멸하고, 중원지역에서 300년을 통치하다가 손문이 이끄는 혁명군에 의해 멸망했다.

勝敵益强승적익강 - 승리를 통해 더욱 강해진다

적군의 병사는 잘 대우하여 아군으로 양성한다. 이것을 일컬어 '승리를 통해 더욱 강해진다'고 하는 것이다.

卒善而養之[1]졸선이양지, 是謂勝敵而益强시위승적이익강.(제2편 作戰篇)

1. 卒善而養之 : 적의 병사를 잘 대우하여 아군으로 만든다.

  손자는 인재의 활용에 대해 그 중요성을 다음과 같이 논한 바 있다. "그 옛날 탕왕이 하나라를 멸하고 은나라를 세울 수 있었던 것은 바로 하나라의 신하였던 이윤을 기용했기 때문이고, 무왕이 은나라를 멸하고 주나라를 세울 수 있었던 것도 은나라의 고관이었던 여아를 중용했기 때문이었다."
  포로를 잘 대우하여 아군의 전력을 증강하는 데 성공한 예를 들어

본다. 서한 말년 광무제(光武帝) 유수(劉秀)는 군대를 이끌고 혈전을 거듭한 끝에 점점 전국의 혼란 국면을 수습해 나갔다. 하루는 지도를 펼쳐 보면서, 자신이 평정한 지방을 지도에 점으로 표시하며 '망연자실(茫然自失)' 했다. 그는 막료인 정우(鄭禹)에게 토로했다.

"천하가 이렇게 넓은데 이제 이 작은 부분을 진압했으니, 언제 어떻게 천하를 다 평정할 수 있겠는가? 정말 자신이 없도다!"

정우는 "그렇습니다. 지금 천하가 어지러워 곳곳에서 전란이 그치지 않아, 한 치 앞도 가늠하기 어려운 듯하나, 백성들은 모두 명군(明君)이 나오길 바라고 있습니다. 예로부터 국가의 흥망은 바로 국가 면적의 크기보다 군주의 덕에 달려 있었습니다. 폐하께서는 너무 상심하지 마시옵소서. 만약 성심을 다해 덕을 쌓으시면, 천하는 결국 폐하에게로 귀의할 것이옵니다!"라고 했다.

유수는 이 말을 듣고 마음이 한결 가벼워지는 듯했다. 얼마 후 농민군의 반란을 진압하고 투항한 병사들에게 죄를 묻지 않았을 뿐더러, 장수와 사병의 원래 직책을 그대로 유지시킨 채, 유수의 군대로 편입시켜 계속 작전을 수행했다. 투항한 군대의 장수와 병사들은 모두 이런 유수의 태도에 대해 반신반의했다. 내심 상당한 의혹과 불안을 감출 수 없었던 것이다. 이런 분위기를 감지한 유수는 투항한 군대를 원래의 군 편제로 다시 복원시키고, 장수들은 원래의 자신의 부하들을 통솔하도록 명을 내렸다. 이렇게 편제를 바꾼 후 유수는 투항군의 반응을 살피기 위해, 홀로 말을 타고 투항군의 진지를 돌며 순시를 했다. 이때 만약 누군가 유수를 살해하려고 했다면, 그야말로 속수무책이었을 것이다. 그러나 투항군들은 이런 유수의 진실한 모습에 감동을 받아, 존경하는 마음을 가지게 되었다. 그래서 그들은 "황제는 우리를 진심으로 대하며, 우리에 대해 의심을 품지 않고 있다. 예전에 우리는 소인배의 작은 마음으로 군자의 큰 마음을 헤아리려고 해서 의심을 하고 믿지 못했는데, 이제 보니 이런 우리의 모습은 정말 부끄러울 뿐이다. 앞으로 우리는 군주의 은혜에 보답하도록 노력하자! 물이면 물속으로, 불이면 불속으로 뛰어들어, 목숨을 걸고 전투에 임하자!"라고 다짐했다. 그 후로 투항군들은 유수의 충성스런 군대가 되어 목숨을 걸고 싸웠다. 마침내 유수는 동서남북의 반란군들을 모두 평정하고 동한왕조를 건립할 수 있었다.

이런 유수의 태도는 바로 손자가 말한 "적군의 병사는 잘 대우하여 아군으로 양성한다. 이것을 일컬어 '승리를 통해 더욱 강해진다'."는 사상을 몸소 실천에 옮긴 것이다. 그는 진솔하고 넓은 도량으로 투항군들을 감화시켰고, 결국에는 자신의 군대 내에서 충성스럽고 용맹한 전력으로 키울 수 있었다. 이런 유수의 태도는 현실을 살아가는 우리에게 시사하는 바가 크다. 짧은 인생을 살면서 평생 만날 수 있는 사람은 제한적일 수밖에 없다. 유수의 경우처럼 적도 잘 대해 주면 바로 나에게 큰 힘이 된다는 점을 상기하면, 우리가 만나는 모든 사람에 대해 어떤 자세로 임해야 될지 다시 한 번 생각하도록 해준다.

不修費留 불수비류 - 승리보다 수성이 더 어렵다

전쟁에 승리하여 적의 성을 빼앗아도 그 승리를 공고히 하는 유종의 미를 거둘 수 없다면 흉한데, 이를 '비류(費留: 헛수고)'라고 한다.

夫戰勝攻取부전승공취, 而不修其功者凶[1]이불수기공자흉, 命曰費留[2]명왈비류.(제12편 火攻篇)

1. 不修其功者凶 : 두 해석이 있다. 하나는 "그 승리를 공고히 하지 못하면 흉하다."이고, 또 다른 것은 "승리를 취하고도 본래의 전쟁 목적과 부합하지 않으면 흉하다"이다.
2. 命曰費留 : 이를 '비류(費留 : 헛수고)'라고 한다.

'승리를 공고히 하다' 라는 의미는 앞에서도 언급한 대로 승리를 통해 더욱 강해질 수 있는 기반을 다지는 것이다. 앞에서는 단지 전투에 승리를 한 경우이고, 여기서는 적의 성을 빼앗은 완전한 승리의 상황에서의 요령을 말한다. 성에는 적의 병사들뿐 아니라, 일반 백성, 금은보화, 미녀 등 서로 차지하고 싶은 많은 것들이 쌓여 있다. 따라서 이들에 대한 정확한 논공행상이 이루어지지 않을 경우 승리를 한 후에 아군이 오히려 적으로 변하는 경우가 생겨, 만약 정확한 논공행상이 이루어지지 않을 경우 '비류(費留 : 헛수고)'라고 한 것이다. 유종의 미를 거두기 위해서는 우선 병사들이 승리에 도취되어 함부로 행동하지 못하도록 엄정한 법질서를 유지해야 한다. 재물과 부녀자를 약탈하는 행위, 함부로 살인하는 행위 등을 철저히 통제하여, 적국의 백성들이 불안에 떨지 않도록 민심을 수습하고, 질서를 회복하여 민심을 얻도록 노력해야 한다. 그런 연후에 공이 있는 부하들 순으로 논공행상을 정확하게 하여 부하들을 위무하고, 동시에 내부의 불만세력이 생기지 않도록 만전을 기해야 한다.

한나라 유방이 천하를 평정한 후 그동안의 공적에 준해 부하들의 직위를 결정하는 자리에서,

"장량은 지략이 뛰어났지만 잔병치레를 자주해 그동안 자리를 자

주 비웠다. 하지만, 소하(蕭何)는 항상 보이지 않는 곳에서 나를 도와 주었기에 재상으로 임명한다."고 하자, 모두 이에 승복하지 않았다. 그리고 나름대로의 분봉원칙을 정해 놓고 논공행상을 시작했다. 우선 공로가 제일 많은 20여 명을 선정해 분봉을 마쳤으나 나머지는 그 순위를 정하지 못해 밤낮으로 논쟁만 거듭할 뿐이었다. 유방은 낙양성 남궁에서 누각의 창문 너머로 항상 같은 자리에서 삼삼오오 짝을 이루어 수군대는 장수들을 바라보면서 장량에게 물었다.

"저 친구들은 무얼 그렇게 열심히 토론하고 있는고?"

"폐하께서는 모르셨습니까? 역적모의를 하고 있는 것입니다"

"천하가 이미 평정되었는데 역적모의할 게 뭐가 있느냐?"

"폐하께서는 일개 평민의 신분으로 의병을 일으켜, 저기 있는 저 사람들의 덕으로 천하를 얻으셨습니다. 지금 폐하께서 천자에 올랐으나, 분봉을 마친 사람들이라고는 모두 과거 고향에서 폐하와 함께 의병을 일으키고, 친하게 지냈던 소하(蕭何)나 조참(曹參)과 같은 사람이고, 주살한 자들은 모두 폐하께서 평소 원한을 가졌던 사람들이었습니다. 지금 군에서 공로를 평가하여 분봉을 하고 있으나, 실제 공정성에 있어서 부족한 점이 많습니다. 저 사람들은 폐하께서 공정한 심사를 하지 못하므로, 평소 자신들의 과오로 인해 주살될까 두려워 저렇게 모여 숙덕거리는 것입니다."

"그러면 어떻게 하면 좋을꼬?"

"폐하가 평소 미워하던 자 중 군신들이 모두 알고 있는 자가 누구이옵니까?"

"그야 물론 옹치(雍齒)이지. 그놈이 나를 여러 차례 욕보였거든! 내가 그놈을 죽이려고도 생각해 보았지만, 그놈이 세운 공도 많아

차마 그렇게 하지 못했지!"

"그럼 오늘 급히 옹치에게 분봉을 하여 군신들에게 보여주십시오! 모두들 옹치같이 폐하에게 죄를 지은 사람도 분봉을 받게 되는 것을 본다면, 안심하고 다른 맘을 먹지 않을 겁니다!"

유방은 그날 밤 주연을 베풀어 옹치에게 분봉을 하자, 모두들 기뻐하면서 안도의 한숨을 쉬었다.

고난을 함께할 때는 유일한 목적이 어떻게 하면 모두 힘을 합쳐 이 고난을 슬기롭게 극복할 것인가에 초점이 맞추어져 있지만, 승리를 한 후에는 모든 사람들의 목적이 달라지고, 생각 또한 복잡해진다. 한결같은 욕심으로 인해 모두 자신의 공로를 부풀려 보다 더 많은 보상을 받고 싶어한다. 즉, 승리의 배에 올라탄 군주와 신하의 마음이 달라지기 시작하는 것이다. 군주는 상을 덜 주고 싶고, 신하는 상을 더 받고 싶어한다. 아무리 공이 많아도 평소에는 군주 개인에게 눈엣가시처럼 비춰지는 인물이 있게 마련인데 남들이 모두 그의 공을 인정하더라도, 군주는 그런 인물에게는 상을 주고 싶지 않은 법이다. 이럴 때는 위의 예화처럼 감정을 버리고 객관적인 공의 크기에 입각하여 논공행상을 해야 한다.

부 록

우리말 손자병법

우리말 손자병법

제1편 시계편(始計篇)

전쟁은 국가의 중대사로서 생사의 갈림길에 놓이게 하고 국가 존망이 달려 있어, 사전에 충분히 이해와 득실을 검토하고 시작하지 않으면 안 된다. 따라서 오사(五事)로써 연구 분석하고 칠계(七計)로써 피아를 비교하여 승부를 예측해야 한다. 오사(五事)란 도(道), 천(天), 지(地), 장(將), 법(法)이다.

1. '도(道)'란 백성이 군주와 일심동체가 되어, 생사고락을 함께하며, 전쟁의 위험을 두려워하지 않는 것이다.
2. '천(天)'이란 낮과 밤, 춥고 더움, 계절의 변화를 말한다.
3. '지(地)'란 거리의 멀고 가까움, 지세의 험하고 평탄함, 지역의 넓고 좁음, 지형이 공격과 수비 또는 전진과 후퇴에 유리한가 등이다.
4. '장(將)'이란 지모, 신의, 인자, 용기, 엄격함 등 장수의 기량에 관한 문제이다.
5. '법(法)'이란 군의 편성, 책임 분담, 군수 물자와 비용의 관리 등에 관한 문제이다.

이 5가지의 기본 원칙을 장수라면 누구나 반드시 알아야 되고, 이것을 이해하면 이기고 모르면 이기지 못한다.

칠계(七計)로써 피아를 비교하여 승부를 예측해야 한다. 칠계(七計)란 다음과 같다.

1. 군주는 어느 쪽이 더 훌륭한 정치를 하고 있는가?
2. 장수는 어느 쪽이 더 유능한가?
3. 천(天)과 지(地)는 어느 쪽에 더 유리한가?

4. 법령은 어느 쪽이 더 철저한가?
5. 군대는 어느 쪽이 더 강한가?
6. 병졸은 어느 쪽이 더 잘 훈련되어 있나?
7. 상벌은 어느 쪽이 더 투명하고 공정하게 시행되고 있나?

나는 이로써 승부를 예측할 수 있다. 앞으로 나의 계책을 들어 이를 쓰면 반드시 이기니 나는 그곳에 머무를 것이요, 나의 계책을 듣지 않고 쓰지 않으면 반드시 패할 것이니 떠날 것이다.

계략이 유리하여 받아들이면 다음은 '세(勢)'를 형성하여 외형적인 작전의 진행을 도와야 한다. 세란 상황의 변화에 따라 승리를 위한 유리한 형세를 만들어 파워를 형성하는 임기응변적인 대책을 말하며, 이로써 전력의 힘이 나오는 것이다.

전쟁이란 속임수이다. 그러므로 능하면 무능한 듯 보이고, 필요하면 불필요한 듯, 가까우면 먼 듯, 멀면 가까운 듯 보이게 한다. 이로움으로(미끼) 유인하고, 혼란시켜 놓고 공격하여 취하고, 적이 견실하면 방비하고, 강인하면 피하고, 노하게 만들어 뒤흔들고, 자신을 비하하여 적이 자만하게 만들고, 적이 편안하면 피곤하게 하고, 화친하면 이간시키고, 방비가 없는 곳을 공격하고, 적이 전혀 예기치 못한 상황에서 공격하여 무찌른다. 이것이 전쟁에 능한 자의 이기는 방법이며, 적의 상황에 따라 그때그때 임기응변적으로 대처할 일이지 사전에 미리 원칙을 정해 놓고 그것만 고집해서는 안 된다.

싸우기 전에 묘당에서 진행되는 작전회의를 통해 비교 검토해 보아 우세한 자는 승산이 많고, 싸우기 전에 작전회의에서 비교 검토해 보아서 지는 자는 승산이 적다. 많은 대책을 강구하면 이기고, 대책이 적으면 진다. 하물며 대책이 없으면 어떻겠는가? 나는 이런 관점에서 승부는 사전에 알 수 있다고 하는 것이다.

제2편 작전편(作戰篇)

전쟁을 운용하는 법은 전차 1천 대, 수송차 1천 대, 정병(완전군장을 갖춘 병사) 10만 명이 필요하며, 천리나 되는 곳으로 식량을 보내야 한다. 안팎의 경비, 외교사절의 접대, 군수물자의 조달, 차량과 병기의 보충 등 날마다 일천금의 비용이 든다. 이런 경제력이 갖추어져야 10만의 군대를 동원할 수 있다.

전쟁은 속전속결로 결판을 내야 한다. 장기전이 되면 병사들은 피로해지고 사기가 떨어져 성을 공격하면 전력이 바닥나고, 오랫동안 군사가 전쟁터에 나가 주둔하면 국가의 재정은 파탄에 빠진다. 전투력이 무디어지고 사기가 떨어지며, 병력 손실이 많아지고 재정이 위기에 빠지면, 다른 여러 나라가 이런 틈을 타서 침공할 것이니, 이렇게 되면 아무리 지혜로운 자가 있다 하더라도 사태를 수습할 수가 없다. 그러므로 전쟁을 치를 때, 준비가 다소 미흡하더라도 속전속결로 승리를 한 사례는 들어봤어도, 지나치게 치밀한 준비를 하느라 지구전으로 이어져서 성공한 예는 아직 보지 못하였다. 모름지기 장기전이 국가에 이익을 가져왔던 경우는 아직 없다. 그러므로 전쟁에 따른 손해를 충분히 알지 못하는 자는 전쟁을 통해 취할 수 있는 이로움도 정확하게 알 수 없는 것이다.

전쟁을 잘하는 자는 백성을 재차 징집하지 않고, 양곡과 말먹이를 여러 차례 운반하지 않는다. 장비는 본국에서 가져다 쓰지만, 양곡과 말먹이는 적지에서 조달한다. 그렇게 되면 군량은 넉넉하게 된다. 전쟁을 하게 되면 국가재정이 악화되는 이유는 멀리 전쟁에 필요한 물자와 군대를 장거리 수송하기 때문이다. 이렇게 먼 거리를 수송하려면 백성들의 부담이 커져서 가난해진다. 전쟁터 군대가 주둔한 지역은 물가가 오르게 마련인데, 물가가 오르면 백성들이 쓸 재물이 고갈된다. 재물이 고갈되면, 각 마을에서 징발이 다급하게 이뤄진다. 국가의 전력이 약해지고 백성들의 재산마저 고갈되면, 결국 집안은 텅 비게 되어 백성들은 재정을 70%나 허비하게 된다. 국가의 재산인 수레는 부서지고 말은 지치며, 갑옷과 투구, 활과 화살, 큰 창과 방패, 작은 창과 큰 방패, 보급 수송을 위한 수레와 이를 끄는 소 등 국고의 60%를 잃게 된다. 그러므로 지혜로운 장수는 군량을 적지에서 조달한다, 적지에서 조달한 식량 1종은 본국의 식량 20종에 해당하고, 적지에서 조달한 1석은 아군의 20석의 가치가 있다.

　적을 죽이려는 사람은 부하들로 하여금 적개심을 일으키게끔 하고, 적에게서 이익을 취하려는 자는 부하들에게 재물을 상으로 주어야 한다. 전차전에서 승리하여 적의 수레 10대 이상을 노획하면 우선 노획한 자에게 상을 주고 그 수레에 기를 바꾸어 달아, 아군전차 대열에 편입시키며, 적군의 병사는 잘 대우하여 아군으로 양성한다. 이것을 일컬어 "승리를 통해 더욱 강해진다."고 하는 것이다.

　전쟁은 속전속결로 승리하는 것이 귀중하지, 지구전은 가급적 피하는 것이 좋다. 그러므로 이런 전쟁의 내막을 잘 이해하는 장수야말로 백성들의 생사와 운명을 책임지는 자요, 국가의 안위를 두 어깨에 걸머진 인물이다.

제3편 모공편(謀攻篇)

　적국을 온전한 채로 굴복시키는 것이 상책이며 적국을 파괴하여 굴복시키는 것은 차선책이다. 적의 여(旅)[1]를 온전한 상태로 굴복시키는 것이 상책이며 적의 여(旅)를 파괴하여 굴복시키는 것은 차선책이다. 적의 졸(卒)을 온전한 상태로 굴복시키는 것이 상책이며 적의 졸을 파괴하여 굴복시키는 것은 차선책이다. 적의 오(伍)를 온전한 상태로 굴복시키는 것이 상책이며 적의 오를 파괴하여 굴복시키는 것은 차선책이다.

　그러므로 백 번을 싸워서 백 번을 다 이기는 것은 최선의 방법이 아니요, 싸우지 않고 적군을 굴복시키는 것이 최선의 방법이다. 최고의 병법은, 사전에 적의 의도를 간파하여 계략으로 적을 굴복시키는 것이다. 그 다음은 외교로써 승리하는 방법이고, 그 다음은 전투를 통하는 것이다. 그리고 제일 하수의 방법은 성을 공격하는 일이다. 성을 공격하는 것은 다른 방법이 없을 때 한다. 성을 공격하려면, 큰 방패인 망루와 적의 공격으로부터 우군을 보호할 수 있는 방어용 수레인 분온(橨榅)을 보수하고 성 공격용 장비를 준비하는 데 3개월은 걸린다. 만약 성 공격이 여의치 못할 경우 최후의 수단으로 쓰는 토루[2]를 만드는 데도 다시 3개월이 필요하다. 장군이 만약 성을 빨리 함락시키지 못해 초조해 하거나 울분을 참지 못한 나머지 병사들을 개미떼처럼 성벽에 기어오르게 하여 성을 공격함으로써,

---

1) 고대 군대의 편제 단위. 고대 군대의 편제 단위로는 군(軍), 여(旅), 졸(卒), 오(伍)가 있는데, 군은 12,500명, 여는 500명, 졸은 100명, 오는 5명으로 되어 있었다고 한다. 그러나 춘추시대 이후에는 여러 제후국들의 발전 상황이 제각기 달라 군대편제도 서로 차이가 있었다.
2) 성을 공격하기 위해 성보다 더 높이 쌓는 흙무덤. 그 위에서 성안을 관찰하거나, 전투가 벌어질 때 활을 쏘거나 돌을 던져 주력 부대가 성을 공격할 때 지원 사격을 한다.

병력의 3분의 1이 희생되고도 성을 함락시킬 수가 없다면, 이는 성 공격으로 인한 재앙인 것이다. 따라서 성 공격이란 제일 미련한 방법이라고 할 수 있다.

전쟁을 잘하는 자는 적을 굴복시키되 전투로써 하지 않고, 적의 성을 함락시키되 공격으로써 하지 않으며, 적국을 멸하되 지구전으로 하지 않는다. 반드시 피아 모두 온전한 채로 천하를 도모하는 것이다. 그러므로 병력을 손상시키지 않고 완전한 승리를 거둘 수가 있게 되는데, 이것이 지모에 의한 공격〔모공(謀攻)〕인 것이다. 전쟁을 하는 방법은, 적군보다 10배의 병력이면 포위하고, 5배의 병력이면 공격하고, 2배의 병력이면 적을 분리시킨 후 차례로 공격하고, (적이 선공할 경우) 맞먹는 병력이면 최선을 다하여 싸우고, 적보다 적은 병력이면 도망치고, 승산이 없으면 피한다. 그러므로 소수의 병력으로 무리하게 싸우면, 강한 적의 포로가 될 뿐이다.

장군이란 군주를 보좌하는 사람이다. 보좌역인 장군과 군주의 관계가 친밀하면 나라는 강해지고, 반대로 양자의 관계에 틈이 생기면 나라는 약해지게 마련이다. 군주로 인해 군이 위태롭게 되는 사례로는 다음과 같은 3가지가 있다.

1. 군이 진격하여서는 안 될 상황인데도 진격 명령을 내리고, 군이 후퇴하여서는 안 될 상황인데도 퇴각 명령을 내리는 일이니, 이는 곧 군사 행동을 속박하는 일이다.
2. 전군의 업무를 알지 못하면서 3군의 행정에 간섭하면 병사들은 갈피를 잡지 못하고 당황한다.
3. 용병의 권모술수를 모르면서 군의 지휘에 간섭하면 병사들 사이에 불신감이 생기게 된다. 병사들이 당황하고 불신감이 생기

게 되면, 이 틈을 타서 인접국 제후들이 공격해 오는 재난을 맞이하게 된다. 이렇게 되면 결국 군주가 자신의 군대를 혼란에 빠뜨리고 적에게 승리를 내어주는 꼴이 되고 만다.

필승요결 5가지가 있다.
1. 싸울 때와 싸울 수 없을 때를 알면 승리한다.
2. 병력의 수에 따라 적절한 운용법을 알면 승리한다.
3. 상하가 뜻을 같이하면 승리한다.
4. 철저한 준비를 갖추고 준비가 제대로 되지 않은 적을 맞이하면 승리한다.
5. 장수가 유능하고 임금이 간섭하지 않으면 승리한다.
이 5가지가 승리를 예측할 수 있는 방법인 것이다.

그러므로 적을 알고 나를 알면 백 번 싸워도 위태롭지 않다. 적을 알지 못하고 나를 알면 승률은 반반이고, 적도 모르고 나도 모르면 싸울 때마다 위태롭다.

제4편 군형편(軍形篇)

싸움을 잘하는 자는 우선 적이 우리를 이길 수 없도록 대비를 철저히 하고 나서, 적의 허점이 드러나 아군이 이길 수 있는 때를 기다린다. 적이 나를 이길 수 없게 만드는 것은 나에게 달려 있고, 아군이 이길 수 있는 것은 적에게 달려 있다. 그러므로 전투에 능한 자라고 하더라도 적이 나를 이기지 못하도록 할 수는 있어도, 적의 허점을 만들어 승기를 잡기는 어려운 것이다. 그러므로 승리는 예견할 수는 있지만, 인위적으로 만들 수는 없는 것이다.

이길 수 없는 자는 지키고, 이길 수 있는 자는 공격한다. 지키는 것은 부족하기 때문이고 공격하는 것은 여유가 있기 때문이다. 지키기에 능한 자는 깊은 땅 속에 병력을 은폐하듯 하고, 공격을 잘하는 자는 높은 하늘에서 공격하듯 하여, 스스로를 지키면서도 온전하게 승리를 거둘 수 있는 것이다.

승리에 대한 예견이 일반인이 예견할 수 있었던 정도에 지나지 않는다면 최선이라고 볼 수 없고, 힘들게 싸워 천하 사람들이 모두 잘했다고 칭찬하는 것도 최선은 아니다. 터럭을 들어올렸다고 해서 힘이 세다고 하지 않고, 해와 달을 본다고 해서 눈이 밝다고 하지 않고, 우레 소리를 들었다고 하여 귀가 좋다고 하지 않듯이, 옛날부터 전쟁을 잘했던 사람은 쉽게 이길 수 있는 적을 이겼다. 그러므로 전투에 능한 사람의 승리에는 지혜롭다는 명예나 용맹스럽다는 공적도 없었다. 결국 이들의 승리에는 한 치의 오차도 없었는데, 한 치의 오차도 없었던 이유는 필승의 입지를 갖추어 놓고 이미 패배한 적과 싸웠기 때문이었다. 그러므로 전투에 능한 자는 자기편을 절대 불패의 태세로 갖추어 놓고서 적의 허점을 놓치지 않는다. 승리의 군대는 먼저 이기고서 그 후에 싸우고, 패배의 군대는 먼저 싸우고서 그 후에 이기려 한다. 용병에 능한 자는 사전에 여러 방면으로 철두철미한 준비를 해서 필승의 여건을 준비해 놓기 때문에 승패의 주재자가 될 수 있는 것이다.

병법에, 첫째는 도(度)요, 둘째는 양(量)이요, 셋째는 수(數)요, 넷째는 칭(稱)이요, 다섯째는 승(勝)이라고 하였다. 이는 지형의 판단에 근거하여 전장의 용량을 계산하고, 전장의 용량에 따라 투입될 병력의 내용과 양을 결정하는 것이다. 또한 투입할 수 있는 병력의 내용과 양을 통해 쌍방의 우열을 비교하고, 비교를 통해 승부를 판단한 다는 의미이다. 승리의 군대는 마치 일(鎰)³⁾로써 수(銖)를 다는 것처럼 절대 우세의 상황에 놓이게 되고, 패배의 군대는 수로써 일을 재는 것처럼 절대 열세에 놓이게 된다. 결국 승자는 마치 천 길이나 되는 깊은 골짜기에 가득찬 봇물을 터놓는 것과 같은 모습으로 전투를 지휘하는데, 이것이 바로 형(形)인 것이다.

제5편 병세편(兵勢篇)

다수의 병력을 소수의 병력처럼 다스릴 수 있는 것은 바로 조직편성(분수 : 分數) 때문이요, 실전에서 다수의 병력을 마치 소수병력처럼 일사분란하게 싸우도록 할 수 있는 것은 바로 지휘〔형명(刑名)〕가 있기 때문이다. 삼군의 많은 군사가 적을 만나 절대로 패하지 않도록 할 수 있는 것은 '기(奇 : 기습작전)'와 '정(正 : 정면전법)'에 의해서이다. 병력을 지휘하여 적을 칠 때 마치 숫돌로 계란을 치듯 할 수 있는 것은, 나의 '실(實)'로써 적의 '허(虛)'를 치기 때문이다.

무릇 전쟁이란 정공법(정면전, 정규군)으로 대치하고, 기공법(측면전, 게릴라부대)으로써 승리하는 것이다. 그러므로 기공에 능한 자는 그 전술의 변화가 하늘과 땅처럼 끝이 없고 강물처럼 마르지 않는다. 끝났다가 다시 시작되는 것이 마치 해와 달과 같고, 죽었다가 다시 살아나는 것은 마치 사계절과 같다. 소리는 5가지⁴⁾에 불과하지만 그 변화는 모두 다 들을 수가 없고, 색채는 5가지에 불과하지만 그

---

3) 일(鎰)과 수(銖)는 모두 고대 중량을 재는 단위였는데, 일은 수보다 무려 500여 배나 무거운 중량이다.
4) 고대 오음계, 즉 궁상각치우를 말함.

변화는 모두 다 볼 수 없으며, 맛은 5가지에 불과하지만 그 맛의 변화 전부는 다 맛볼 수가 없다.

전쟁의 형세에 있어서도 기공법과 정공법에 불과하지만, 기공법과 정공법의 변화는 헤아릴 수 없을 만큼 무궁무진하다. 기공과 정공의 생성변화가 마치 순환하며 끝이 없으니, 누가 다 알 수 있겠는가?

거센 물결이 빨라서 돌을 띄워 쓸어 내려가는 힘은 기세〔세(勢)〕요, 매가 날쌔게 날아 먹이를 낚아채는 것은 절도〔절(節)〕, 즉 순발력이다. 그러므로 전투에 능한 자는, 그 기세가 험하고 그 절(순발력)은 짧다. 기세는 쇠뇌를 당길 때 팽팽한 긴장감 같고, 절은 마치 발사시 격발기와 같다.

피아가 뒤엉켜 혼전을 벌이고 있을 때도 어지럽게 뿔뿔이 흩어질 수 없고, 혼돈의 대접전 속에서도 원형인 대열이 벌어지지 않으면 패하지 않는다. 잘 통제가 되다가도 혼란이 생기고, 용감한 기세에서도 겁이 생기며, 강함 속에서도 약함이 생기는 법이다. 따라서 이런 것을 미연에 방지하기 위해, 혼란을 막기 위해서는 수(數 : 조직)를 강화하고, 겁을 방지하기 위해서는 세(勢)를 강화해야 하며, 약함을 예방하기 위해서는 형(形 : 형세)으로 준비해야 한다. 따라서 적을 자기 뜻대로 잘 조종하는 자는 주동적으로 형세〔형(形)〕를 갖추어 적이 따라오도록 하며, 무언가 적에게 이로운 것(미끼)을 던져주어 적이 취하도록 만들어 이로움으로써 적을 끌어들이고, 병사들을 대기시켜 무찌른다.

전쟁에 능한 자는, 승리를 전세〔세(勢)〕에 의존하지 남 탓을 하지 않는다. 따라서 재능 있는 인재를 잘 선택해서 세(勢)를 맡길 줄 알아야 한다. 세를 맡기면 이 임무를 맡은 자는 전투 시 마치 높은 곳에서 통나무나 돌을 굴리듯 한다. 통나무나 돌의 속성은 평평한 곳에서는 멈춰 서 있지만, 경사진 곳에서는 움직이게 되어 있고, 네모진 것은 멈추어 서 있지만 원형인 것은 구른다. 따라서 병사의 세를 잘 이용할 줄 아는 사람은 마치 원석을 천 길 높은 산 위에서 굴리듯 하는데, 이것이 바로 세인 것이다.

제6편 허실편(虛實篇)

먼저 싸움터에 나아가서 적을 기다리는 자는 편하고, 뒤늦게 싸움터로 달려와 싸우려고 하는 자는 고달프다. 그러므로 전투를 잘하는 자는 적을 끌고 다니지 적에게 끌려다니지 않는다. 적이 스스로 싸움터에 나오도록 하기 위해서는 이익(미끼)을 던져 주고, 적을 싸움터에 나오지 못하게 하려거든 나오면 해롭다는 것을 보여 줘라. 적이 편안하면 피로하게 만들고, 배부르면 굶주리게 하고, 안정되어 있으면 동요하도록 만들어야 한다.

적이 구원병을 보내지 못할 허점을 공격하고, 적이 전혀 생각지도 못한 방향으로 진격해야 한다. 천리를 행군하고도 피로하지 않은 까닭은 적이 없는 곳으로 진군하기 때문이요, 공격하면 반드시 성공하는 것은 적의 방비가 허술한 곳을 치기 때문이며, 수비하면 반드시 지킬 수 있는 것은 적이 공격하기 힘든 곳을 지키기 때문이다. 그러므로, 공격에 능한 장수는 적이 어디를 수비해야 할지 모르게 하고, 방어에 능한 장수는 적이 어디를 공격해야 좋을지 모르게 만든다. 미묘하고 또 미묘하도다! 이런 군대는 형체가 보이지 않는〔무형(無

形)〕 경지에 이른다. 신비하고도 신비하도다! 이런 군대는 소리가 들리지 않는〔무성(無聲)〕 경지에 이른다. 그러므로 능히 적의 생사를 관장하는 사명(司命)이 될 수 있도다!!

진격할 때 막아내지 못하는 것은 그 허를 찔렀기 때문이요, 철수할 때 추격하지 못하는 것은, 신속해서 따라갈 수 없기 때문이다. 아군이 싸우기를 원하면, 적이 비록 성벽을 높이 쌓고 도랑을 깊이 파고 지킨다 하더라도, 성 밖으로 나와 싸울 수밖에 없게 되는데, 그 까닭은 그들이 반드시 구원해야 할 요지를 공격하기 때문이다. 반대로 아군이 싸우기를 원하지 않는다면, 비록 땅 위에 금을 긋고 지키더라도 적이 우리와 싸울 수 없는 것은 싸움의 방향을 다른 데로 바꾸어 놓았기 때문이다.

적에게 나를 거짓 노출시키고 실제 나는 드러내지 않으면, 아군은 집중되고 적은 분산된다. 아군이 하나로 집중되고, 적은 분산되어 열로 나누어지면, 이는 열로써 하나를 공격하는 셈이라 아군은 다수가 되고 적은 소수가 되는 것이다. 다수의 병력으로 소수의 적을 공격하게 되면 나와 싸우는 적은 약할 수밖에 없게 된다. 아군이 공격할 목표를 모르게 한다. 아군이 공격할 목표를 모르면 적은 수비할 곳이 많아진다. 수비할 곳이 많아지면, 우리가 공격하고자 하는 지점의 적의 병력은 적을 수밖에 없다. 그러므로 앞을 수비하면 뒤가 약화되고, 뒤를 수비하면 앞이 약화되며, 왼쪽을 수비하면 오른쪽이 약화되고, 오른쪽을 수비하면 왼쪽이 약화되고, 수비하지 않는 곳이 없으면 약하지 않은 곳이 없게 된다. 군사력이 약화되는 것은 적을 수비하기 위하여 병력을 분산시켰기 때문이요, 군사력이 우세한 것은 적을 분산시켜 놓고 나는 집중하기 때문이다.

싸울 장소를 알고 싸울 날짜를 알면 천 리 밖에서 싸워도 좋지만, 싸울 장소를 모르고 싸울 날짜를 모르면 왼쪽 군대가 오른쪽 군대를 구할 수 없고, 뒤쪽의 군대가 앞쪽의 군대를 구할 수 없으니, 어찌 멀면 수십 리, 가까이는 몇 리 밖에서 싸우는 군대를 구원할 수 있겠는가? 내가 생각하건대 월나라의 군대가 비록 많지만, 병력이 많다고 어떻게 승리를 보장할 수 있겠는가? 따라서 "승리는 인위적으로 만들 수 있는 것이다."라고 했다. 설사 적의 병력이 많더라도 싸우지 못하게 할 수 있기 때문인 것이다.

그러므로 적의 정황을 수집하고 분석하여 적의 의도를 정확히 판단하며, 적을 자극시켜서 작전 행동의 일정한 규율과 방식을 알아내고, 적에게 거짓으로 아군의 형세를 드러내어 그들이 포진한 지형과 진지의 장단점을 알아내고, 적황을 탐색하기 위한 국지적인 도발을 시행함으로써 병력 및 편제의 허실과 강약을 파악해야 한다. 따라서 위장이 잘된 군대는 형세가 아예 드러나지 않는 '무형'의 경지에 이른 부대이다. 아군의 형세가 이렇듯 드러나지 않으면 깊이 침투한 첩자라도 탐지할 수 없으며, 적의 지혜로운 장수라도 전략을 세울 수가 없다. 이 무형으로 인해 승리를 거두고 그 결과를 여러 사람들에게 보여 주더라도 그들은 그 승리의 요인을 알지 못한다. 모두 아군이 승리한 작전 방식은 알지만, 승리의 원인이 된 무형의 묘는 알지 못하는 것이다. 또한, 한 번 전승한 방법을 두 번 다시 사용해서는 안 되며 때와 장소에 따라 적에 대한 응전 형태에 무궁한 변화를 주어야 한다.

병력 운용은 물과 같다. 물이 높은 곳을 피하고 낮은 곳으로 흐르듯, 병력의 운용은 적의 충실한 곳을 피하고 허술한 곳을 공격해야 한다. 물은 지형에 따라 흐름을 정하고, 전쟁은 적정에 따라 그에 부합하는 승리를 만들어 간다. 그러므로 병력의 운용에 일정한 형세가 없는 것은 마치 물에 일정한 형태가 없는 것과 같다. 적군의 상황에 따라서 변화시키면서 승리를 쟁취하는 것이 마치 신기에 가깝다고 할 수 있다. 이는 곧 오행(五行)[5]에 있어서 항상 이기는 원기는 존재하지 않고, 사시에도 변치 않는 계절은 없으며, 하루에도 짧은 날과 긴 날이 있고, 달에도 그믐날과 보름날이 있음과 같은 이치이다.

제7편 군쟁편(軍爭篇)

전쟁은 장군이 군주의 명령을 받아 군사를 징집하여 군대를 편성하고, 전선에 나아가서 진지를 구축하고 적군과 대치하는 과정을 거치게 된다. 이 과정에서 승리에 유리한 조건을 다투는 군쟁(軍爭), 다시 말해 먼저 기선을 잡는 일이 제일 어렵다. 군쟁의 어려움은 먼 길을 돌아가면서도 지름길로 바로 가는 것처럼 적보다 빨리 도달하고, 불리한 여건을 유리하게 만드는 일에 있다. 이런 효과를 보기 위해서는 길을 멀리 돌아가는 것처럼 보여 적을 기만하고, 적에게 이로운 것을 미끼로 유인한다면, 상대방보다 늦게 출발하고서도 먼저 도달하여 요지를 선점할 수 있을 것이다. 이런 능력을 지니고 있는 사람을 돌아가면서도 똑바로 가는 효과가 있는 '우직지계(迂直之計)'를 아는 사람이라고 할 수 있다.

---

[5] 오행은 금(金), 목(木), 수(水), 화(火), 토(土)이다. 고대에는 이 오행을 만물의 근원요소로 생각했으며, 이 오행 간에는 상생(相生)과 상극(相克)관계가 있다고 했다. 상생은 목(木)은 화(火)를 생하고, 화(火)는 토(土)를 생하며, 토(土)는 금(金)을 생하고, 금(金)은 수(水)를 생하며, 수(水)는 목(木)을 생한다. 그리고 상극은 금(金)은 목(木)을 극하고, 목(木)은 토(土)를 극하고, 토(土)는 수(水)를 극하고, 수(水)는 화(火)를 극하며, 화(火)는 금(金)을 극한다.

군쟁은 이익이 되기도 하고 위험이 되기도 한다. 왜냐하면 전군이 목적지에 먼저 도달해 유리한 요지를 선점하려고 하면 기동력이 떨어져 적보다 늦게 도달하게 되고, 기동력을 높이기 위해 장비를 버리고 서둘러 달려가면 장비나 보급품을 잃게 된다. 예를 들어 갑옷과 투구를 벗어던지고 밤낮을 쉬지 않고 몇 배나 되는 백리 길을 행군하여 다투어 나가면 3장군이 적에게 사로잡히고 마는 결과를 초래할 수 있다. 이는 강한 자가 먼저 가고 피로한 자는 뒤처지며 열에 하나만이 제시각에 도착할 수 있기 때문이다. 또 만약 50리를 강행군하여 다투어 나간다면 상장군을 잃게 되고, 병력의 절반만이 도달할 수 있고, 30리를 다투어 나가면 3분의 2가 도착할 수 있다. 이렇게 된다면 결국 발빠른 병사만 먼저 도착하게 되고 무거운 군수품과 보급품은 위험에 처할 수밖에 없게 되는데, 군대에 수송 보급이 없으면 망하고, 식량이 없으면 망하고, 비축된 물자가 없어도 망하기 때문에 군쟁이 어렵다고 하는 것이다.

주변국 제후들의 전략의도를 모르면 외교 교섭을 맺지 못하고, 산림·지형의 험준함이나 늪지 등의 지형을 모르면 제대로 행군할 수 없고, 향도를 고용하지 않고서는 지리의 이로움을 얻지 못한다. 그러므로 용병이란 기만술로 아군의 의도를 감추어 승리를 도모하며, 유리한 상황일 때 움직이며, 분산과 집중의 변화를 끊임없이 추구하는 것이다. 따라서 작전 행동은 그 신속함이 바람과 같고, 그 고요함이 숲과 같고, 쳐들어감이 불과 같고, 움직이지 않을 때는 산과 같고, 알기 어려움이 어둠과 같고, 움직일 때는 우레나 벼락같이 해야 한다.

적지에서 빼앗은 식량과 물자들은 병사들에게 나누어 주고, 점령한 적지는 장수들에게 나누어 지키게 하고, 적정을 잘 판단하여 적절하게 움직인다. 이렇게 '돌아가면서도 똑바로 가는' 우직지계를 터득한 자가 기선을 잡아 승리할 수 있으니, 이것이 바로 군쟁의 법칙인 것이다.

옛 병서인 「군정(軍政)」에, "구령을 하여도 병사들이 서로 듣지를 못해 징과 북을 사용하고, 보려고 해도 병사들이 서로 보지 못해 깃발을 사용한다."고 하였다. 징과 북 또는 깃발은 병사들의 이목을 통일시키기 위한 도구이다. 병사들의 행동이 하나로 통일되면, 용감한 자라도 제멋대로 전진하지 못하며, 비겁한 자도 홀로 후퇴하지 못하니, 이것이 많은 병력을 지휘하는 방법이다. 그러므로 야전에는 횃불과 북을 많이 사용하고, 주간에 전투할 때는 깃발을 많이 사용하는데, 이와 같이 밤과 낮의 신호방법이 다른 것은 병사들의 눈과 귀의 능력이 변화하기 때문이다.

적과 싸울 때 전군의 사기를 빼앗을 수 있고 적장의 판단을 혼란에 빠뜨릴 수 있다. 어느 군대든 전투가 처음 시작될 때는 사기가 왕성하지만, 시간이 지나면서 느슨해지며, 끝 무렵에 이르면 사기가 바닥에 떨어져 철수할 생각만 한다. 따라서 용병에 능한 자는 적군의 사기가 높을 때는 피하고 사기가 떨어진 틈을 타서 공격을 한다. 이것이 바로 기(氣)를 다스리는 방법[치기(治氣)]인 것이다. 아군은 엄정한 군기를 지켜 적이 혼란에 빠질 때를 기다리는데, 안정된 심리로써 혼란한 심리를 공격하는 바로 이것이 적과 아군의 심리를 다스리는 방법[치심(治心)]이다. 가까운 곳으로 이동하여 먼 곳으로부터 오는 적을 기다리고, 편안한 상태에서 적이 피로해지기를 기다리며, 배부른 상태에서 적이 굶주림에 빠지기를 기다리는 것은 힘을 다스리는 방법[치력(治力)]이다. 적의 깃발이 질서 정연하면 이를 맞이하여 싸우지를 말며, 적의 진영이 당당하면 공격하지 말아야 하는데, 항상 적의 변화에 따라 나의 행동을 결정하는 바로 이것이 변화의 다스림〔치변(治變)〕이다.

적을 공격할 때는 다음과 같은 상황을 주의해야 한다. 고지를 점령하고 있는 적을 올려다보면서 공격하지 않는다. 언덕을 등지고 있는 적을 맞이하여 싸우지 말며, 거짓 도망치는 적을 쫓아가지 말고, 사기왕성한 부대를 공격하지 말며, 아군을 유인하기 위해 던진 미끼를 물지 말며, 귀국하는 부대를 가로막지 말며, 적군을 포위할 때는 반드시 퇴로를 열어 주고, 궁지에 몰린 적은 공격하지 말 것이다. 이것이 바로 용병의 원칙이다.

제8편 구변편(九變篇)

전쟁을 수행하는 방법은, 장수가 군주의 명령을 받아 군사를 징집하여 군대를 편성한 뒤 작전을 수행하게 된다. 장수는 다음의 변화에 적절하게 대처해야 한다.

'비지(圮地)'[6]에는 주둔하지 말아야 하며, '구지(衢地)'[7]에서는 이웃 나라와 외교로써 도움을 받아야 하며, '절지(絶地)'[8]에서는 오래 머무르지 말아야 하며, '위지(圍地)'[9]에서는 계략을 써서 조속히 벗어나고, '사지(死地)'[10]에 들어갔을 때는 필사적으로 싸울 수밖에 없다. 길에도 가서는 안 되는 길이 있고, 적도 싸워서는 안 되는 적이

---

6) 움푹 파인 축축한 땅
7) 길이 사통팔달한 땅
8) 길이 끊어져 연락이 힘든 지역
9) 사방이 산이나 내로 둘러싸인 곳
10) 나갈 수도 물러설 수도 없는 곳, 전멸당하기 쉬운 지역

있고, 성에도 공격해서는 안 되는 성이 있고, 땅에도 다투어서는 안 되는 땅이 있고, 임금의 명령에도 들어서는 안 되는 명령이 있다. 이렇듯 장수는 많은 변화에 따르는 이로움에 능통하면 용병을 제대로 알 수 있게 된다. 병사를 다스릴 때, 이 '지극히 융통성이 있는 변화〔구변(九變)〕[11]'의 전술을 알지 못하면 비록 5가지의 이로움(비지, 구지, 절지, 위지, 사지)을 알고 있어도 병사들을 잘 활용하지 못하게 된다.

지혜로운 장수는 적과 아군의 이로운 조건과 불리한 면을 아울러 생각한다. 유리한 상황에서도 불리할 경우를 대비하므로 후환이 없고, 불리할 때도 유리한 조건이 무엇인지를 살펴 이를 활용하니 어려움을 극복할 수 있게 된다. 적을 굴복시키려면 적이 두려워하는 불리한 약점을 찔러 위협하고, 적을 부리려면 그 나라 백성들이 쉴 사이 없도록 일을 만들고, 적이 제발로 협조하도록 만들려면 적에게 이로운 것을 미끼로 유인해야 한다.

용병의 원칙은 적군이 오지 않으리라는 것을 믿지 말고, 아군의 준비 태세 여부를 믿어야 한다. 적이 공격하지 못하리라는 것을 믿지 말고, 우리에게는 적이 공격해 올 수 없을 만큼 만반의 준비 태세가 갖추어져 있다는 점을 믿어야 한다.

장수가 빠지기 쉬운 위험으로 다음과 같은 5가지가 있다.

1. 지나치게 용맹하여 죽기를 다해 싸우면 죽을 수 있다.
2. 죽음을 두려워해 살려고 하면, 적의 포로가 된다.
3. 성을 잘 내고 조급하면, 적의 계략에 말려 수모를 당하게 된다.

---

11) 9개의 변화란 문장대로라면 10가지이다. 여러 학설이 있으나 여기서는 '구(九)'를 "지극히 융통성이 있는"이란 해석에 따른다.

4. 너무 청렴결백하면, 오히려 모욕을 당하게 된다.

5. 지나치게 백성을 아끼면, 번거로움에 빠지게 된다.

이 5가지는 장수가 범하기 쉬운 위험이자 용병의 재앙이다. 군을 멸하고 장수를 죽음으로 몰아넣는 것이 이 5가지 위험이니, 충분히 고려하지 않으면 안 된다.

제9편 행군편(行軍篇)

행군을 할 때는 적의 정세를 잘 살펴야 한다. 산을 지날 때는 골짜기를 따라가야 하며, 주둔할 때는 시계가 시원하게 열린 높은 곳이어야 하고, 높은 곳에 진을 친 적을 향해 올라가면서 싸우지 말아야 하는데, 이것이 곧 산에서 행군하는 방법이다.

강을 건너고 나서는 반드시 물에서 멀리 떨어져라. 적이 물을 건너오거든, 물속에서 이를 맞아 싸우지 말고 반쯤 건너오기를 기다렸다가 이를 공격하면 유리하다. 싸우려 할 때는 물가 가까이에서 적을 맞이하여 싸우지 말고, 하천지대에 주둔할 때에도 시계가 훤하게 열린 높은 곳을 택하고, 상류로 거슬러 올라가면서 적을 맞이해 싸워서는 안 된다. 이것이 곧 물가에서 행군할 때 취할 요령이다.

늪지대를 건널 때는 가능한 한 머뭇거리지 말고 재빨리 지나가야 한다. 만약에 늪지대에서 교전을 하게 되면, 반드시 수초에 의지하거나 많은 나무를 등지고 싸워야 한다. 이것이 늪지대에 있어서 취할 행군의 요령이다.

평지에서는 평평한 곳에 머무르고, 옆쪽이나 등뒤는 높은 언덕을 의지하는 것이 중요하며, 불리한 지형을 앞으로 하고 이로운 지형을 뒤로 한다. 이것이 곧 평지에서 군이 행군할 때 취할 요령이다.

이 4가지는 옛날 황제(黃帝)[12]가 사제(四帝)[13]와 싸워 이긴 방법이다.

군대가 주둔할 때에는 높은 지대가 좋고 낮은 지대는 나쁘다. 양지바른 곳은 좋고 그늘진 곳은 나쁘다. 병사들의 주둔 환경이 좋으면 기력이 충만해 군에는 질병과 재해가 생기지 않는데, 이를 필승의 용병이라고 한다.

언덕이나 둑이 있는 곳에서는 반드시 양지쪽에 자리잡고, 높은 곳을 오른쪽 등뒤에 둔다. 이는 병사를 움직이는 데 유리한 위치에서 지형을 효과적으로 이용하기 위해서이다. 상류에 비가 와서 많은 물거품이 일 때, 강을 건너야 할 자는 흐름이 안정되기를 기다렸다 건너야 한다. 지형에는 절벽으로 둘러싸인 험준한 계곡, 호수가 있는 분지, 산으로 둘러싸여 빠져 나오기 어려운 좁은 곳, 초목이 빽빽하여 행동하기 어려운 곳, 함정처럼 통행할 수가 없는 늪지대의 수렁, 땅이 갈라진 것 같은 험한 골짜기 등이 있으니, 이런 곳은 반드시 빨리 통과하여야 한다.

아군은 이런 지형으로부터 멀리 벗어나야 하고 적을 이런 지형 가까이 가도록 유인해야 한다. 아군은 이런 지형을 마주 바라보도록 상황을 만들고 적은 이를 등지도록 한다.

행군 중에 험준한 곳, 웅덩이, 갈대가 우거진 늪지, 산림 지대, 초목이 무성한 곳이 있으면 반드시 신중하게 반복해서 수색해야 한다. 이러한 지형에는 적이 매복해 있을 가능성이 많기 때문이다.

---

12) 고대 다섯 황제인 오제(五帝)의 첫 번째 인물로 지금 한족(漢族)의 조상이다. 기원전 2700년경 황하(黃河) 중북부의 이민족을 통일하였다고 한다.
13) 고대 중원지역을 중심으로 사방에 퍼져 있었던 이민족의 수장

1. 적 가까이 접근해도 조용한 것은, 그들이 지형의 험준함을 믿기 때문이다.
2. 적이 먼 거리에 포진하면서 자주 도발하는 것은, 아군을 유인하여 끌어내기 위해서이다.
3. 적이 험준한 지형을 이용하지 않고 평탄한 곳에 진을 치고 있다면, 유리한 조건을 지니고 있기 때문이다.
4. 나무가 무성한 숲에 나무들이 흔들려 움직이는 것은, 적이 공격해 오기 때문이다.
5. 풀이 우거진 곳에 장애물을 많이 설치해 놓은 것은, 아군의 판단을 흐리게 하기 위한 것이다.
6. 새들이 날아오르는 것은, 그 아래 복병이 있기 때문이다.
7. 짐승들이 놀라 달아나는 것은, 적의 대부대가 습격해 오기 때문이다.
8. 흙먼지가 높고 가늘게 일어나는 것은, 전차부대가 진격해 오고 있는 것이다.
9. 흙먼지가 낮고 넓게 깔리는 것은, 보병 부대가 쳐들어오기 때문이다.
10. 흙먼지가 여기저기에서 일어나면, 적군의 병사들이 땔감나무를 채취하여 끌고 가기 때문이다.
11. 흙먼지가 조금씩 질서 있게 여기저기 솟아오르면, 야영을 준비하고 있는 것이다.
12. 적군에서 온 사신의 말이 겸손하면서도 경계를 늦추지 않는 것은, 공격하려는 것이다.
13. 적군에서 온 사신의 말이 강경하며 진격 태세를 취하는 것은,

후퇴하려는 것이다.

14. 전차가 앞에 나와서 양옆에 포진하는 것은, 곧 전투를 시작할 징조이다.
15. 갑자기 강화를 요청하는 것은, 다른 계략이 있기 때문이다.
16. 적진의 움직임이 분주하고 전차가 진영을 갖추고 있다면, 결전을 결심했다는 것이다.
17. 적이 진격과 후퇴를 반복하고 있다면, 유인하기 위해서이다.
18. 적병이 지팡이를 짚고 서 있는 것은, 굶주리고 있다는 징조이다.
19. 물을 길러 나와서 자기가 먼저 물을 먹는 것은, 식수난에 빠졌기 때문이다.
20. 유리한 줄 알면서도 공격하지 않는 것은, 피로하기 때문이다.
21. 적진 위에 새 떼가 모여든다면, 적군이 이미 철수한 것이다.
22. 한밤중에 큰 소리로 서로 부르는 것은, 공포에 싸여 있기 때문이다.
23. 적진이 소란스럽고 무질서하다면, 적장의 위엄이 없다는 징후이다.
24. 적진에 깃발이 어지럽게 흔들리고 있는 것은, 적병들 사이에 동요가 일어났기 때문이다.
25. 적의 지휘관이 부하들에게 마구 소리치는 것은 지쳤기 때문이다.
26. 말을 잡아먹으면, 군량이 바닥이 났다는 뜻이다.
27. 취사도구를 챙기고, 진영으로 돌아가지 않는 것은, 궁지에 몰렸기 때문이다.

28. 적의 병사들이 모여 낮은 소리로 수군거리는 것은 장수가 신망을 잃었다는 것이다.

29. 상을 남발하는 것은 이미 지휘할 방법이 없음을 뜻한다.

30. 마구 벌을 주는 것은 곤경에 빠진 까닭이다.

31. 부하에게 처음에는 난폭하게 대하다가, 후에는 이반을 두려워하는 것은 통솔할 줄을 모르는 것이다.

32. 적군이 사자를 보내 고맙다고 인사하는 것은, 휴식을 위해 시간을 벌고자 하는 것이다.

33. 적의 병사들이 기세등등하게 진격해 와서도 오래도록 접전을 하지 않거나 물러서지 않는다면, 그들의 의도가 무엇인지 신중히 관찰해야 한다.

군대는 수가 많다고 반드시 좋은 것만은 아니다. 병력이 우세하다고 공격만을 일삼지 말고, 병력을 집중하고 적정을 분석·판단하면 승리를 거둘 수 있다. 계획성과 판단력도 없이 병력의 숫자만을 믿고 적을 가볍게 여기면, 반드시 적에게 사로잡힌다.

병사들이 충심으로 따르지 않는 상황에서 벌칙만을 적용하면 병사들은 복종하지 않으며, 병사들이 복종하지 않으면 부리기가 어렵다. 그렇지만 잘 따른다고 해서 과실이 있는데도 벌을 주지 않으면 역시 통솔할 수 없게 된다. 그러므로 병사들에게 합리적으로 명하고 위엄으로 다스리면, 가히 필승의 군대라고 할 수 있다. 평소에 법령이 잘 시행되면서 병사들을 교육한다면 병사들은 복종하지만, 평소에 법령이 잘 시행되지 않는 상황에서 병사들을 교육하면 복종하지 않는다. 평소에 법령이 잘 지켜진다는 것은, 병사들과 더불어 신뢰가 형성되었다는 것을 뜻한다.

제10편 지형편(地形篇)

지형에는 '통(通)', '괘(挂)', '지(支)', '애(隘)', '험(險)', '원(遠)'의 6가지 종류가 있다.

1. '통' 이란 우군이나 적군이 모두 진격할 수 있는 사방으로 통하여 있는 지형을 말한다. 이런 곳에서는 우선 남향의 고지를 점령하고 식량의 보급로를 확보하면, 유리하게 싸울 수가 있다.

2. '괘' 란 나아가기는 쉬우나 물러서기가 곤란한 지형을 말한다. '괘형' 지역에서는 적이 대비하지 않을 경우에는 기습하여 승리할 수 있으나, 적이 수비를 철저히 하고 있을 경우에는 공격해도 승리하지 못할 뿐 아니라 철수가 어려워 불리하다.

3. '지' 란 우군이나 적군 모두 진격을 하면 불리한 지형을 말한다. 이런 지형에서는 적이 유인하더라도 공격하면 안 된다. 일단 퇴각하는 척하고 적을 유인하여 공격하면 유리하게 싸울 수가 있다.

4. '애' 지형에서는 아군이 먼저 점령해 충분한 병력으로 입구를 막고 적군을 기다린다. 만약 적이 먼저 점령하여 충분한 병력으로 입구를 막고 있으면 싸우지 말고, 막고 있지 않으면 재빠르게 입구를 점령해야 한다.

5. '험' 지형에서는 먼저 점령해 남향 고지에 포진하고 적을 기다린다. 적이 먼저 점령했을 경우 진격을 중지하고 병력을 이끌고 철수해야지 섣불리 공격해서는 안 된다.

6. 멀리 떨어진 '원' 지형에서는 서로 세력이 대등할 경우 먼저 도발하기 어렵다. 어느 쪽이든 억지로 싸우려고 공격하는 쪽이 불리하다.

이상은 6가지 지형을 유리하게 이용하는 방법이니 장수의 지상 임무로서 신중히 숙고하지 않으면 안 된다.

전장에서 패배하는 군대의 형태를 '주군(走軍)', '이군(弛軍)', '함군(陷軍)', '붕군(崩軍)', '난군(亂軍)', '배군(北軍)'으로 나눌 수 있다. 이 6가지 형태는 천재지변에 의해 생기는 것이 아니라 장수의 잘못에서 비롯된다.

1. 아군과 적군의 병력이 대등한데, 아군의 하나로써 적의 열을 공격하게 되면 도망자가 생기는데, 이를 달아나는 군대〔주군(走軍)〕라 한다.

2. 병사가 강하고 장교가 나약하면 군기가 해이해지는데, 이를 해이한 군대〔이군(弛軍)〕라고 한다.

3. 장교가 강하고 용감하지만 병사가 약하면, 이를 결함이 있는 군대〔함군(陷軍)〕라고 한다.

4. 부장들이 성을 내며 장수에게 복종하지 않고, 적을 만나면 불만을 털어놓으며 제멋대로 뛰쳐나가는데, 장수는 그들의 능력을 모르면서 저지하는 형태의 군대를 무너지는 군대〔붕군(崩軍)〕라고 한다.

5. 장수가 나약하며 위엄이 없고, 부하의 관리와 교육이 제대로 되지 않아, 지휘관과 병사들이 질서 없이 뒤섞여 어지럽게 포진한 경우, 이를 혼란스러운 군대〔난군(亂軍)〕라고 한다.

6. 장수가 적황을 정확하게 파악하지 못하고, 소수의 군사로써 많은 적과 싸우게 하거나 약한 병력으로 강한 적을 공격하면서도 정예 부대의 운용이 없을 때, 이를 패배하는 군대〔배군(北軍)〕라고 한다.

이상 6가지는 싸움에서 패배를 불러오는 요인이며, 장수된 자의 책임이 막중하니 깊이 살피지 않으면 안 된다.

지형은 승리의 보조 조건이다. 적황을 잘 살펴 필승의 계획을 세우며 지형의 평탄함과 험함 그리고 도로의 멀고 가까움을 잘 판단하는 것이 유능한 장수의 임무이다. 이 점을 알고 작전에 활용하는 장수는 승리하고, 그렇지 못한 장수는 반드시 패배한다.

그러므로 장수는 전장의 실정을 판단해 이길 확신이 있으면 군주가 싸우지 말라고 하여도 싸워야 하고, 전선의 상황으로 보아 승산이 없으면 비록 군주가 싸우라고 명하여도 싸워서는 안 된다. 그리고 장수는 승리했을 경우 명예를 추구해서는 안 되고, 패배했을 때는 그 죄를 피하지 말아야 하며, 오로지 백성을 보전하고 군주를 이롭게 해야만이 진정 나라의 보배인 것이다.

장수는 병사들을 어린아이처럼 보살펴야 한다. 그러면 병사들은 장수를 따라 위험한 깊은 골짜기도 함께 뛰어든다. 병사들을 사랑하는 아들처럼 대하라. 그러면 더불어 죽음을 불사하리라. 그러나 너무 후대하여 마음대로 부릴 수 없거나 지나치게 사랑하여 명령을 내릴 수 없거나, 군기를 어지럽히는데도 이를 바로잡지 못한다면, 이런 병사들은 마치 버릇없는 자식처럼 전투에는 아무런 쓸모가 없는 것이다.

아군의 공격능력을 알면서 적의 방어능력을 모른다면 승리의 가능성은 절반밖에 안 되고, 적의 방어능력을 알면서 아군의 공격능력을 모르면 또한 승률은 절반이다. 적의 방어능력과 아군의 공격능력을 안다 하더라도 지형이 불리하다는 것을 모르면, 이 또한 승리의 가능성은 절반에 지나지 않을 것이다. 그러므로 용병을 잘하기 위해서는 일단 출동하면 목적을 분명히 하여 갈팡질팡하지 말고, 상황에 따라 변화무쌍하게 조치를 취해야 승기를 잡을 수 있다.

결론적으로 적을 알고 나를 알면 승리는 위태롭지 않고, 천시(天時)와 지리(地利)까지를 알면 승리는 완전하게 된다.

제11편 구지편(九地篇)

전쟁터의 지형으로는 '산지(散地)', '경지(輕地)', '쟁지(爭地)', '교지(交地)', '구지(衢地)', '중지(重地)', '비지(圮地)', '위지(圍地)', '사지(死地)' 9가지가 있다.

1. 자기 나라 영토 안에서 싸울 경우, 이를 '산지'라 한다.
2. 적의 국경 안으로 진격하되 깊이 들어가지 않은 경우, 이를 '경지'라 한다.
3. 아군이 점령하면 아군에게 유리하고 적이 점령하면 적에게 유리한 전략상의 요지를 '쟁지'라 한다.
4. 아군이 갈 수도 있고 적군이 올 수도 있어서, 누군가가 점령하면 교전이 불가피한 지역을 '교지'라 한다.
5. 제3국과 인접해 있는 땅으로 이를 먼저 점령하면, 제3국과 우호관계를 맺고 지원을 받을 수 있는 지역을 '구지'라 한다.

6. 적의 땅에 깊숙이 쳐들어가 적의 성과 고을이 우군의 배후에 많이 있는 지역을 '중지'라 한다.
7. 산림, 장애물이 많은 지역, 늪지대 등 행군하기 어려운 지역을 '비지'라 한다.
8. 진입로가 좁고 퇴각로는 멀리 돌아 나와야 하는, 적의 소수 병력으로 아군의 다수 병력을 칠 수 있는 지역을 '위지'라 한다.
9. 죽을 힘을 다해 싸우면 생존하고, 그렇지 않으면 전멸하는 지역을 '사지'라 한다.

그러므로 '산지'에서는 싸움을 피하며, '경지'에서는 주둔하지 말 것이며, '쟁지'에서는 공격해서는 안 된다. '교지'에서는 부대 간의 긴밀한 연락체계를 유지하며, '구지'에서는 외교활동을 강화하고, '중지'에서는 보급품을 현지에서 조달한다. '비지'에서는 신속하게 통과하고, '위지'에서는 계략을 써서 이를 벗어나야 하며, '사지'에서는 결사적으로 싸워야 한다.

예로부터 작전지휘에 능통한 장수는 적의 후방을 차단해 전후의 부대가 서로 호응하며 싸우지 못하도록 하고, 주력 부대와 이를 따르는 부대가 서로 협력하지 못하게 하고, 지휘자와 병사가 서로 화합하지 못하게 하고, 상급기관과 하급기관이 서로 구원하지 못하게 하고, 병사들이 흩어져서 집결하지 못하게 하고, 병사들이 집합하더라도 질서를 유지하지 못하도록 하여 전투력을 잘 발휘하지 못하게 했다. 게다가 아군이 불리한 상황에 처하면 곧 행동을 중지하고 상황이 호전되기를 기다렸다.

적의 병사들이 대열을 정비하고 공격한다면 어떻게 대처해야 하나? 이런 경우는 먼저 적이 가장 소중하게 여기는 것을 빼앗아 기선을 제압해야 한다. 용병은 신속함이 으뜸이니, 적국이 대비하지 못할 빈틈을 타서 예기치 못한 길을 통해 경계가 소홀한 지점을 공격한다.

적의 영토에 침입하였을 때 깊이 진입할수록 아군은 단결력이 강화되어 적이 방어하기가 쉽지 않다. 적의 물자가 풍부한 지역을 점령하여 군량을 적지에서 조달하면 전군의 식량은 풍족해진다. 그리고 군사들을 충분히 쉬도록 하고 힘을 축적하여 사기를 충전한 다음 합리적인 용병을 통해 적절한 전략을 세워 아군이 어떻게 움직일지 적이 전혀 예측하지 못하게 만든다.

이렇게 적진 한가운데 있으면 아군은 도망가려고 해도 도망갈 곳이 없어 죽어도 물러설 수 없다는 각오를 다지게 되고, 목숨을 걸고 용감히 싸우게 된다. 병사들은 어떤 역경에 처하더라도 두려워하지 않고, 도망갈 길이 없으니 더욱 굳은 각오로 항전한다. 적진에 깊이 들어가면 갈수록 병사들의 행동은 더욱 긴장하고 단결하며, 어쩔 수 없는 상황에서는 죽기로 싸우게 된다.

이런 상황 속에서는 병사들은 지시를 하지 않더라도 자발적으로 경계하고, 하라고 하지 않더라도 임무를 완수하며, 서로 약속하지 않아도 친해지며, 명령을 내리지 않아도 규정을 지키게 된다. 미신을 금지하고 유언비어를 막으면 죽음에 이르러도 동요하지 않는다.

병사들이 재물을 탐하지 않는 것은 재물이 싫어서가 아니며, 생명을 탐하지 않는 것은 살기가 싫어서가 아니다. 출동 명령이 떨어지는 날이면 병사들 중 앉아 있는 자는 눈물로 옷깃을 적시고, 누운 자는 눈물이 턱으로 흐른다. 병사들이란 일단 전진 외에는 더 갈 곳이 없는 곳으로 투입되면 그 용맹함으로 이름이 높은 전설적인 '전제'[14]나 '조귀'[15]와 같이 결사적으로 싸우게 되는 법이다.

용병에 능한 자는 마치 '솔연'처럼 싸운다. 솔연이란 상산[16] 지방의 뱀 이름인데, 머리를 때리면 꼬리가 덤비고, 꼬리를 치면 머리가 달려들며, 허리를 때리면 머리와 꼬리가 한꺼번에 덤벼든다. 그렇다면 군대를 이 상산의 뱀처럼 지휘할 수 있을까? 물론 할 수 있다. 오나라와 월나라는 원래 원수지간이지만, 만약 두 나라 사람이 같은 배를 타고 폭풍우를 만나게 된다면, 한몸에 달려 있는 좌우 두 손처럼 일치단결하여 서로 도울 것이다.

용병에 있어 이런 상황을 연출하면, 부대를 구속하려고 말고삐를 묶고 수레바퀴를 땅에 묻는다고 해도 저지하지 못할 것이다. 전군을 하나로 결속시키기 위해서는 지휘통솔력만으로도 가능한 것이다. 용감한 자나 유약한 자 모두 전력투구할 수 있도록 하기 위해서는 바로 지형을 이용하는 방법이 있다. 용병술에 능한 자가 마치 한 사람을 움직이는 것처럼 전군을 자유자재로 부릴 수 있는 것은 바로 그럴 수밖에 없는 상황을 연출하기 때문에 가능한 것이다.

장수가 부대를 지휘할 때는 항상 부하들이 장수가 무슨 생각을 하고 있는지 모를 정도로 심오하고 냉정하게 처신하며 전투에 돌입하면 엄정하게 다스려야 한다. 병사들의 이목을 단순하게 만들어 제멋

---

14) 전제(專諸), 춘추시대 오(吳)나라의 용사. 기원전 515년 오나라 공자였던 광(光)이 지 아비인 오왕 료(僚)를 죽이고 즉위하고자 연회를 열어 료를 기다렸다. 그때 전제는 칼을 생선 내장에 감추어 들어가 결국 료를 죽이고 본인은 그 자리에서 살해되었다.
15) 조귀(曹劌), 또 다른 이름은 조말(曹沫), 춘추시대 노나라 무사. 노(魯)나라 임금과 제(齊)나라 임금이 가(柯 : 지금의 산동성 동구(東柯))에서 만났을 당시 제나라 임금을 칼로 위협해 빼앗긴 땅을 되찾았다는 일화로 유명하다.
16) 즉 항산(恒山)을 일컫는다. 한나라 죽간본 「손자병법」에는 '항산(恒山)'으로 기록되어 있다. 항산은 지금 산서성 혼원(渾源) 남쪽에 위치해 있고, 오악 중 북악에 해당한다.

대로 판단하지 못하도록 하며, 임무와 작전을 수정할 시에는 병사들이 알지 못하게 하고, 주둔지를 옮기고 원래 공격로가 아닌 다른 길로 돌아갈 때 남들이 짐작할 수 없게 하여야 한다.

장수가 병사들에게 임무를 부여하고 나면, 마치 병사들을 높은 곳에 올려 놓고 올라갈 때 사용했던 사다리를 치우듯하여, 병사들이 그 임무를 완수할 수밖에 없도록 만든다. 장수가 병사들과 함께 적국 깊숙이 침입하였을 때는 쇠뇌를 쏘듯 신속히 진격하며, 강을 건넌 후 타고 갔던 배를 불살라버리고 밥을 먹은 후 솥을 깨버리듯 결연한 의지를 보인다. 그리고 마치 양떼를 몰고 왔다갔다할 때 양들이 그 방향을 알지 못하듯이 병사들을 지휘해야 한다. 이처럼 전군을 위험한 궁지에 몰아 넣고 필사적으로 싸우게 하는 것이 바로 장수의 임무이다. 9가지 지형에 대한 병법의 변화, 후퇴와 공격에 대한 판단, 상황에 따른 병사들의 심리적 변화 등을 장수는 항상 진지하게 살피고 연구하지 않으면 안 된다.

적의 국경을 넘을 경우 다음과 같은 점들을 유의해야 한다.

깊이 쳐들어가면 갈수록 병사들의 단합은 더욱 굳건해진다. 그러나 깊이 들어가지 않고 국경 근처에 머물 경우 단결이 흐트러지기 쉽다. 국경을 넘어 들어간 작전지역을 '절지'라고 하고, 사방으로 통해 교통이 편리한 곳은 '구지', 깊이 들어간 곳은 '중지'요, 국경에서 멀지 않은 곳이 '경지', 진퇴양난의 지역이 '위지', 더 이상 갈 곳이 없는 곳은 '사지'이다.

결국 산지에서는 병사들의 마음을 하나로 단결시키고, 경지에서는 병사들 간에 긴밀한 연락을 취하게 하고, 쟁지에서는 배후로 달려가 적의 후방을 공격하고, 교지에서는 수비를 신중히 하고, 구지에서는 제3국과의 외교적인 유대를 공고히 하고, 중지에서는 식량을 적지에서 계속 노획하고, 비지는 빨리 통과하고, 위지에서는 퇴로를 막아 병사들이 용감히 싸우게 하고, 사지에서는 살 수 없다는 것을 인식하게 해 필사적으로 싸우게 한다. 병사들의 심리는 포위당하면 힘을 합쳐 대항하고, 상황이 절박해 어쩔 수 없으면 필사적으로 싸우며, 엄청난 위험에 빠지면 지휘관의 명령에 순종한다.

제후들의 계략을 알지 못하면 미리 외교 관계를 수립할 수 없고, 산림, 험준한 지형, 늪지대 지형을 모르면 행군하지 못하며, 그 지역의 향도를 이용하지 않으면 지형의 이로움을 얻지 못한다. 9가지 지형〔구지(九地)〕 중 하나를 제대로 몰라도 패왕의 병사가 될 수 없다. 무릇 패왕의 용병은 적을 공격할 때 아무리 큰 나라라고 하더라도 병력을 미처 동원하지 못하도록 틈을 주지 말고, 적에게 위압을 가하여 그 위엄으로 다른 나라와 동맹을 맺지 못하게 만든다. 또한 패왕의 국가는 타국과 동맹을 맺는 외교를 펴려고 다투지 않고, 천하의 권세를 쟁취하려고 타국 내에 자신의 세력을 확장하려 애쓰지도 않는다. 이 패왕의 국가는 자신의 힘만으로 적에게 위협을 가하기만 해도 성을 함락시킬 수 있고, 나라를 멸망시킬 수도 있는 것이다.

장수는 관례를 깨뜨리는 상을 주기도 하고, 상식을 초월한 명령을 내리기도 하여, 전군을 마치 한 사람처럼 부릴 줄 알아야 한다. 부하에게 임무를 명할 때는 그 이유를 설명해서는 안 되고, 임무의 유리함은 설명하되 해로움은 알리지 말아야 한다. 군대는 멸망의 땅에 투입된 후에야 존재하는 법을 배우게 되고, 사지에 빠진 후에야 생존의 법을 알게 된다. 또한 위험에 빠진 후에야 승부를 추구하게 된다.

따라서 작전을 지휘할 때 처음에는 적의 의도대로 순순히 끌려가는 척하다가, 일단 기회가 오면 병력을 집중하여 적의 허점을 공격해야 한다. 이렇게 하면 천리 밖에 있는 적도 적장을 생포하거나 죽일 수 있다. 이것이 바로 "교묘함으로 큰일을 이룰 수 있다."는 것이다.

전쟁이 결정되면, 국경의 관문을 막고 통행증을 폐기하며 적의 사신을 통과시키지 않는다. 조정에서는 사당에 모여 전쟁준비를 위해 작전을 숙의하고 연구해 그 대책을 결정한다. 그리고 일단 적의 허점이 드러나면 신속하게 공격하는데, 먼저 적이 제일 소중히 여기는 요충지를 빼앗고, 적의 움직임에 따라 대응책을 그때그때 수정하여 현실적인 대책을 세운다.

전투가 시작되기 전에는 처녀처럼 조심스럽고 침착하게 행동하여 적이 허점을 노출하게 유도하고, 일단 그 허점이 포착되면 마치 달아나는 토끼처럼 민첩하게 출동하여 적이 저항할 틈을 주지 않는다.

제12편 화공편(火攻篇)

화공의 대상에는 5가지가 있으니 다음과 같다.
1. 적의 병사와 말을 태우는 방법
2. 쌓아둔 식량을 태우는 방법
3. 적의 보급물자를 태우는 방법
4. 적의 창고를 태우는 방법
5. 적의 운수장비를 태우는 방법

이상 5가지 화공법을 실시하려면 반드시 일정한 조건을 구비해야 한다. 사전에 불 지필 도구를 항상 준비해 두어야 한다. 화공에는 불을 붙이는 시(時)와 불이 잘 일어나는 일(日)이 있다. 시는 날씨가 건조한 시기이고, 일(日)이란 별자리가 기(箕)·벽(壁)·익(翼)·진(軫)에 위치한 날로, 이 네 별자리는 바람이 일어나는 날이다.

화공을 할 때는 불을 지핀 후 일어나는 상황의 변화에 따라 다음과 같이 대응하여야 한다.

1. 적진 안에서 불이 나 혼란에 빠지면, 재빨리 밖에서도 호응하여 공격한다.
2. 불이 났는데도 적진이 조용하면 상황을 지켜보면서 공격하지 말고 기다린다. 그러다 불길이 맹렬해졌을 때, 공격이 가능하면 공격하고 공격이 불가능한 상황이면 포기한다.
3. 적진 밖에서 불을 지를 수가 있다. 이때는 적진의 내부 상황에 개의치 말고 적당한 때 불을 지르며 변화에 따라 대응한다.
4. 화공은 바람을 등지고 불을 놓아야 하며, 바람을 안고 공격해서는 안 된다.
5. 낮에 바람이 오래 불면, 밤엔 바람이 멎을 수 있다.

군대는 반드시 이상의 5가지 화공의 임기응변적인 운용법을 알고, 여건이 성숙되기를 기다려 실행에 옮긴다. 공격 시 화공으로 보조하면 그 효과는 분명하다. 수공(水攻)은 그 효과가 매우 강력하긴 하나 적을 분산시키고 공격의 맥을 끊을 수는 있어도, 화공처럼 적의 물자와 장비를 태워 없앨 수는 없다.

전쟁에 승리하여 적의 성을 빼앗아도 그 승리를 공고히 하는 유종의 미를 거둘 수 없다면 흉한데, 이를 '비류(費留 : 헛수고)'라고 한다. 현명한 군주는 이 점을 신중하게 생각하고 훌륭한 장수는 신중하게 대처하여 국가에 이롭지 않으면 군사행동을 취해서는 안 되고, 승리에 확신이 없으면 설불리 군대를 출병해선 안 되며, 긴박한 상황에 이르지 않으면 싸우지 말아야 한다. 군주는 한때의 노여움으로 인해 군대를 일으켜서는 안 되고, 장수는 화가 난다고 전투를 해서는 안 된다. 전쟁이란 반드시 국익에 도움이 될 때 시행하는 것으로 이익이 되면 움직이고, 국익에 도움이 되지 않으면 그만둔다. 개인적인 노여움은 다시 기쁨이 될 수 있고 화는 다시 즐거움이 될 수 있지만, 한번 망한 나라는 다시 존재할 수 없고 한번 죽은 자는 다시 부활할 수 없다. 그러므로 현명한 군주는 전쟁에 신중하고, 훌륭한 장수는 전쟁을 경계한다. 이것이 나라를 안전하게 하고, 군대를 보전하는 길이다.

제13편 용간편(用間篇)

10만 명의 군사를 동원하여 천리 머나먼 곳까지 출정시키려면, 백성이 부담해야 하는 비용과 국비가 하루에 천금에 이른다. 나라의 안팎이 소란하게 움직이고, 백성들이 식량과 군수 물자의 수송 때문에 피로에 지치게 되어 생업에 종사하지 못하는 인력도 70만 호에 이르게 된다.

완전 무장하고 몇 해를 대치하다가도 승패는 하루아침에 판가름이 나는 게 전쟁인데, 사소한 작위·봉록·금전 등을 아낀 나머지 적의 정보에 밝지 못해 전쟁에서 패하게 된다면 매우 어리석은 일이다. 장수가 만약 이런 자라면 많은 사람의 지도자가 될 자격이 없고,

군주를 훌륭하게 보좌하지 못하며, 전쟁을 승리로 이끌 수 없을 것이다.

현명한 군주와 유능한 장수는 출병하면 반드시 적을 이기고, 남보다 뛰어난 공을 이루게 되는데, 그 까닭은 적의 정황을 먼저 알기 때문이다. 적의 실정을 먼저 아는 방법으로 귀신에 의지하거나, 지난 경험에 비추어 추측하거나, 별점을 쳐서 알 수 있는 것은 아니다. 적황은 반드시 적의 실상을 잘 알고 있는 첩자를 통해서만 가능한 것이다.

첩자에는 인간(因間, 혹은 향간(鄕間)), 내간(內間), 반간(反間), 사간(死間), 생간(生間)이 있다. 이 5가지 간첩을 동시에 사용하지만 적은 전혀 눈치를 채지 못하게 되니, 이를 신묘하여 알 수 없는 신기(神紀)라고 부르며, 군주에게는 소중한 보배가 되는 것이다.

1. 인간은 적국의 일반인을 포섭하여 첩자로 활용하는 것이다.
2. 내간은 적국의 관리를 포섭하여 첩자로 이용하는 것이다.
3. 반간은 적의 간첩을 매수하거나 역이용하는 것이다.
4. 사간은 허위 사실을 유포하면, 아군 내에 침투한 간첩이 이를 적에게 알려, 적의 판단을 흐리게 만드는 방법이다.
5. 생간은 적국으로 들어가 적황을 정탐한 후 돌아와 보고하는 것이다.

첩자는 전군에서 제일 믿을 수 있는 부하에게 임무를 맡겨 제일 후한 대접을 해야 하고, 첩자의 활용은 무엇보다 비밀리에 이루어져야 한다. 첩자를 사용하기 위해서는 사람을 보는 지혜가 뛰어나지 않으면 선발할 수 없고, 어질고 의롭지 않으면 첩자를 부릴 수 없고,

치밀하고 교묘하지 않으면 실효를 거둘 수 없으니, 미묘하고 또 미묘한 일이다! 첩자를 쓰지 않는 곳은 없다. 사전에 첩자의 비밀이 유출되어 미리 알려지면, 첩자는 물론 그 정보를 제공받은 사람 모두 죽게 된다.

적의 부대를 공격하거나 적의 성을 공격하거나 적의 요인을 암살하려고 한다면, 반드시 그 수비하는 장수와 그 측근, 연락관, 수문장과 막료의 성명과 인적사항 등을 먼저 아군의 첩자에게 반드시 탐색하여 알아내도록 명해야 한다. 아군 진영에 침투시킨 첩자는 반드시 색출하여, 후한 뇌물로 매수하거나 후대하여 포섭해서 적지로 돌려보내 반간으로 활용할 수 있다. 반간으로 인해 고급 정보를 알 수 있게 되면 향간과 내간에게 구체적인 정보를 캐도록 할 수 있게 된다. 또한 반간으로부터 적황을 알게 되면 사간을 통해 허위 정보를 적에게 흘릴 수 있다. 반간이 적정을 파악해서 생간에게 알려주면 생간은 기일 내에 돌아와 보고할 수 있다.

이 5가지 첩자 활용에 대해 군주와 장수는 반드시 알고 있어야 한다. 첩자 활용에 있어서 제일 중요한 것은 반간의 운용이므로, 반간에게는 후한 대우를 하지 않으면 안 된다. 그 옛날 탕왕이 하나라를 멸하고 은나라를 세울 수 있었던 것은 바로 하나라의 신하였던 이윤을 기용했기 때문이고, 무왕이 은나라를 멸하고 주나라를 세울 수 있었던 것도 은나라의 고관이었던 여아를 중용했기 때문이다.

오로지 현명한 군주와 유능한 장수만이 최고의 인재를 첩자로 활용해 위대한 업적을 이룰 수 있었다. 이렇듯 첩자의 활용은 용병술에 있어서 제일 중요한 사안이며, 전군의 행동 지침은 바로 첩자에 의해 제공된 정보에 따라 결정된다는 사실을 망각해서는 안 될 것이다.

전 명 용

저자약력

춘천고 졸업
한국외국어대학교 중국어과 졸업(ROTC17기)
대만 보인대 석사
한국외대 박사
현, 강남대학교 교수
현, 중국 대외경제무역대학교 한중통번역대학원 부원장

주요 저서 및 역서

중국 종교사상사
중국 윤리학 개론
제갈공명의 성공지혜
정본삼십육계
공자로 부활한 마오쩌뚱 삼십육계
공자로 부활한 마오쩌뚱 손자병법 등 다수

아버지가 들려주는 손자병법

2013년 3월 25일 제1판 1쇄 인쇄
2013년 3월 30일 제1판 1쇄 발행

저 자	전 명 용
발행인	강 희 일 · 박 은 자

발행처 **다 산 출 판 사**

서울특별시 마포구 용강동 494-85
등 록   1979. 6. 5.   제3-86호(윤)
전 화   (717) 3661~2,   (718) 1751~2
FAX   (716) 9945
조 판   민하디지탈아트

정가 16,000원   파본은 바꾸어 드립니다.

본서의 무단전재 및 복제행위는 저작권법 136조 1항에 의거, 5년 이하의 징역 또는 5,000만원 이하의 벌금에 처하거나 이를 병과할 수 있다.

http://www.dasanbooks.co.kr
ISBN 978-89-7110-406-4 03100